法学课程思政案例系列教材

丛书主编　夏锦文　李炳烁

经济法学
课程思政案例教程

杜乐其　周爱春　主编

江苏大学出版社

JIANGSU UNIVERSITY PRESS

镇　江

图书在版编目（CIP）数据

经济法学课程思政案例教程／杜乐其，周爱春主编
. —— 镇江：江苏大学出版社，2024.7
ISBN 978-7-5684-2123-2

Ⅰ．①经… Ⅱ．①杜… ②周… Ⅲ．①高等学校－思想政治教育－教案（教育）－中国 Ⅳ．①G641

中国国家版本馆 CIP 数据核字（2024）第 053614 号

经济法学课程思政案例教程
Jingjifaxue Kecheng Sizheng Anli Jiaocheng
主　　编/杜乐其　周爱春
责任编辑/李　　娜
出版发行/江苏大学出版社
地　　址/江苏省镇江市京口区学府路 301 号（邮编：212013）
电　　话/0511-84446464（传真）
网　　址/http：//press. ujs. edu. cn
排　　版/镇江文苑制版印刷有限责任公司
印　　刷/镇江文苑制版印刷有限责任公司
开　　本/718 mm×1 000 mm　1/16
印　　张/17
字　　数/310 千字
版　　次/2024 年 7 月第 1 版
印　　次/2024 年 7 月第 1 次印刷
书　　号/ISBN 978-7-5684-2123-2
定　　价/69.00 元

如有印装质量问题请与本社营销部联系（电话：0511-84440882）

丛书序言

夏锦文

　　"课程思政"的理念主要起源于 2016 年 12 月召开的全国高校思想政治工作会议。习近平总书记在这次会议上高瞻远瞩地指出："要用好课堂教学这个主渠道，思想政治理论课要坚持在改进中加强，提升思想政治教育亲和力和针对性，满足学生成长发展需求和期待，其他各门课都要守好一段渠、种好责任田，使各类课程与思想政治理论课同向同行，形成协同效应。"这段论述深刻地阐明了思想政治理论课与其他专业课程在高校思想政治教育工作中的任务分工，改变了人们长期存在的刻板印象——思想政治教育仅仅是马克思主义学院思政课的功能，仅仅是思政教师的职责。自此，"课程思政"理论逐步被高等教育界广泛接纳，课程思政实践逐步演化成专业课教师的自觉行动，包括法学在内的课程思政实践探索在全国各大高校如火如荼地展开。2020 年 5 月，教育部出台《高等学校课程思政建设指导纲要》，为课程思政建设和实践提供了指引。

　　法学专业承担着非常重要的课程思政任务，即以习近平法治思想为指引，从"培养什么人、怎样培养人、为谁培养人"这一根本问题出发，以新时代高素质法治人才培养为导向，将思想政治教育有机地融入法学专业课程的知识讲解和技能传授。法学专业也具有丰富的课程思政资源，例如法理学中的社会主义法治理念、中国法律史中的中华优秀传统法律文化、宪法中的时代精神和民族精神、民法中的诚实守信和意思自治原则、刑法中的实体正义和平等原则、刑事诉讼法中的程序正义和人权保障理念等。法学专业的教

序言作者为中国法学会法理学研究会副会长、江苏省法学会法学教育研究会会长、江苏省社科名家、国家教学名师。

师需要运用科学的方法，把这些课程思政资源发掘好、整理好、运用好。

近年来，江苏大学法学院在课程思政方面做了大量的工作，成果先后入选江苏省高校课程思政示范课程名单、江苏普通本科高校课程思政典型案例名单，承担江苏省教育科学"十四五"规划课题、江苏高校新文科研究与改革实践省级重点培育项目等课程思政研究课题。在此基础上，江苏大学法学院策划出版了"法学课程思政案例系列教材"。这套教材共5册，分别为《理论法学课程思政案例教程》《经济法学课程思政案例教程》《民商法学课程思政案例教程》《刑事法学课程思政案例教程》《纪检监察学课程思政案例教程》，共122个主讲案例。其中，《理论法学课程思政案例教程》涉及法理学、法史学、行政法与行政诉讼法等内容，《经济法学课程思政案例教程》涉及消费者权益保护法、反垄断法、劳动法、证券法、税法等内容，《民商法学课程思政案例教程》涉及《中华人民共和国民法典》中的总则、物权、合同、婚姻家庭、继承部分，以及公司法、破产法、保险法、票据法等内容，《刑事法学课程思政案例教程》涉及刑法总则和分则中的危害国家安全罪、危害公共安全罪、走私罪、金融诈骗罪、侵犯财产罪、贪污贿赂罪等内容。由以上内容可见，这套教材涵盖了目前法学专业教学中的大部分课程和大部分常见、常用的部门法，为其广泛应用奠定了坚实的基础。此外，江苏大学法学院基于近年来在纪检监察学领域的实践探索，组织编写了《纪检监察学课程思政案例教程》，该教材作为"法学课程思政案例系列教材"的分册之一，包含违反中央八项规定精神、违反党的六大纪律、职务违法、职务犯罪等方面的案例，是全国范围内具有首创意义的纪检监察学教材。

这套教材具有较强的实用性。体例上，主要以案例为单元，将法学知识与思政教育融入案例，每个篇章大体上分为"知识点提要""案例介绍""案例分析""课程思政解读""问题拓展讨论""阅读文献推荐"等部分。内容严格按照"马工程"教材所列知识点展开，既有根据核心知识点进行的课程思政案例解读及分析讨论，又有关于知识点的课外拓展。所以，这套教材能够与现在普遍使用的"马工程"教材配套使用。

前述内容即为"法学课程思政案例系列教材"出版之背景、理念、宗旨和丛书的内容、特点。我们将进一步致力于法学课程思政的理论研究和实践探索，不断挖掘法学教育中的课程思政资源，创新法学人才培养中课程思政的教学方法，为我国法学教育汇聚智慧和力量，为高水平法治人才培养拓展更广阔的发展空间。

前言

PREFACE

经济法是"经世济民之法"，其为市场机制的稳健运行保驾护航。在价值层面上，经济法通过宏观调控、市场规制等法律规范来调整、引导和约束市场主体的行为，保护并促进公平竞争，维护消费者利益及社会公共利益，促进社会主义市场经济健康发展，实现市场经济运行过程中的实质正义。实际上，经济法价值体系中的多元价值因子，同样也是国家大力倡导和推行的思政教育内容的组成部分。在此意义上，将经济法学课程教学与思政元素的传播进行有机融合显得尤为必要。然而，前述价值的实现有赖于经济法学知识的有效传播与转化。毋庸置疑，法学是一门充满实践意蕴的学科，经济法学也不例外。故而，为充分彰显经济法学的实践意蕴，在方法论层面应引入案例教学方法，以提升研习者学习与运用经济法律知识的效率，助推经济法价值与思政教育目标的实现。这就要求专业教师在经济法学课程教学中，以案例为载体，深度挖掘经济法律规范背后的思政元素，并揭示二者之间的内在逻辑关系。当然，经济法案例教学方法的实施前提，在于建立融合经济法价值与课程思政元素的案例素材库。本书正是在这一理念的引领下编写的。

本书以经济法学课程体系结构为依据，分为总论篇、市场规制法篇、宏观调控法篇和涉外经济法篇四部分。在选取各篇案例时，本书既考量公平、正义、诚信、自由等思政元素，又兼顾经济法经世济民、保护弱者、维护社会公共利益的价值追求。全书共选取 19 个案例，各篇案例写作的具体分工为：总论篇中案例 1 "经济法特征" 和案例 2 "经济法价值" 由周爱春老师执笔，案例 3 "经济法原则" 和案例 4 "经济法责任" 由游文静老师执笔；市场规制法篇中案例 5 "市场规制工具创新"、案例 6 "商业模式创新与个人信息权益保护之平衡"、案例 7 "数字经济时代市场主体行为规制"、案例 8 "竞争政策基础地位的塑造" 由杜乐其老师执笔，案例 9 "弱者公平正义的彰显" 和案例 10 "市场机制中的诚信与自由" 由赖秀兰老师执笔，案例 11 "共同富裕的司法表达" 和案例 12 "'文明'元素的人格尊严表达" 由刘强老师执笔；宏观调控法篇中案例 13 "市场经济中的'诚信'" 和案例 14 "金融安全的价值意蕴" 由刘淼老师执笔，案例 15 "税收中的公平正义" 由陈士林老师执笔；涉外经济法篇中案例 16 "国际科技竞争力提升的法治保障" 和案例 17 "强化涉外法治人才的培养" 由刘思培老师执笔，案例 18 "国际贸易中的公平正义" 和案例 19 "践行对外开放国策的法治阶梯" 由潘国华老师执笔。全书由杜乐其老师和周爱春老师统稿。

在本书的编写过程中，编写小组虽多次开会研讨编写中的诸多问题，并竭力挖掘案例中的思政元素，但囿于能力与水平，难免存在疏漏之处，敬请读者批评指正。

目 录
CONTENTS

| 总论篇

003 经济法特征
案例1：北京耀莱新天地商业发展有限公司与北京京东金禾贸易有限公司等低价倾销不正当竞争案

018 经济法价值
案例2：王某某诉北京链家房地产经纪有限公司滥用市场支配地位案

035 经济法原则
案例3：北京市丰台区源头爱好者环境研究所诉深圳市长园特发科技有限公司环境污染公益诉讼案

046 经济法责任
案例4：陈某、刘某诉江西省英龙实业发展有限公司商品房销售合同案

市场规制法篇

061 **市场规制工具创新**

案例5：杭州市拱墅区人民检察院诉李某声、刘某丽侵害消费者权益民事公益诉讼案

079 **商业模式创新与个人信息权益保护之平衡**

案例6：胡某某诉上海携程商务有限公司侵权责任纠纷案

091 **数字经济时代市场主体行为规制**

案例7："美团"滥用市场支配地位行政处罚案

106 **竞争政策基础地位的塑造**

案例8：深圳市腾讯计算机系统有限公司等诉浙江搜道网络技术有限公司等不正当竞争案

120 **弱者公平正义的彰显**

案例9：刘某诉广东省英德市人民政府行政复议案

133 **市场机制中的诚信与自由**

案例10：新疆某大学诉谢某人事争议案

146 **共同富裕的司法表达**

案例11：刘某泉等与兴安电业局退休待遇纠纷案

159 **"文明"元素的人格尊严表达**

案例12：叶某某与中山顺丰公司解除劳动合同纠纷案

| 宏观调控法篇

175 市场经济中的"诚信"

案例 13：中国平安财产保险股份有限公司大庆支公司诉七台河市天宇选煤有限责任公司财产损失保险合同纠纷案

184 金融安全的价值意蕴

案例 14：康美药业证券虚假陈述责任纠纷案

199 税收中的公平正义

案例 15：主播雪某个人所得税流失案

| 涉外经济法篇

213 国际科技竞争力提升的法治保障

案例 16：辉瑞与弗林抗癫痫药垄断高价案

225 强化涉外法治人才的培养

案例 17：中国诉美国反倾销措施案

240 国际贸易中的公平正义

案例 18：中化国际（新加坡）有限公司诉蒂森克虏伯冶金产品有限责任公司合同纠纷案

250 践行对外开放国策的法治阶梯

案例 19：黄某与佛山市佰庆贸易有限公司等涉外买卖合同纠纷案

总 论 篇

◆

A Course on Ideological and
Political Cases in Economic Law

经济法特征

案例 1：北京耀莱新天地商业发展有限公司
与北京京东金禾贸易有限公司等低价倾销不正当竞争案

⚠ 一、知识点提要

本案是一起低价倾销诉讼案件，涉及竞争法的内容，其中还深刻反映了经济法"经济性和规制性"的特征。在对案例进行剖析和解读前，应对经济法的特征及竞争法的相关内容有所了解，同时还应对竞争法的条文修改涉及的法律适用进行一定的关注。①

（一）经济法的特征

经济法作为一部独立的部门法，其特征与其他部门法有显著区别，了解和掌握经济法的特征可以增进对经济法的概念、原则、具体法律条文及经济法的价值的理解。

经济法主要调整宏观调控关系和市场规制关系。② 因此，经济法具有突出的经济性和规制性，这是经济法区别于其他部门法的基本标志，是经济法的基本特征。③

经济法主要调整宏观调控关系和市场规制关系，其涉及的财税关系、金融关系、竞争关系、消费者保护关系等都和市场经济、市场行为、市场活动紧密相关。经济法主要调整市场经济中市场主体的市场行为、活动。

---

① 《中华人民共和国反不正当竞争法》分别于 2017 年、2019 年进行修订。
② 《经济法学》编写组：《经济法学》（第二版），高等教育出版社，2018 年，第 12 页。
③ 《经济法学》编写组：《经济法学》（第二版），高等教育出版社，2018 年，第 13 页。

经济法的经济性要求经济法在运用规则调控或规制时，注重社会成本的经济性，注重整体效益的增加性，注重市场主体、市场行为及其结果的经济性。经济法规则的制定和运用应能够反映和遵循一定的经济规律，如供求规律、竞争规律等，从而通过经济法的适用有效引导市场主体依法实施市场行为，在实现市场主体自身目标的同时也能够实现经济法的"经济"目标，如社会整体效益的提升、社会公共利益的相应维护、宏观经济目标的实现。

经济法的经济性特征也体现在经济法适用中，运用较多法律化的经济手段进行宏观调控和市场规制，如税收优惠等。经济法法律规范既体现经济鼓励、促进等内容，也体现行政规制等内容，法律化的经济手段在宏观调控和市场规制中的运用突出了经济法的规制性特征。特别是竞争法，对市场主体的市场行为进行了禁止性或限制性的规定。

(二) 低价倾销行为

低价倾销行为主要是指经营者以排挤竞争对手为目的，以低于成本的价格销售商品。低于成本的价格销售，经营者是亏损的，此行为一般是违背价值规律的，经营者通过自身的价格优势排除其他竞争对手的公平竞争，将其他竞争对手排除出竞争市场，自己可以"一家独大"或获取独占的竞争优势，从而可以在后续经营中谋取更多利益。低价倾销行为违背正常的企业生存、发展规律的，对此类行为需要通过法律手段进行规制，引导经营者公平、合法地进行市场价格竞争。

《中华人民共和国价格法》（以下简称《价格法》）明确规定，国家实行并逐步完善宏观经济调控下主要由市场形成价格的机制。价格的制定应当符合价值规律，大多数商品和服务价格实行市场调节价，极少数商品和服务价格实行政府指导价或者政府定价。市场调节价，是指由经营者自主制定，通过市场竞争形成的价格。政府指导价，是指依照本法规定，由政府价格主管部门或者其他有关部门，按照定价权限和范围规定基准价及其浮动幅度，指导经营者制定的价格。政府定价，是指依照本法规定，由政府价格主管部门或者其他有关部门，按照定价权限和范围制定的价格。

1993 年颁布的《中华人民共和国反不正当竞争法》（以下简称《反不正当竞争法》）规定，经营者不得以排挤竞争对手为目的，以低于成本的价格销售商品①，同时还列举了例外的情形。2017 年《反不正当竞争法》修订，删除原《反不正当竞争法》第十一条有关倾销的规定。2019 年《反不正当竞争法》修正时也没有直接对倾销作出规定，但第二条对不正当竞争行为作出定义。2007 年颁布的《中华人民共和国反垄断法》（以下简称《反垄断法》）对倾销行为作出了相关规定，将其作为具有市场支配地位的经营者从事的一种滥用市场支配地位的行为予以规制。② 2022 年修订后的《反垄断法》仍保留了此款规定。③

二、案例介绍

本案涉及的当事人包括：北京耀莱新天地商业发展有限公司（一审原告，简称耀莱公司），北京京东金禾贸易有限公司（一审被告，简称京东金禾公司），杭州庞谷贸易有限公司（一审被告，简称庞谷公司）。

耀莱公司向一审法院提出诉讼请求：（1）判令京东金禾公司、庞谷公司低于成本价格销售涉案商品的经营行为违法，构成不正当竞争；（2）判令京东金禾公司、庞谷公司共同赔偿耀莱公司损失 1530731 元；（3）判令京东金禾公司、庞谷公司承担本案诉讼费用。

京东金禾公司一审答辩称：不同意耀莱公司的全部诉讼请求。

庞谷公司一审答辩称：耀莱公司的诉讼请求没有事实和法律依据，应全部予以驳回。庞谷公司不是京东金禾公司的供货商，与京东金禾公司没有合作关系，故耀莱公司所诉事项与庞谷公司无关。

一审法院经审理认定如下事实。

（一）涉案主体基本情况及供货商基本情况

1. 耀莱公司基本情况

耀莱公司为淘宝平台"B&O 数码影音"店铺的经营主体，主要经营商品为 B&O 品牌音箱设备。根据企查查《企业信用报告》的记载，耀莱公司共有两个企业股东，分别为洋浦必欧投资有限公司、必欧在线文化科技有限

---

① 参见 1993 年颁布的《中华人民共和国反不正当竞争法》第十一条。
② 参见 2007 年颁布的《中华人民共和国反垄断法》第十七条。
③ 参见 2022 年修正的《中华人民共和国反垄断法》第二十二条。

公司，出资比例各为50%；经营范围包括销售音响设备等。

班安欧公司为中国大陆地区合法B&O产品的总经销商。衡准宝声（北京）贸易发展有限公司（简称衡准宝声公司）经班安欧公司授权，向耀莱公司经营的淘宝店铺供应B&O品牌数码产品，为耀莱公司的上级供货商。

为证明衡准宝声公司与耀莱公司为关联企业，庞谷公司提供了衡准宝声公司及耀莱公司两个股东洋浦必欧投资有限公司、必欧在线文化科技有限公司的企业信用信息公示报告，显示情况如下：（1）衡准宝声公司，经营范围包括销售音响设备、电子产品等，股东与耀莱公司同为必欧在线文化科技有限公司、洋浦必欧投资有限公司。（2）洋浦必欧投资有限公司，唯一股东为耀莱国际代理有限公司，对外投资企业包括耀莱公司、衡准宝声公司及必欧在线文化科技有限公司。（3）必欧在线文化科技有限公司，唯一股东为洋浦必欧投资有限公司。

2. 京东金禾公司、庞谷公司企业基本情况及关系

京东金禾公司，为京东平台"B&O京东自营旗舰店"（涉案店铺）的经营者，经营范围包括销售电子产品等，企业类型为有限责任公司（法人独资），其唯一股东为北京京东世纪贸易有限公司（简称京东世纪贸易公司）。

庞谷公司，经营范围包括批发、零售兼网上批发：服装、服饰、针纺织品、日用百货、家用电器、化妆品（除分装）、鞋帽、文化用品、办公用品、数码产品、通信设备（除国家专控）等。

关于京东金禾公司、庞谷公司之间的关系，耀莱公司认为二者是利益共同体，庞谷公司对于涉案店铺低价售卖具有指使、策划作用。庞谷公司称其向案外人京东世纪贸易公司供货，与京东金禾公司之间没有合作关系，并为此提交了班安欧公司出具的供应商证明。该证明记载："我司班安欧企业管理（上海）有限公司，已经'BANG&OLUFSEN''B&O'和'B&OPLAY'商标的所有人Bang&Olufsena/s和B&OPLAYa/s（合称B&O集团）授权使用上述商标及相关商标。我司在此确认，B&O集团已经授权班安欧公司在中国境内许可他人使用上述商标。我司现授权京东世纪贸易公司为授权线上零售商，在线销售BANG&OLUFSEN品牌指定型号的音响和B&OPLAY品牌的耳机、音响及附件产品。我司同时授权庞谷公司作为京东世纪贸易公司的供应商。此授权书有效时间为2021年6月1日至2022年5月31日。"

根据京东金禾公司一审庭审陈述，京东世纪贸易公司为京东金禾公司的母公司，受京东金禾公司的委托负责所有京东自营店铺内商品的采购，涉案

店铺销售的商品确由庞谷公司向京东世纪贸易公司供货。

（二）耀莱公司关于涉案"低于成本价格销售"行为的举证

1. 涉案店铺销售情况

为证明京东金禾公司涉案商品的销售价格及销售数量等情况，耀莱公司提供了"京东商城"App中"B&O京东自营旗舰店"内13个涉案商品的销售页面手机截图作为证据材料。根据相关截图页面显示及耀莱公司提供的说明，耀莱公司主张，涉案店铺内部分商品存在"低于成本价格销售"的情况，并列出了相关商品的型号、颜色、预估到手价，以及截图取证时销售页面右下角"支付定金"处显示的"已定"数量。以截图显示的"已定"数量、预计到手价格进行计算，得出的涉案商品预计销售额共1530731元。

对于耀莱公司提供的该组截图证据，京东金禾公司仅认可其中"A1绿色的销售价格是749元"这一事实，对于其他颜色或型号商品，京东金禾公司因无法核实截图的真实性，对其真实性均不认可；庞谷公司对于该组证据的真实性、合法性、关联性及证明目的均不认可。一审法院对截图的真实性予以确认。

2. 耀莱公司关于庞谷公司与低价销售行为相关联的举证情况

耀莱公司诉称"庞谷公司对涉案低价销售的行为起到策划支持的作用，并纠缠总经销商，意图通过该公司对其他经销商进行施压，以京东金禾公司同款产品五折销售作为威胁，主观恶意更甚"，并为此提供了衡准宝声公司与班安欧公司沟通往来邮件截图、可信时间戳认证证书及衡准宝声公司出具的《情况说明》。京东金禾公司仅认可其中可信时间戳认证证书及《情况说明》的真实性、合法性，对于关联性及证明目的均不认可；庞谷公司对于以上证据的真实性、合法性及关联性均不认可。一审法院对其真实性予以确认。

耀莱公司根据提供的可信时间戳证书及取证内容，包括发件人对于京东自营店涉案商品优惠券发放、折扣及到手价格情况的反馈，指出该价格将扰乱市场价格，要求品牌供应商予以处理等内容。

3. 耀莱公司关于涉案商品进货价格的举证情况

为证明京东金禾公司、庞谷公司涉案商品进货价格，以及涉案商品最终到手价格低于成本价，耀莱公司提交了"总经销商供货价格表"、衡准宝声公司2020年的A9四代进货单及发票。

（1）"总经销商供货价格表"，用以证明庞谷公司从总经销商班安欧公司处拿货成本为商品零售价格的54%。一审法院认为，该价格表内容涉及京东金禾公司、庞谷公司的进货价、进货折扣、进货成本、销售及盈利预估等商业信息，耀莱公司称该价格表由班安欧公司提供，但其上没有班安欧公司的公章或其他可以显示证据来源的客观证明，证据形式存在瑕疵，证据能力及对待证事实的证明力均有限，在无其他证据可以补足的情况下一审法院对该价格表不予直接确认。

（2）衡准宝声公司2020年的A9四代进货单及发票，用于证明衡准宝声公司与庞谷公司为平级经销商，衡准宝声公司2020年A9的进货价格远高于京东金禾公司2021年"双十一"期间同产品的销售价格。京东金禾公司对其真实性、合法性认可，但不认可关联性及证明目的，庞谷公司对其真实性、合法性、关联性及证明目的均不认可。一审法院对于上述证据真实性予以确认。

（三）关于涉案商品的其他销售价格情况

1. 为证明京东金禾公司、庞谷公司涉案售价明显低于平常及其他平台，耀莱公司提交了以下证据：涉案店铺2022年"618"时期促销涉案商品的时间戳证据、其他平台近期的销售页面截图。京东金禾公司对于上述证据真实性、合法性认可，不认可关联性和证明目的，并认为上述证据恰恰能印证市场价格销售是京东平台的销售常态，被诉低价销售的行为仅是暂时的促销让利活动而非常态化销售形态；各大电商平台平日均以市场价销售，但也会临时开展让利活动，这种"平日市场价+临时优惠价"的销售形式为电商平台的普遍现象和惯例。庞谷公司对于以上证据真实性、合法性、关联性及证明目的均不认可。

2. 为证明耀莱公司及其他电商平台均曾有以低于耀莱公司主张的"拿货价"销售涉案产品的情况，京东金禾公司通过"慢慢买"App及"什么值得买"网站就涉案商品在各平台的历史销售价格进行查询并对上述过程进行了可信时间戳取证。耀莱公司认为上述时间戳证据的真实性无法确认，对其关联性及证明目的不予认可。

一审法院对耀莱公司及京东金禾公司提交的上述时间戳证据的真实性均予以确认。

一审法院认为：耀莱公司起诉的案由为"低价倾销不正当竞争纠纷"，

其诉讼主张为认定京东金禾公司、庞谷公司"低于成本价销售"的行为构成不正当竞争，故本案的审理范围以反不正当竞争纠纷为限。被诉行为发生在2021 年 10 月，故对其是否构成不正当竞争的认定适用 2019 年修正的《反不正当竞争法》。

因此，依照《反不正当竞争法》第二条，《最高人民法院关于适用〈中华人民共和国反不正当竞争法〉若干问题的解释》第一条、第三条之规定，一审法院 2022 年 9 月 19 日判决驳回耀莱公司的诉讼请求。

耀莱公司不服提起上诉。

耀莱公司向二审法院提出上诉请求：请求法院撤销一审判决，发回重审或改判支持上诉人的一审全部诉讼请求。

京东金禾公司答辩称：一审判决认定事实清楚，适用法律正确，请求法院驳回上诉人的全部上诉请求。

庞谷公司答辩称：不同意上诉人的上诉请求，上诉人的上诉缺乏事实和法律依据，请求驳回其上诉。

经审理查明，二审法院对一审法院查明事实予以确认。

二审法院认为，耀莱公司的上诉请求不能成立，应予驳回；一审判决认定事实清楚，适用法律正确，应予维持。依照《中华人民共和国民事诉讼法》（以下简称《民事诉讼法》）第一百七十七条第一款第（一）项之规定，二审法院 2023 年 5 月 22 日判决如下：驳回上诉，维持原判。

三、案例分析

本案争议的低价倾销问题涉及经济法的经济性和规制性特征，本案的主要争议焦点为京东金禾公司、庞谷公司的被诉行为是否构成低价倾销不正当竞争。其涉及的相关问题主要包括以下方面。

（一）低价倾销行为的法律定性

本案中，一审法院认为，耀莱公司诉称京东金禾公司、庞谷公司构成不正当竞争的行为具体指：京东金禾公司经营、庞谷公司供货的"B&O 京东自营旗舰店"以低于成本的价格销售 B&O 品牌涉案商品。上述行为发生在市场经营活动中，且属于《反不正当竞争法》第二章列举的不正当竞争行为之外的情形，故可以适用《反不正当竞争法》第二条的一般性条款予以认定。

但二审法院认为，为了理顺《反不正当竞争法》与相关法律制度的关系，保持法律规定的协调一致，已删除原《反不正当竞争法》第十一条"经营者不得以排挤竞争对手为目的，以低于成本的价格销售商品"有关倾销的规定，上述条文规定的行为由《反垄断法》予以规制。故《反不正当竞争法》中目前已经不存在低价倾销不正当竞争的类型化行为，低价只有在构成市场支配地位时才有可能影响市场竞争秩序，且归入《反垄断法》的规制范畴，不在本案当事人诉争的范围之内。

本案中，原告耀莱公司主张价格定价应适用《价格法》，主张京东金禾公司、庞谷公司"低于成本价格销售"的行为违背价格规律和经营规则，扰乱市场秩序，损害其他经营者及消费者的合法权益，具有违法性和不正当性。

《价格法》规定了经营者定价的三种机制，即市场调节价、政府指导价、政府定价。大多数商品和服务价格实行市场调节价，且要求市场调节价也应符合价值规律。即使是市场调节价，也并不意味着经营者可以为所欲为、随意定价，其价格行为仍然应当遵守《价格法》《反垄断法》《禁止价格欺诈行为的规定》《关于商品和服务实行明码标价的规定》等法律法规规章的规定；且市场调节价是通过市场竞争形成的价格，也要考察经营者的定价是否符合正常的水平。

本案中，二审法院认为，《价格法》规定：商品价格和服务价格，除依照法律规定适用政府指导价或者政府定价外，实行市场调节价，由经营者依照法律自主制定。市场调节价，是指由经营者自主制定，通过市场竞争形成的价格。经营者进行价格活动，享有自主制定属于市场调节的价格的权利。经营者不得有"在依法降价处理鲜活商品、季节性商品、积压商品等商品外，为了排挤竞争对手或者独占市场，以低于成本的价格倾销，扰乱正常的生产经营秩序，损害国家利益或者其他经营者的合法权益"的行为。

但如前述，随着我国竞争法的调整，在案例发生时，经过 2017 年修订和 2019 年修正后的《反不正当竞争法》已经对低价倾销的限制竞争行为予以删除，2022 年修正的《反垄断法》将此行为规定为滥用市场支配地位的行为之一，且规定一个前提条件，即"没有正当理由"，如果经营者可以举证证明存在正当理由，也不会被认定为存在低价倾销行为。

2019 年修正的《反不正当竞争法》第二条对不正当竞争行为下了定义，此条款也是可被援引的一般条款，能在司法审判中直接适用，就《反不正当竞争法》未类型化的、列举的具体情形所不能涵盖的一些非典型性的、违背了诚实信用原则的其他情形进行规制。《反不正当竞争法》第二条的适用标准在实践中容易产生分歧。

一般情况下,《反不正当竞争法》第二条的适用应满足以下几个条件,一是有关法律规定之外的情形;二是经营者扰乱市场竞争秩序,损害其他经营者或者消费者合法权益;三是该竞争行为未能遵循自愿、平等、公平、诚信的原则,未能遵守法律和商业道德。2022 年 3 月 20 日施行的《最高人民法院关于适用〈中华人民共和国反不正当竞争法〉若干问题的解释》第一、二、三条对上述内容进行了一定的解释。①

本案中,一审法院通过适用《反不正当竞争法》第二条的一般性条款来判断被告的行为是否构成应规制的违法行为。二审法院也通过对《价格法》《反不正当竞争法》第二条的一般性条款的适用来判断被告的行为是否构成不正当竞争行为。

可见,目前我国相关法律规定是将没有正当理由的低于成本价格销售的低价倾销行为作为违法行为进行规制的。

(二) 低价倾销行为的认定

如果是具有市场支配地位的经营者没有正当理由,以低于成本的价格销售商品,则其低价倾销行为是一种《反垄断法》禁止的经营者滥用市场支配地位的行为。原告要证明被告是经营者,被告在相关市场内具有能够控制商品价格、数量或者其他交易条件的能力,或者具有能够阻碍、影响其他经营者进入相关市场的市场地位,要证明其以低于成本的价格销售了商品。被告可以举证证明自己的前述行为有正当理由,正当理由成立,行为就免于被《反垄断法》规制。

价格竞争是经营者经常采用的竞争手段之一,如不是以排除竞争对手为目的,扰乱正常的市场竞争秩序,以一定的低价更好地吸引消费者,是符合经济法的经济性特征的,是一种符合市场规律、价值规律的经济行为。如果经营者低价倾销的行为违背了自愿、平等、公平、诚信的原则,违背了法律和商业道德,扰乱市场竞争秩序,损害其他经营者或者消费者的合法权益,

---

① 参见《最高人民法院关于适用〈中华人民共和国反不正当竞争〉若干问题的解释》,法释〔2022〕9 号。

则此行为构成不正当竞争行为。如果经营者的行为不具备《反不正当竞争法》第二条一般条款规定适用的条件，则其行为也不适用一般条款调整，不构成不正当竞争行为，是正常的商业竞争行为。

本案中，一审法院认为，根据《反不正当竞争法》第二条的规定，适用该一般条款认定非类型化不正当竞争行为时，还需满足以下要件：违反诚实信用原则和公认的商业道德，具有不正当性；该行为扰乱市场竞争秩序，损害其他经营者或消费者的合法权益。

耀莱公司主张被诉"低于成本价格销售"行为严重违背价格规律和经营规则，该价格行为扰乱市场秩序，损害其他经营者及消费者的合法权益，具有不正当性。京东金禾公司不否认其在"双十一"期间对涉案商品采取了低于平时价格的促销活动，但其指出该促销活动仅是平台为迎合"双十一"网络促销日的短时期低价促销，消费者只有领取优惠券、特定"预售期"内支付预付款项并在特定日期支付尾款后才能够以其商品销售页面显示的"到手价"购入，该行为合法正当。

对此，一审法院认为，只有当经营者的价格行为违背了自愿、平等、公平、诚信的竞争原则或公认的商业道德，从而扰乱市场经济秩序、损害其他经营者或消费者合法权益时，才具有不正当性或者可归责性，从而受到《反不正当竞争法》的规制。

涉案商品不属于应当适用政府指导价或政府定价的商品，经营者可以实行市场调节价，京东金禾公司作为涉案店铺的经营者，有权对其店铺内销售商品进行自主定价。被控低价销售的商品为两种型号的 B&O 品牌音响，每种型号及颜色的产品均有其品牌方设定的市场建议零售价。京东金禾公司作为涉案店铺的经营者，以及 B&O 品牌电子产品的授权销售商，有权对其店铺销售的 B&O 品牌电子产品在合理范围内以打折、发放优惠券等方式进行定价促销。

"双十一"网络促销日源于淘宝商城（天猫）2009 年 11 月 11 日的促销活动，此后"双十一"逐渐发展成为各电商平台及商户年度促销规模、力度最大的节点之一，该时期经营者之间的价格竞争尤为激烈，平台及商户在"双十一"活动期间通过打折、发放平台补贴及商品代金券等方式加大促销力度，使得"双十一"活动期间的价格通常可能为年度最低价。涉案低价促销行为发生在 2021 年 10 月 25 日至 10 月 31 日，即"双十一"预售活动期间。京东金禾公司在这一特定短时期内通过商品预售及发放优惠券的方式对涉案商品进行促销，虽然可能使得相关产品实际销售价格略低于进货成本，但该短时期降价符合"双十一"期间电商平台促销的商业惯例及消费者的合理预期，不存在也无法达到排挤竞争对手、独占市场等扰乱市场竞争秩序的情形。根据耀莱公司现有证据，不能证明"被诉价格"已经达到违背该商业惯例的"不合理低价"程度，更不能证明京东金禾公司存在以"低价"之名进行误导、虚假宣传、价格歧视、销售假冒伪劣产品等违背诚信原则及商业道德的行为。

综上，京东金禾公司涉案低价销售行为符合"双十一"网络促销的商业惯例，不违反诚信原则及公认的商业道德，不构成《反不正当竞争法》第二条中规制的不正当竞争行为。耀莱公司提出的京东金禾公司经营、庞谷公司供货的涉案店铺以低于成本价格销售涉案商品构成不正当竞争的诉讼主张，缺乏事实与法律依据，一审法院对此不予支持。

二审法院认为，《反不正当竞争法》第二条规定为原则规定，适用时应满足以下条件：（1）被诉行为不属于反不正当竞争法规制的类型化的不正当竞争行为；（2）经营者的合法权益确实受到了实际损害；（3）被诉行为违反诚实信用原则和公认的商业道德具有不正当性或可责性。耀莱公司主张价格定价应适用《价格法》，主张京东金禾公司、庞谷公司"低于成本价格销售"行为违背价格规律和经营规则，扰乱市场秩序，损害其他经营者及消费者的合法权益，具有违法性和不正当性。京东金禾公司主张其在"双十一"期间对涉案商品采取了低于平时价格的促销活动，仅是平台为迎合"双十一"网络促销日的短时期低价促销，消费者只有领取优惠券，在特定"预售期"内支付预付款项并在特定日期支付尾款后才能够以其商品销售页面显示的"到手价"购入，该行为合法正当。

首先，涉案商品不属于应当适用政府指导价或者政府定价的商品，经营者可自主制定市场调节价格。要认定京东金禾公司、庞谷公司被诉行为是否构成低价倾销不正当竞争行为，应结合二公司在对外销售过程中，其销售行为是否存在低价销售，是否扰乱市场秩序、损害其他经营者及消费者的合法权益，是否具有不正当性。当事人对自己提出的主张，有责任提供证据。耀莱公司在本案中提交的有关证据，无法证明京东金禾公司和庞谷公司具有排挤竞争对手的主观恶意。

其次，京东金禾公司提交的可信时间戳证书可以证明耀莱公司也曾以低于耀莱公司主张的"拿货价"销售涉案两款商品，且该低价销售并未出现在

"双十一"等特定促销期间，临时性的低价促销是常见的商业竞争手段，符合行业惯例。京东金禾公司在"双十一"特定期间短时期降价促销符合市场规律及消费者的合理预期，根据在案证据，不能证明京东金禾公司、庞谷公司的被诉行为存在不合理低价、误导、虚假宣传、价格歧视等违背诚信原则及商业道德的行为，故二公司的行为不构成不正当竞争。

四、课程思政解读

本案至少涉及以下三个思政元素：一是经济法的经济性和规制性对公平竞争的保障；二是经营者市场竞争行为应保证诚信和遵循商业道德；三是经济法调整要维护正常的市场竞争秩序。对这几个思政元素的具体理解如下。

（一）经济法的经济性和规制性特征对公平竞争的保障

经济法在具体规则制定和适用中应注重体现经济性和规制性特征，禁止性或限制性的法律规范应尊重经济规律、价值规律、市场规律。

本案涉及的低价倾销行为，属于需要根据市场价值规律来进行分析的行为，要考虑经济法的规制性，但也要考虑经济法的经济性，经济法的适用应反映相应的经济规律，如自由竞争、公平竞争，经营者不能实施不正当竞争，不能限制竞争。一方面，经营者制定市场调节价，应遵循正常的价值规律，应以提升自己产品质量、服务水平、生存效率等确定与之相匹配能够给经营者创造效益的定价，而不应以排除竞争对手为目的，以违背法律或商业道德、扰乱市场竞争秩序、损害其他经营者或消费者合法权益为结果。应能够反映和遵循一定的经济规律，如供求规律、竞争规律等。另一方面，经营者在市场竞争中通过合法的竞争手段进行竞争也是符合竞争规律的，其中手段之一就是价格竞争，通过一定限度的低价吸引购买者。

本案中，二审法院认为，根据《价格法》的规定，经营者进行价格活动，享有自主制定属于市场调节的价格的权利。经营者不得有"在依法降价处理鲜活商品、季节性商品、积压商品等商品外，为了排挤竞争对手或者独占市场，以低于成本的价格倾销，扰乱正常的生产经营秩序，损害国家利益或者其他经营者的合法权益"的行为。

（二）经营者市场竞争行为应保证诚信和遵循商业道德

低价倾销行为主要是指经营者以排挤竞争对手为目的，以低于成本的价格销售商品。以低于成本的价格销售，经营者是亏损的，此行为一般是违背价值规律的，经营者通过自身的价格优势排除其他竞争对手的公平竞争，将其他竞争对手排除出竞争市场，自己可以"一家独大"或获取独占的竞争优势，从而在后续经营中谋取更多利益。低价倾销行为是违背正常的企业生存、发展规律的，违反诚信原则、商业道德，扰乱了市场竞争秩序，损害了其他经营者或者消费者的合法权益，对此种行为需要通过法律手段进行规制，引导经营者公平、合法地进行市场价格竞争。

本案中，一审法院认为，在市场竞争中，除法律特别规定应当适用政府指导价或者政府定价的，经营者有权依据自身经营成本和市场供求状况自主制定商品价格，即市场调节价。价格竞争是一种典型的"市场竞争行为"，以降价促销的形式吸引消费者属于商业上常见的竞争手段，符合市场规律和竞争精神，同时可以有效激发市场活力，使得消费者最终获得更加物美价廉的商品。在特定时期的价格博弈中，经营者有时甚至采取短暂性的低于成本的促销行为以获取更多的交易机会、市场份额和竞争优势，该价格竞争行为亦被商业伦理标准容纳。

对于符合特定商业领域普遍遵循和认可的行为规范，在综合考虑行业规则或者商业惯例、经营者的主观状态、交易相对人的选择意愿及对消费者权益、市场竞争秩序、社会公共利益的影响等因素，依法判断经营者是否违反商业道德时，还可以参考行业主管部门、行业协会或者自律组织制定的从业规范、技术规范、自律公约等。

本案中，被告的低价销售行为并没有排挤竞争对手的主观恶意，是网络销售在特定的销售期限会采取的通常做法，临时性的低价促销是常见的商业竞争手段，符合行业惯例。二审法院认为，对于经营者可自主制定的市场调节价格，原告须提交有关证据，证明被告存在排挤竞争对手的主观恶意，但本案中原告提交的证据无法证明被告存在主观恶意。偶尔出现的临时性低价促销行为，是常见的商业竞争方式，符合经营者自主制定市场调节价格下的行业惯例，在网络销售大促销特定期限内降价促销是常见手段，符合市场规律及消费者的合理预期，原告提交的证据不能证明被告违背诚信原则及商业道德。

(三) 经济法调整要维护正常的市场竞争秩序

随着经济的不断发展，经营者采取多种竞争手段、方式进行竞争，一些竞争手段违背公平竞争内涵，破坏了正常的市场竞争秩序。经营者实施的一些行为构成不正当竞争行为或禁止的垄断行为，给市场竞争造成不利影响，为维护公平、稳定、有序的市场交易秩序，应加强法律规制。

国务院发布的《国务院关于促进市场公平竞争维护市场正常秩序的若干意见》（国发〔2014〕20号）提出要依法规范生产、经营、交易等市场行为，创新监管方式，保障公平竞争，促进诚信守法，维护市场秩序。[1] 党的二十大报告指出，要"加强反垄断和反不正当竞争，破除地方保护和行政性垄断，依法规范和引导资本健康发展"。[2]

经营者在竞争中会通过多种手段和方式提升市场集中度，但经营者不应实施排除限制竞争、抑制创新的行为。竞争与创新的良性互动是经济高质量发展的必要条件。排除限制竞争会扰乱市场竞争秩序，会损害竞争机制和创新动力，不利于经济高质量发展。

《反垄断法》第十一条也明确规定："加强反垄断执法司法，依法公正高效审理垄断案件，健全行政执法和司法衔接机制，维护公平竞争秩序。"作为经济法重要组成部分的竞争法的规范，应坚决维护公平竞争的市场秩序，不断健全司法审判与行政执法衔接机制，推动形成公平竞争保护合力，满足人民群众多元、高效、便捷的纠纷解决需求，营造公平竞争的市场环境。《反不正当竞争法》第二条一般条款，也将不正当行为构成要件之一规定为"扰乱市场竞争秩序"。

💬 **五、问题拓展讨论**

（1）对低价倾销行为的规制如何体现经济法的经济性和规制性特征？

（2）低价倾销行为在竞争法中应如何规制？

（3）如何理解经济法的经济性和规制性特征及两者之间的关系？

---

[1] 《国务院关于促进市场公平竞争维护市场正常秩序的若干意见》，https://www.gov.cn/zhengce/content/2014-07/08/content_8926.htm，2023年8月10日最后访问。

[2] 刘晓芬：《为维护市场公平竞争秩序提供有力司法保障》，http://www.mzyfz.com/html/1873/2022-11-30/content-1578040.html，2023年8月10日最后访问。

（4）低价倾销行为构成不正当竞争行为要具备哪些条件？

（5）低价倾销行为构成滥用市场支配地位的行为要具备哪些条件？

（6）《反不正当竞争法》一般条款适用的情形有哪些？

六、阅读文献推荐

（1）陈耿华：《反不正当竞争法一般条款扩张适用的理论批判及规则改进》，《法学》2023 年第 1 期。

（2）宁立志、赵丰：《论反不正当竞争法一般条款的规范演进与司法适用》，《知识产权》2022 年第 12 期。

（3）单飞跃：《中国经济法部门的形成——轨迹、事件与特征》，《现代法学》2013 年第 4 期。

（4）甘强：《论经济法的社会实施——源流、特征及其模式》，《江西财经大学学报》2018 年第 1 期。

（5）董成惠：《"低价倾销"之不正当价格竞争的法律解读》，《天津法学》2020 年第 2 期。

（6）彭春霞：《论〈反不正当竞争法〉规制"低价倾销"的正当性》，《湖北省法学会经济法研究会 2017 年年会摘要集》2017 年。

经济法价值

案例 2: 王某某诉北京链家房地产经纪有限公司
滥用市场支配地位案

ⓘ 一、知识点提要

本案是一起经营者滥用市场支配地位纠纷案,涉及《反不正当竞争法》及《反垄断法》的相关内容,主要的争议即滥用市场支配地位行为的认定中体现了经济法调整经济行为对"自由、公平、秩序、效率"等经济法价值的遵循。在对案例进行剖析和解读前,应对经济法的价值及竞争法的相关内容,特别是滥用市场支配行为有所了解。

(一)经济法的价值

经济法作为法体系中的一门部门法,既具有一般法的价值,又存在其特殊性。经济法的价值是经济法在客观上所具有的能供人们利用的某种性能和功效;经济法的价值涉及自由、安全、秩序、效率、公平、正义。①

经济法价值中的自由是相对的自由,经济主体应依法从事经济行为、经济活动,如果实施法律禁止的垄断行为、不正当竞争行为,就会被经济法进行规制,甚至被追究相关责任。

经济法价值中的秩序更关注经济领域的秩序,重在维护总体经济结构和运行的秩序,追求市场的正常秩序。经济法价值中的公平、正义不仅仅涉及个体的利益维护,更注重社会公共利益的公平、正义,注重社会总体的经济

---

① 漆多俊:《经济法学》(第三版),高等教育出版社,2014年,第49页。

公平、正义。如《中华人民共和国消费者权益保护法》（以下简称《消费者权益保护法》）倾向维护消费者合法权益，但并非不保护经营者合法权益；劳动法律规范倾向维护劳动者合法权益，也并非不保护用人单位的合法权益。

经济法价值中的效率涉及社会总体经济效率和个体、团体经济效率，如劳动生产效率、经营效率、资源利用效率等。经济法价值中的效率不仅注重眼前效率，也注重长远效率，需要注意协调平衡、统筹兼顾，注重社会经济的可持续增长；不仅注重量的增长，也注重质的提升。

经济法的各项价值都很重要，相互之间也可能出现冲突。如效率与公平，效率与公平作为经济法重要的价值，两者都很重要、不可或缺；两者虽可能出现冲突，但相互之间并不绝对排斥，特别是经济法的社会总体效率和社会总体公平，社会总体效率也蕴含了社会的总体公平之义。

（二）滥用市场支配地位行为

滥用市场支配地位的行为是我国《反垄断法》予以规制的行为。我国2007年颁布的《反垄断法》第十七条、十八条、十九条列举了禁止实施的滥用市场支配地位的情形，并对市场支配地位下了定义；规定了认定经营者具有市场支配地位应考虑的因素；规定了推定认定经营者具有市场支配地位的情形，并规定被推定具有市场支配地位的经营者，可以自己举证证明自身不具有市场支配地位。[1]

我国2022年修正的《反垄断法》第二十二条、第二十三条、第二十四条作出了类似的规定，但着重强调了具有市场支配地位的经营者不得利用数据和算法、技术及平台规则等从事前款规定的滥用市场支配地位的行为。[2]

2023年我国市场监管总局发布的《禁止滥用市场支配地位行为规定》对市场支配地位认定考虑因素、分析方法等进行了更细化的规定，对《反垄断法》列举的禁止滥用市场支配行为认定中可以考虑的因素进行了更明确的规定。

---

[1]　参见2007年颁布的《中华人民共和国反垄断法》第十七、十八、十九条。
[2]　参见2022年修正的《中华人民共和国反垄断法》第二十二、二十三、二十四条。

二、案例介绍

本案涉及的当事人包括：王某某（一审原告），北京链家房地产经纪有限公司（一审被告，简称链家公司），北京中融信融资担保有限公司（一审第三人，简称中融信公司）。

王某某一审起诉请求：（1）判令链家公司退还王某某支付的居间代理费2250元及保障服务费9750元，并为王某某出具发票。（2）判令链家公司支付王某某因维权产生的合理支出8000元。

链家公司一审答辩称，王某某的全部诉讼请求缺乏事实和法律依据，请求依法驳回其全部诉讼请求。

中融信公司一审答辩称：王某某的诉讼请求缺乏事实和法律依据，请求依法驳回王某某全部诉讼请求，且同意链家公司在本案中发表的相关意见。

一审法院经审理认定如下事实。

（一）关于本案当事人基本情况

王某某通过链家公司在北京市石景山区购买了一套二手房，成为本案链家公司、中融信公司客户。

链家公司成立于2001年9月30日，注册资本1949.6573万元，经营范围为房地产经纪业务。截至2016年12月链家公司分支机构共1708个。

中融信公司成立于2006年11月10日，注册资本50000万元，经营范围包括与担保业务有关的融资咨询、财务顾问等中介服务、融资性担保、履约担保等。2017年3月15日，中融信公司100%的股权由链家公司变更至案外人北京博恒泰和广告有限公司名下。

（二）关于涉案合同签订及履行情况

2016年2月19日，王某某、链家公司、案外人苗某某共同签订《北京市存量房屋买卖合同（经纪成交版）》，约定由王某某购买案外人苗某某所有的涉案房屋，总价款为215万元。

同日，王某某、链家公司、案外人苗某某共同签订涉案居间合同。合同第二条约定：按照规定费率上浮10%的标准向链家地产缴纳居间代理费……；第三条第三项约定：本次交易的后续手续由中融信公司办理，并另行签署相关合同。王某某与链家公司均认可实际确定的居间代理费45250

元，计算方式为房屋总价×2.2%-2050元。

同日，王某某、中融信公司、案外人苗某某共同签订涉案交易保障合同。其中，第一条约定了具体的服务内容；第二条第一款约定，中融信公司保障服务费的收费标准为：按房屋交易总额的0.5%收取，共计10750元，由王某某承担，并于合同签订当日支付。

同日，王某某、链家公司、案外人苗某某共同签订《补充协议》。其中，第五条约定，链家公司按照国家政策规定协助双方完成交易，如该协议与涉案房屋买卖合同、居间合同、交易保障合同约定不一致的，均以该协议为准。

2016年2月25日，王某某向链家公司支付56000元，并取得两份收据。一份收据载明：项目名称为居间代理费，金额为45250元……该收据上有"北京链家房地产经纪有限公司收据专用章"。另外一份为"北京中融信担保有限公司专用收据"，收据载明：项目名称为保障服务费，对应金额为10750元，代收评估费，对应金额为600元……该收据上有"北京中融信担保有限公司收据专用章"。

截至本案原审开庭时，王某某表示未收到链家公司及中融信公司出具的发票。

(三) 关于本案相关市场的情况

1. 本案地域市场相关情况

王某某主张本案相关地域市场应界定为北京市城六区。王某某提交了《北京市城市总体规划（2016年—2035年）》等网页截图作为在案证据。

链家公司主张相关地域市场应界定为北京市全部区域。为证明北京城六区之外的其他区域在人口、教育、产业发展、就业、医疗等方面正与城六区快速同质化，链家公司提交了载有"北京市统计局"等网站文章内容的公证书。为证明主要房产经纪服务提供商的经营范围基本涵盖北京全市区域，且在全市提供的是一体化服务，链家公司提交了载有郊区中介能提供城区房屋经纪服务等内容的部分房产经纪机构和互联网房产经纪机构的网页信息、公证材料。

2. 本案服务市场相关情况

王某某主张本案相关服务市场应界定为2016年存量住房买卖经纪服务市场并提交了北京房地产中介行业协会出具的《2016年北京市存量房市场

成交情况》等作为在案证据。

链家公司主张，本案相关服务市场应界定为新建房、存量房的买卖、租赁经纪服务及存量房买卖自行成交市场。

为证明存量非住房与存量住房经纪服务具有同质性，链家公司提交了"北京市住房和城乡建设委员会"（以下简称住建委）网站信息、相关公证文书。

为证明存量房租赁经纪服务提供者可轻易转化成存量房买卖经纪服务提供者，构成供给替代，链家公司提交了载有有关房屋租赁经纪服务与买卖经纪服务相关资质的规定的网站信息等内容的材料。

为证明新建房买卖、租赁服务容易转型成为存量房经纪服务，对其构成供给替代，链家公司提交了载有提供新房销售、租赁服务的公司于近年进入北京及各地存量房经纪服务市场的新闻报道等内容的材料。

为证明自行成交对于存量房交易经纪服务构成显著的需求替代，链家公司提交了载有自行成交的政策信息等内容的材料。

（四）链家公司市场份额及本案市场集中度情况

1. 链家公司相关市场份额情况

围绕市场份额的计算，王某某提交了北京市住建委（2017）第 710 号告知书等在案证据，链家公司提交了北京市住建委（2017）第 1147 号告知书等证据。

王某某主张，2016 年北京市通过经纪公司成交的普通住宅有 137846 套，其中链家公司普通住宅成交量为 85144 套，据此计算得出链家公司在上述相关市场中的份额为 61.77%。

链家公司主张应在 2016 年度北京市全市范围内的数据基础上进行计算，链家公司在全市范围内的市场份额等的占比均未超过 50%。

此外，王某某提交了载有链家公司官网宣传信息等内容的材料，公司简介部分显示"北京在售二手房中，超过 80%委托了链家网！全市成交二手房中，50%来自链家网"。王某某主张以上内容应视为链家公司自认其在本案所涉的相关市场上具有市场支配地位。

2. 其他相关市场因素

（1）链家公司房源、客源情况

王某某主张，链家公司房源获取能力、独占能力和管理能力远超其他经营者，故具备控制房源、客源的能力。为证明上述主张，王某某提交了中介协会出具的成交情况等在案证据。

链家公司主张其不具备控制房源、客源的能力，并提交了载有仙居房地产网等网站信息的在案证据。

（2）链家公司及相关市场上服务者的财力及技术条件情况

王某某主张链家公司财力和技术条件强大，远超其他经营者。王某某提交了载有链家公司股东情况的工商档案、载有"楼盘字典"的介绍链家公司的官网截图等作为在案证据。

链家公司主张行业内的主要竞争对手，如"我爱我家"等亦具备较强的财力和技术实力，链家公司的财力条件并不能阻碍竞争对手成长，其他潜在的经营者亦不存在进入障碍。链家公司提交了多家房产经纪机构门店信息等作为在案证据。

（3）链家公司在实际经营活动中面临其他竞争约束的情况

链家公司主张，阿里等互联网行业企业跨界进入房地产经纪服务行业，给市场内的传统经营者带来新的挑战；共有产权住房、租售同权等房屋政策会影响存量房交易，对依附于存量房交易的经纪服务造成有效的竞争约束。链家公司提交了中证网的网页截图、载有北京市政府网站等的报道内容的公证书作为在案证据。

（五）链家公司被诉滥用行为的相关情况

1. 关于房产经纪服务及服务保障行业定价情况

王某某主张链家公司在实行市场调节价后立即大幅度涨价，采取 2.2% 的居间服务费率，定价过高，不具有正当理由，属于不公平的高价。王某某提交了北京市发展和改革委员会 2011 年 8 月 29 日印发的《关于降低本市住宅买卖经纪服务收费标准的通知》，并提交了"爱屋吉屋"官网的相关报道作为证据。

链家公司主张，链家公司的费率相较于政府定价发生变动，是市场自发调节的结果，2.2% 的居间服务费率是市场普遍采用的费率。链家公司认为，其费率定价源自其优质的服务和较高的成本投入，因此具有正当性，2.2% 的居间服务费不属于不公平高价。为证明该主张，链家公司提交了载有"爱屋吉屋"、中证网、房天下网的报道等内容的材料作为在案证据。

2. 房产经纪机构与服务保障机构一并提供多项保障服务的情况

王某某主张，其在与链家公司签订居间服务合同时，链家公司要求其一并签署交易保障服务合同，没有任何选择权，该行为不符合行业惯例，也没有其他正当理由，属于搭售行为，并会使链家公司在存量住房买卖贷款服务市场产生排除、限制竞争的效果。王某某提交了载有链家公司中介费率截图内容的公证书等作为在案证据。

链家公司、中融信公司主张，在相关市场中，多家公司将多项交易保障服务内容共同出售，这是目前的行业惯例。中融信公司同时提供13项交易保障服务，内容具有正当理由，有利于提高交易效率，保证当事人交易安全，维护链家公司和中融信公司的商誉。链家公司与中融信公司合作提供居间服务和交易保障服务也不会明显排除、限制市场竞争，反而能够提高消费者福利，且具有促进竞争的效果。链家公司、中融信公司提交了国家图书馆文献复制证明及伟嘉安捷公司官网网页截图等作为在案证据。

3. 有关房屋交易发票开具的相关情况

王某某主张，链家公司在房屋过户后方出具发票，属于在交易时附加其他不合理条件的行为。但王某某未提交相应证据。

链家公司及中融信公司主张，其从未把不提供发票作为向消费者提供居间服务的前提条件，在过户后开具发票具有正当理由，符合法律规定，不属于"附加其他不合理的交易条件"。链家公司提交了公证书。

一审法院认为，房产经纪服务与交易保障服务不构成反垄断法意义上的搭售，作为交易保障服务之中的任何一项服务当然也不可能与房产经纪服务单独构成搭售，因此王某某主张成立的前提条件不具备。王某某主张链家公司通过搭售获得高额垄断利润，从而排挤其他竞争者，王某某负有证明责任，本案中王某某仅依据链家公司的一句广告语难以证明这一事实的成立。一审法院认为，王某某提出的链家公司要求一并签订房产经纪服务合同及交易保障合同的行为，会对存量住房买卖贷款服务市场产生限制、排除竞争效果的主张不能成立。

一审法院依照《反垄断法》（2008年施行）的相关规定，2020年6月28日作出判决：驳回王某某的全部诉讼请求。

王某某不服，提出上诉。

王某某上诉请求：撤销原审判决，依法改判支持其原审全部诉讼请求；或将本案发回重审。

链家公司辩称：（1）原审判决认定事实清楚。（2）原审判决适用法律正确。（3）原审法院审理程序合法。链家公司请求驳回上诉，维持原判。

中融信公司辩称：同意链家公司二审答辩意见。

一审法院查明事实属实，二审法院予以确认。

二审法院另查明：涉案房屋买卖合同前序部分第一条载明："本合同文本适用于本市行政区域内国有土地上的存量房买卖。……"第三条载明："通过房地产经纪机构提供居间或代理服务达成交易的，如曾签订委托出售、购买房屋的相关文件，应当作为本合同的附件……"

涉案居间合同前序部分载明："甲（苗某某）、乙（王某某）、丙（链家公司）三方在友好协商的基础上，订立本居间服务合同，以兹共同遵守。"涉案居间合同背面载有链家公司如下广告语："北京市每出售两套二手房，其中就有一套是通过链家成交的。"

根据王某某二审时提交的其诉讼代理人张某鑫与链家公司员工高某的微信聊天记录，2016年2月29日，张某鑫表示："另外就是苗先生这边进程比较快，我这边也得准备首付款了，我这确实也有点困难，到时候评估的时候你想想办法看能否多评估点，多点贷款我首付压力小点。"2016年3月24日，张某鑫表示："你们链家评的比较高啊。"高某回应："好像评估过了，我问下评估报告出的多少。"张某鑫回应："哦，好的。"2016年3月30日，张某鑫表示："高×你好，现在有没有什么新进展，需要我们做的尽管说，我们提前准备，尽量加快进度吧。"高某回应内容包括："宽泛一些是肯定能办下来的，这个您放心，到时候每一步都请好假就行。"张某鑫回应："是比较顺利，多谢了。"

二审法院认为，本案被诉垄断行为发生于2016年，故本案应当适用2008年施行的《反垄断法》。王某某关于链家公司是否具有市场支配地位的上诉请求成立，二审法院予以支持；王某某关于链家公司构成滥用市场支配地位并要求链家公司赔偿其损失的上诉请求不能成立，应予驳回。一审法院关于本案相关市场及链家公司是否具有市场支配地位的认定虽有瑕疵，但裁判结果正确，应予维持。依照2008年施行的《反垄断法》等有关规定，2022年12月14日判决如下：驳回上诉，维持原判。

三、案例分析

本案争议是被告是否实施滥用市场支配地位行为，涉及经济法效率、秩序、公平等价值的考量。本案的主要争议焦点是：（1）如何界定本案中的相关市场；（2）链家公司是否具有市场支配地位；（3）链家公司是否实施了滥用市场支配地位的行为。其涉及的相关问题主要包括以下方面。

（一）滥用市场支配地位行为中相关市场的界定

排除、限制竞争效果的行为应是发生在一定的市场范围内。滥用市场支配地位行为认定首先要界定相关市场。

我国《反垄断法》对相关市场下了定义①，根据定义，界定相关市场一般涉及商品范围、地域范围、时间要求。商品范围的界定要考虑商品之间是否存在竞争关系。相关市场的界定方法主要有需求替代分析法、供方替代分析法、弹性交叉分析法和潜在竞争分析法等。

2009年颁布的《国务院反垄断委员会关于相关市场界定的指南》对相关商品市场、地域市场的概念进行了界定；规定了要考虑时间性的情形；规定了需求替代、供给替代的替代性分析；规定了界定相关市场的方法"假定垄断者测试"的分析思路，并对假定垄断者测试分析思路进行了一定的说明；从需求替代角度界定相关商品市场、相关地域市场应考虑的主要因素。②

2023年我国市场监管总局发布了《禁止滥用市场支配地位行为规定》，对相关市场的认定作了较详细的规定。

需求替代性，指的是从消费者的角度来看，不同产品之间由于具有相同或者相似的功能、特性，可以满足自己的同种需要，因而是可以互换的。但是在界定相关市场时所说的替代性产品，是指具有相同或相似特性的、能够满足相同或相似需求的产品或服务，而不是任意可以相互替代的产品或服务。替代分析法也存在一定的不足，突出体现在所谓的替代性产品有时很难划分。

---

① 2007年颁布的《反垄断法》第12条第2款：本法所称相关市场，是指经营者在一定时期内就特定商品或者服务（以下统称商品）进行竞争的商品范围和地域范围。2022年修正的《反垄断法》第15条第2款：本法所称相关市场，是指经营者在一定时期内就特定商品或者服务（以下统称商品）进行竞争的商品范围和地域范围。

② 参见2009年颁布的《国务院反垄断委员会关于相关市场界定的指南》第3、4、5、6条。

本案中，一审法院认为，需要界定 2016 年北京市房产经纪服务的相关服务市场和相关地域市场。市场界定方法的选择适用，应充分考虑该房产经纪服务行业相关市场特征对市场界定可能产生的影响：第一，双边市场特征的影响。第二，相关互联网行业跨界进入房产经纪服务市场的影响。第三，房产经纪服务市场线下与线上并存模式的影响。本案中分别从需求替代和供给替代角度去分析是否存在对目标服务或目标地域构成紧密替代的其他服务或地域。将 2016 年北京市城六区存量住房买卖经纪服务市场作为起点市场，结合在案事实和可获得的相关数据，从需求替代和供给替代角度分析。本案房产经纪服务市场范围的大小主要取决于房产经纪服务地域的可替代程度。一审法院认为本案相关地域市场应界定为北京市全部区域更为合理。

一审法院认为，本案房产经纪服务市场范围的大小主要取决于北京市区域内不同房产经纪服务的可替代程度；认为本案中相关服务市场范围应定位于新建房、存量房的买卖、租赁经纪服务及存量房买卖自行成交。

二审法院认为，本案的相关市场应当界定为存量住房买卖经纪服务市场。本案被诉垄断行为直接涉及的系链家公司提供的存量住房买卖经纪服务。从需求者角度，无论在服务内容、服务价格等方面，存量住房租赁经纪服务与存量住房买卖经纪服务都不构成需求替代。存量住房租赁经纪服务不应当纳入本案相关服务市场。

二审法院认为，从需求替代、供给替代角度分析，存量住房和存量非住房买卖经纪服务亦不具有可替代性；本案相关服务市场应当不包括存量非住房买卖经纪服务。

新建住房、存量住房的商品来源、交易方式、交易价格、居住体验等都不相同，新建住房和存量住房从需求、供给角度均不具有紧密替代关系，本案相关服务市场应当不包括新建住房买卖经纪服务。

从交易性质、需求者的角度、交易价格的差异等方面来看，存量房买卖自行成交市场对存量住房买卖经纪服务市场不会构成竞争约束，本案相关服务市场应当不包括存量房买卖自行成交市场。

综上，本案相关服务市场应当界定为存量住房买卖经纪服务市场，一审法院相关事实认定错误，二审法院依法予以纠正。

二审法院认为，本案的相关地域市场应当界定为北京市全部区域。本案所涉及的系存量住房买卖经纪服务，无论是存量住房的出卖人还是买受人都受到不动产所在区域的限制，而北京市城六区房产经纪服务与其他区域房产经纪服务存在紧密替代关系，故本案相关地域市场应当界定为北京市全域。

(二) 经营者具有市场支配地位的认定

市场支配地位是经营者的一种状态，一般是指经营者在特定市场上所具有的某种程度的支配或者控制力量，如拥有决定产品产量、价格和销售等各方面的控制能力。市场支配地位的认定，在确定相关市场之后，需对有关因素进行综合考虑，从而确定经营者的支配能力，具体认定经营者在特定的相关市场中是否具有市场支配地位，其中核心指标是该经营者的市场份额。我国《反垄断法》规定了一定市场份额下的经营者被推定为具有市场支配地位，但该经营者可以举证证明自己虽有这样的市场份额，但不具有市场支配地位。

市场支配地位认定中要考虑经营者在市场中的地位，如市场份额，相关市场集中度情况，经营者是否具有很强的市场控制能力即能否控制商品价格、数量或者其他交易条件，经营者是否具有雄厚的财力和先进的技术条件，经营者在关联市场中是否具有其他显著优势可以进一步巩固和增强经营者的市场力量。或者要考虑对竞争的影响，即能否阻碍、影响其他经营者进入相关市场，如其他经营者在交易上是否高度依赖经营者，相关市场进入难度是否大，等等。

2010 年我国颁布了《工商行政管理机关禁止滥用市场支配地位行为的规定》；2019 年国家市场监督管理总局颁布了《禁止滥用市场支配地位行为暂行规定》，对 2010 年颁布的规定予以废止。2023 年国家市场监督管理总局发布了《禁止滥用市场支配地位行为规定》，对 2019 年颁布的规定予以废止。前后几次颁布的规定对市场支配地位的认定进行了相应的界定。

本案中，一审法院认为，要立足于 2016 年本案房产经纪服务市场的发展情况，充分考虑已呈现出的相关市场特征。

关于链家公司的市场份额及相关市场集中度。一审法院认为，在本案中适宜采用以北京市住建委官方发布的 2016 年度相关市场上能够客观反映交易规模的交易数量、房产经纪公司门店数量及经纪人数量作为链家公司市场份额的计算依据。目前无法直接得出链家公司相关市场份额超过 50% 的结论。

关于链家公司是否具有控制房源和客源的相关能力。一审法院认为，本案中可以结合行业市场特征及行业实际情况进行分析判断，链家公司在相关市场上不具有控制房源和客源的能力，客观上无法通过控制房源和客源阻碍其他经营者的进入。

关于链家公司的财力、技术等条件是否足以对其他竞争者进入相关市场造成阻碍。一审法院认为，本案链家公司及主要竞争对手都凭借各自不同的技术条件，通过技术工具不断推出新的服务产品，辅助市场拓展。没有任何迹象表明，链家公司及其他市场服务提供者可以通过技术条件对相互间的正常竞争造成妨碍。

关于其他房产经纪服务提供者在交易上对链家公司是否存在一定程度的依赖。一审法院认为，目前无法证实 2016 年在相关市场上其他房产经纪服务提供者对链家公司在交易上存在明显依赖。

关于其他潜在的经营者是否存在进入障碍。一审法院认为，相关潜在的房产经纪服务提供者进入相关市场不存在进入上的障碍。

从行业实践判断，关于链家公司在相关市场内是否受到有效的竞争约束。2016 年行业内包括链家公司在内的多家规模较大的服务提供者并存发展，彼此间竞争激烈。以阿里、京东等为代表的互联网企业也跨界进入房地产经纪服务行业。

综上，通过对链家公司自身市场力量的分析，综合考虑市场上其他市场力量及其相关潜在竞争力量的有效约束，一审法院认为 2016 年链家公司在本案相关市场范围内不具备市场支配地位。

二审法院认为，本案相关市场界定为 2016 年北京市存量住房买卖经纪服务市场。2016 年，链家公司等主流房地产经纪公司对于存量住房买卖经纪服务的收费比例均为房屋总价款的 2.2%，由此可见，服务价格竞争对于经营者在市场中的支配力并未产生显著影响。对于本案所涉及的存量住房买卖经纪服务市场，较为恰当地考量经营者是否具有市场支配力的指标应包括市场成交量、房源、客源等。房地产经纪机构的分支机构数量、经纪人人数等指标虽然能够反映经营者自身的服务规模，但无法直接反映经营者房源、客源及市场成交量，因此更适合作为经营者财力和技术条件等的考量指标。

根据王某某提交的证据推算出的链家公司所占市场交易量份额超过50%，与链家公司在官网和涉案居间合同背面对外发布的信息相互印证，亦能够证明链家公司在本案相关市场具有市场支配地位。链家公司提交的证据不足以证明其不具有市场支配地位。

综上，二审法院认定链家公司在本案相关市场具有市场支配地位。

（三）经营者实施了滥用市场支配地位行为的认定

经营者是否实施了滥用市场支配地位的行为，首先要认定其特定时期在相关市场具有市场支配地位，然后根据证据证明经营者发生的行为分析是否属于禁止具有市场支配地位的经营者从事的滥用市场支配地位的行为。如本案中，王某某主张链家公司实施了不公平价格、搭售和附加不合理交易条件的行为。需判断原告方提交的证据是否可以证明该经营者以不公平的高价销售了商品、没有正当理由搭售了商品、在交易时附加了不合理的交易条件。

本案中，关于链家公司收取的 2.2%居间服务费，是否构成反垄断法意义上的以不公平高价销售产品。一审法院认为，不公平高价通常是指经营者在正常竞争条件下所不可能获得的远远超出正常公平标准的价格。一审中，通过采用产品比较法结合成本加合理利润比较法判断链家公司收取 2.2%居间服务费的行为不构成反垄断法意义上的以不公平高价销售产品的行为。链家公司 2.2%的服务费率不具有公平性、正当性、合理性，缺乏事实依据和法律依据。

关于链家公司是否存在搭售房屋交易保障服务的行为。一审法院认为，搭售是指经营者利用其市场支配地位，违背对方交易人的意愿，在提供产品或服务时强行搭配销售其他商品或服务的行为。搭售的本质是占市场支配地位的企业，将其在被搭售品市场上的竞争优势，不公平地辐射到搭售品市场上，从而限制这个市场的竞争。本案中的交易保障服务主体应系中融信公司，王某某主张系链家公司不妥。交易保障服务是在新的市场环境下，根据需求方（包括买方和卖方）对交易效率和交易安全的实际需求催生的一项服务。该服务固然对促进相关市场交易效率、保障交易安全具有积极作用，但因为本案相关市场上自行交易的客观存在与必要，房产经纪服务提供者有义务保障需求者对该项服务的必要选择权。链家公司相关行为具有一定合理性，不构成反垄断法意义上的搭售行为。

关于 13 项服务一并提供是否构成搭售，该行为是否具有合理理由。一审法院认为，与包括本案链家公司、"我爱我家"等房产服务机构的合作第三方均同时提供多项交易保障服务。本案提供的多项交易保障服务，现实中具有拆分多个服务项目的可能性，但中融信公司将 13 项服务整体共同提供明显与相关行业管理要求相悖，不具有正当性。

关于链家公司于交易完成后开具发票是否构成在交易时附加其他不合理

交易条件的行为。一审法院认为，附加不合理交易条件的交易行为是指经营者利用其市场支配地位违背交易相对人的意愿，在提供商品或服务时，强迫交易相对人接受其他不合理交易条件的行为。链家公司在交易实践中均是在过户以后向客户开具发票。同时根据市场交易的公知常识，除交易双方有特别约定的，在交易完成后开具发票符合正常的交易习惯。此行为不违反相关行业管理规定，具有正当性。链家公司该行为不构成反垄断法意义上的在交易时附加其他不合理交易条件的行为。

关于链家公司要求一并签订涉案居间合同及交易保障合同的行为，是否会在交易保障服务市场内产生限制、排除竞争的效果。一审法院认为，交易保障服务本身不构成一个独立的相关市场，作为 13 项交易保障服务之一的存量住房买卖贷款服务，当然也不可能构成独立的服务市场。王某某仅依据链家公司的一句广告语难以证明这一事实的成立。

综上，一审法院认为王某某提出的链家公司要求一并签订房产经纪服务合同及交易保障合同的行为，会对存量住房买卖贷款服务市场产生限制、排除竞争效果的主张不能成立。

二审法院对链家公司是否实施了滥用市场支配地位的行为也进行了深入分析。关于链家公司按照涉案房屋交易价格的 2.2% 收取居间服务费，是否构成反垄断法意义上的以不公平高价销售商品的行为。二审法院认为，根据王某某提交的现有证据不能证明链家公司按照涉案房屋交易价格的 2.2% 收取居间服务费，构成反垄断法意义上的不公平高价行为。

关于链家公司是否存在反垄断法意义上的没有正当理由搭售商品的行为。二审法院认为，判断是否构成《反垄断法》所禁止的搭售行为，一般需要考量搭售是否是一种不合理的安排；如果将被搭售的商品分开销售，是否有损于该商品的性能或使用价值；搭售行为是否具有反竞争的效果。

王某某与链家公司签订涉案居间合同时，链家公司要求王某某一并签署涉案交易保障合同，且涉案交易合同同时提供 13 项服务，王某某提交的现有证据并不能证明链家公司强制王某某签订涉案交易保障合同。王某某在通过中融信公司提供的交易保障服务已经完成申请贷款、房屋过户等事项后，主张链家公司实施了《反垄断法》禁止的搭售行为，无事实和法律依据。

关于链家公司是否存在反垄断法意义上的没有正当理由附加不合理交易条件的行为。二审法院认为，链家公司在交易完成后出具发票，具有正当理由。王某某提交的现有证据不能证明链家公司实施了《反垄断法》所禁止的不公平价格、搭售和附加不合理交易条件的行为。

✎ 四、课程思政解读

本案涉及经营者在一定时期内的相关市场中是否滥用市场支配地位。对经营者滥用市场支配地位的行为进行《反垄断法》规制，能够更好地体现和维护经济法自由、公平、效率、秩序等价值。目前我国对于经营者在相关市场中具有市场支配地位这样的状态并不进行《反垄断法》规制。因为经营者通过合法合理的方式和手段进行竞争，从而获取较高的市场份额，较强的财力、技术条件，对市场有一定的控制力等竞争优势，是不违背经济法价值的。本案中主要涉及以下两个思政元素。

（一）市场经济是在政府宏观调控下有序竞争的经济形态

市场经济是竞争经济、垄断经济，有序的市场体系是市场经济良性运行的载体，自由但有序的竞争是市场经济的最高境界。我国强调要把握好竞争与垄断的辩证关系，深入认识资本无序扩张和过度垄断的危害，营造稳定、公平、透明的营商环境，构建高水平的市场经济体制，推进市场有序竞争。

市场环境是开放的，但也需要统一；市场行为是竞争的，但更应该有序；鼓励与规范是并重的，只有在法治轨道上、在市场体系中，才能确保整个行业实现健康可持续发展。

推动形成统一开放、竞争有序的市场体系，需要更多地从制度入手，需要坚持监管规范和促进发展两手并重，明确规则，划出底线；需要强化反垄断，深入推进公平竞争政策实施。

竞争法的根本目的就是要通过禁止或者限制垄断、不正当竞争及限制竞争的行为，使得竞争能够自由有序地进行。资本追求价值增殖的本性无可厚非，如果规制得好，资本能够为社会和民众贡献力量；但如果不加以正确引导，一旦放任资本无序扩张，很容易造成过度垄断，导致市场失灵。

2021年8月，中央全面深化改革委员会第二十一次会议审议通过了《关于强化反垄断深入推进公平竞争政策实施的意见》，为强化反垄断、深入推进公平竞争政策实施指明了方向。

（二）《反垄断法》规制有利于公平、自由竞争、效率和保护消费者宗旨的实现

公平竞争政策是社会主义市场经济的基础性政策，深入推进公平竞争政策实施是加快建设全国统一大市场、构建新发展格局、促进高质量发展的内在要求。反垄断是国家治理经济的重要组成部分。国家治理体系和治理能力的现代化，必然要求反垄断执法体系和执法能力现代化。2022年，立足我国社会主义基本经济制度和发展实践，新修改的《反垄断法》将"强化竞争政策基础地位""建立健全公平竞争审查制度"上升为法律规定。

企业之间的自由竞争往往会促使效率的提高。企业的合并、市场集中度的提高等使企业扩大了生产规模，降低了成本，减少了中间环节，完善了企业结构，从而使企业的经济效益得到显著提高。但经济法追求的效率是综合考虑各方面因素后促进经济发展的整体效率，而不是兼并企业的局部效率。

《反垄断法》规制经营者滥用市场支配地位的行为等，是为了防止经济力量的过度集中，保护自由公正的竞争机制，促进市场经济的健康发展。

《反垄断法》在维护市场竞争机制的同时，实际上也保护了消费者的利益。《反垄断法》对经营者相应的垄断行为进行规制，促使经营者积极改善管理方式，努力降低生产成本，提高产品质量，最终受益的不仅包括同业经营者，也包括广大的消费者。

《反垄断法》立足于建立和维护自由、公正的竞争机制，从而有效地维护企业公平竞争和广大消费者的利益。

习近平总书记在党的二十大报告中强调，要完善公平竞争等市场经济基础制度，加强反垄断，破除地方保护和行政性垄断。新的《反垄断法》对"滥用市场支配地位"相关制度进行了完善，明确反垄断制度规则在平台经济领域的适用，并对调查程序、法律责任等作出修改。后续应针对反垄断监管执法实践发展的需要，进一步健全滥用市场支配地位行为认定规则，强化企业公平竞争合规意识和能力，有效引导经营者依法合规经营。

💬 五、问题拓展讨论

（1）如何看待经济法公平和效率价值之间的关系？

（2）如何认定滥用市场支配地位行为？

（3）认定滥用市场支配地位行为中界定相关市场时，替代分析法和假定垄断者测试法是否存在不足？如果存在，如何调整？

（4）我国《反垄断法》关于市场支配地位的考虑因素是否还存在不足？如果存在，如何调整？

（5）我国《反垄断法》关于滥用市场支配地位行为认定考虑的要件是否还存在不足？如果存在，如何调整？

👍 六、阅读文献推荐

（1）刘贵祥：《滥用市场支配地位理论的司法考量》，《中国法学》2016年第5期。

（2）郝俊淇：《市场支配地位与实质性市场势力之辨析——兼及〈反垄断法〉第17条第2款的修改》，《当代法学》2020年第3期。

（3）孔祥俊：《论反垄断法的谦抑性适用——基于总体执法观和具体方法论的分析》，《法学评论》2022年第1期。

（4）焦海涛：《滥用市场支配地位的性质定位与规范修正》，《中国政法大学学报》2022年第1期。

（5）许光耀：《支配地位滥用行为的反垄断法调整》，人民出版社，2018年。

经济法原则

案例 3：北京市丰台区源头爱好者环境研究所
诉深圳市长园特发科技有限公司环境污染公益诉讼案

一、知识点提要

1. **经济法原则的概念**

经济法原则包含经济法基本原则和经济法具体原则。经济法基本原则，是集中体现经济法的特性，由经济法宗旨和根本价值所指引，对经济法的立法、执法、司法和守法具有全局性的指导意义和普遍适用价值的基本准则。与经济法基本原则相对应的是经济法具体原则，前者是经济法基本精神、价值、理念的承载，具有最高层次的效力，指导经济法规则的制定，且作为具体原则的出发点贯穿于经济法运行过程始终；后者则是对经济法基本原则的进一步具体化，存在于经济法的各个部门法中，仅对经济法部门法的运行起具体指导作用，如公平竞争原则就是市场规制法的具体原则，贯穿于《反不正当竞争法》《反垄断法》等法律规则中，但在宏观调控法等其他经济法律制度中不具有适用性，因此不能被视为经济法的基本原则。

2. **经济法基本原则的特征**

经济法基本原则作为经济法的要素之一，贯穿经济法各项制度的始终，是高度概括的、统率的和普遍指导的普遍遵行，具有法律强制性、普遍适用性、全面指导性和部门特殊性。

3. **经济法基本原则的内容**

经济法的基本原则可概括为有效调制原则、社会利益本位原则和经济安全原则三项，前者包括市场决定性原则，以及调制法定、调制适度、调制绩效原则（简称"调制三原则"）两方面的内容，中者则包括综合效益原则和实质公正原则两方面的内容，后者包括宏观经济安全原则和经济发展原则两方面的内容。

4. 经济法基本原则的功能

经济法基本原则的功能有：（1）构成立法的基本性准则。经济法基本原则的外延应该是全部经济法具体规则的总和，它是制定经济法具体规则的基础和来源。在一般的法律修正过程中，经济法的基本原则几乎很少变动，都是具体规则的改变，因此，基本原则构成规则演进的指导性准则。（2）构成经济司法审判的准则。从整体上看，经济法是由一般性规范同适用和执行规范的特殊性行为构成的综合体。法官在审理具体经济法律纠纷时遵循"有规则适用规则，无规则适用基本原则"的基本规范。

二、案例介绍

原告北京市丰台区源头爱好者环境研究所系在民政部门注册成立的社会组织，是维护社会公共利益、从事环境保护公益活动的机构。作为环境民事公益诉讼主体，原告起诉被告深圳市长园特发科技有限公司违反"建设项目中防治污染的措施必须与主体工程同时设计，同时施工，同时投产"的"三同时"政策，未按环保批文配套废气治理设施就施工投产，向大气环境直接排放含大量非甲烷总烃、一氧化碳的生产废气，导致大气环境中的臭氧浓度和$PM_{2.5}$浓度增加，对环境资源造成损害，应根据被告实际排放的废气量用虚拟成本计算法确认环境损失和环境功能损失。原告据此诉请被告停止侵权、消除危险、赔礼道歉、赔偿环境受到的损失及环境服务功能损失共计200万元，承担检验费用、鉴定费用、律师费、差旅费等共计22万元，负担全部诉讼费用。

法院生效裁判认为：根据双方诉辩意见，本案争议焦点为：（1）原告是否具备提起环境污染民事公益诉讼的主体资格；（2）被告排放的废气是否损害大气环境，造成环境损失和环境功能损失；（3）被告是否应当停止侵害、消除危险、赔礼道歉、赔偿损失，损失金额如何认定。

关于第一个争议焦点，原告是否具备提起环境污染民事公益诉讼的主体资格。法院认为，被告虽主张原告的环境民事公益诉讼主体资格已经在（2019）粤01民初1096号环境民事公益诉讼一案中被广州市中级人民法院否定，但广东省高级人民法院已经于 2020 年 8 月 19 日裁定指令广州市中级人民法院审理该案，且该裁定中也认定原告提交的材料符合《中华人民共和国环境保护法》（以下简称《环境保护法》）第五十八条、《最高人民法院关于审理环境民事公益诉讼案件适用法律若干问题的解释》（以下简称《环境民事公益诉讼司法解释》）第四条的规定，故法院对被告该项主张不予采纳。原告在本案中提交的《章程》《民办非企业单位登记证书》《2012 年至 2017 年年检记录》《年检报告书》《无违法记录声明》等，足以证明原告符合《环境保护法》第五十八条，《环境民事公益诉讼司法解释》第二条、第三条、第五条对提起环境公益诉讼社会组织的要求，原告具备提起环境民事公益诉讼的主体资格。

关于第二个争议焦点，被告排放的废气是否损害大气环境，造成环境损失和环境功能损失。第一，被告在现址投产后，生产车间产生的非甲烷总烃均为现场无组织违法排放，被告在本案中也没有证据证明其当时排放的非甲烷总烃浓度在 120 mg/m³ 以下，故应当采纳原告主张，认定被告违法超标排放非甲烷总烃。此外，被告车间产生的一氧化碳经管道收集后通到楼顶直接排放，未配套废气治理设施，被告在本案中没有证据证明其投产后排放一氧化碳的风量及排放浓度，故应当采纳原告主张，认定被告违法超标排放大气污染物一氧化碳。第二，鉴于非甲烷总烃对生态环境及一氧化碳对人体的诸多危害，被告长期违法超标偷排非甲烷总烃、一氧化碳，损害周围区域大气环境，造成周边环境损失，且被告工厂所在地光明区的空气质量一向良好，就遭受损害的周围区域空气质量而言，在生态环境受到损害至恢复原状期间，其所承担的服务功能必然受到影响，故被告该等违法行为已经造成周边环境损失和环境服务功能损失。

关于第三个争议焦点，被告是否应当停止侵害、消除危险、赔礼道歉、赔偿损失，损失金额应如何认定，判决如下。

（一）关于被告是否应当停止侵害、消除危险的问题

被告在本案中提交证据证明其后续投资 200 余万元建设废气治理设施，主张原告的诉讼目的已经实现。法院认为，被告虽于 2019 年 8 月 15 日通过深圳市景泰荣环保科技有限公司对废气处理设施和噪声治理设施的竣工环保验收，但根据本案查明的事实，被告存在因其杭州分公司在生产同时未开启配备的废气吸附塔，不正常使用污染物处理设施，而被杭州市环保部门罚款

4万元的情况，故原告关于要求被告应停止违法排放大气污染物、正常运行污染物处理设施、建设环保配套设施的主张具有事实依据及现实可能性，法院对原告关于要求被告停止侵害、消除危险的请求予以支持。

（二）关于被告是否应当赔礼道歉、赔偿损失的问题

法院认为，《环境保护法》第四十一条规定确立的"三同时"制度是建设项目环境管理的一项基本制度，是我国以预防为主的环保政策的重要体现，即建设项目中，环境保护设施必须与主体工程同步设计，同时施工，同时投产使用。被告在2010年建厂生产时没有按照环境影响报告书及批复的要求设置废气治理设施，2013年报批扩建后依然没有设置废气治理设施，直至2018年5月被查处，被告在此期间长期违法超标向大气环境排放非甲烷总烃、一氧化碳，损害大气环境和社会公共利益。原告根据《环境民事公益诉讼司法解释》第十八条规定，要求被告对其损害环境公共利益的行为在全国主流媒体向社会公众赔礼道歉及承担赔偿损失责任，于法有据，法院予以支持。

（三）关于损失金额应如何认定的问题

法院采纳环境损害司法鉴定专家的意见，本案应当适用虚拟治理成本法认定环境损害赔偿数额。具体计算方式为，在查明非甲烷总烃排放总量的前提下，以活性炭的购买成本、设备折旧维护成本、人工成本及活性炭失效后的废物处理成本的总和为非甲烷总烃正常治理成本，因本案非法排污地所在区域的空气环境功能区类别为Ⅱ类，环境功能区敏感系数为3，故应将正常治理成本再乘以一定倍数，以确定被告违法超标排放非甲烷总烃造成的环境恢复成本和环境功能损失；在查明一氧化碳排放总量的前提下，以设备折旧维护成本、人工成本的总和为一氧化碳正常治理成本，环境功能区敏感系数为3，故应将正常治理成本再乘以一定倍数，以确定被告违法超标排放一氧化碳造成的环境恢复成本和环境功能损失。

该案例的指导意义在于，针对污染企业偷排的废气已经进入大气环境，环境侵权后果难以确定，且污染企业妨碍证明环境侵权后果的常见情形，该案运用证明妨害规则，参考空气污染鉴定专家意见，以环境影响报告书记载的基本事实为基础，灵活运用虚拟治理成本法认定环境损失金额区间及污染企业赔偿责任，创设出一整套可复制的依法界定大气污染赔偿责任的审判经

验。特别是在无公权力机关起诉或支持起诉的情形中，作为环境公益诉讼原告的民间环保公益组织，追究被告违法行为的能力较弱，鉴定成本较高，被告趁机实施妨碍证明环境侵权后果的行为，出现"违法成本低，追究违法成本高"的现象，本案例为从根本上扭转该现象，依法界定环境公益诉讼被告的大气污染赔偿责任提供了行之有效的解决方案。

三、案例分析

该案例以个案诉讼展示了私主体权益与社会公共利益之间的冲突，体现了国家通过司法在经济发展与自然环境可持续发展中寻求平衡的努力。同时，案例也展现出社会力量关注社会发展、投身社会公益事业的热忱，充分体现了经济法中的社会利益本位原则、有效调制原则和经济安全原则。

（一）社会利益本位原则

该案中，企业为了追求利润会忽视环境保护，个人为了自身利益会违反市场规则。在这种情况下，经济法的社会利益本位原则就起到了调节作用，通过法律手段来平衡各方利益，保障社会的整体利益。

1. 要求经济法要有社会整体观念和社会全局意识

经济法的目标在于实现整体、全局而非个别、局部的利益，这使其不同于以个人利益或国家利益最大化为目标的其他部门法。经济法要把整个市场调整为一个内在统一、协调一致的整体，要有"天下大同"的理念。经济法要排除个体观念和局部意识，一切从市场本身着眼，一切从市场整体出发，一切服从社会全局。

2. 要求经济法要"以人为本"，全面体现人本主义价值观

现代社会的一个突出特征是公私融合，强调公共意志与私人意志的融合、国家与企业及个人的融合、公共利益与私人利益的融合、公共经济行为与私人经济行为的融合等。经济法强调对社会经济进行干预、管理和调控，其核心内涵便是维护社会整体利益，这显然与"以人为本"的理念有着很多共同之处。经济法所体现和维护的社会整体利益的实现，有赖于个体利益的最大化、普遍化和持续化，以及相应制度的构建。"以人为本"的发展观要求一切社会经济发展活动为满足人的全面需求和全面发展服务，尊重人权、保障人权，建立以人为本的社会主义市场经济新机制，实现社会的全面进步。

3. 要求经济法促进和保障社会利益

在市场经济中，市场的缺陷已经表明个人利益只有与社会公共利益平衡发展才能得到实现。因此，经济法以保护社会公共利益作为自己的基本出发点，即强调社会本位。它在对经济关系的调整中立足于社会整体，在任何情况下都以大多数人的意志和利益为重。社会本位要求经济法以社会利益和社会责任为最高准则，无论国家还是企业都必须对社会负责，亦即都必须对发展社会生产力、提高社会经济效益负责，在对社会共同尽责的基础上处理和协调好彼此的关系。经济法把社会本位作为调整原则，表明经济法在对产业调节、固定资产投资、货币发行、产品质量控制、消费者权益保护等关系进行调整时，要以社会利益为本位。

（二）有效调制原则

经济法的有效调制原则是对市场失灵的客观回应，运用国家力量进行适当适时的干预是一种客观需要。国家干预是不可避免的，因为国家的存在是一种客观的存在，国家对经济的干预反映出现代国家的经济职能；国家干预是必需的，现阶段处理经济关系仅运用民法责任存在缺陷；国家干预具有效用，自由市场并非万能，国家干预对于克服市场失灵具有良好的效果，有利于市场恢复秩序，经济正常发展。

但这种干预是为了填补市场的发展漏洞，要有利于市场经济健康发展，而不能替代市场在资源配置中的决定性地位。适度干预必须是以市场为基础的干预，要尊重市场运作规律，促进公平竞争，防止不正当干预；需以保护竞争为目的，在法律允许的范围内避免市场竞争失衡；其干预手段应当逐步走向法治化，以经济的或综合的手段适度干预市场；应当遵循法定程序，避免干预者的不当行为；要求干预的范围必须法定，只在市场失灵的地方进行干预。

有效调制原则体现在调整市场运行关系的《反不正当竞争法》《消费者权益保护法》《中华人民共和国产品质量法》（以下简称《产品质量法》）中，国家对于市场主体的行为进行干预，保护市场秩序、正当竞争，维护消费者合法权益，等等。有效调制强调根据不同领域的具体情况进行调整，平衡各方利益，促进公共利益、经济发展，维护社会秩序、公平竞争，保持市场稳定，灵活适应变化，依法治理和提高执行效率，等等。有效调制原则的运用有助于构建健康有序的经济法律体系，推动经济的可持续发展。

（三）经济安全原则

本案中的经济安全既包括目前的生态环境安全，也包括未来的可持续发展，体现了代际平衡的观念。

生态环境安全是指维持一个国家人与自然协调发展，使其生态环境及自然资源长期处于没有危险、不受威胁的稳定状态。生态环境安全是一国存在和发展的第一要义，从伦理学角度来看，资源的有限性提醒人类应当树立节制道德观，告诫人类要学会尊重与敬畏自然；从法理学角度来看，生态正义、绿色公平、生态秩序都要求我们必须树立环境安全的法律价值观念。目前，这一观念已经渗入生活的各个领域，它考虑的不仅是经济的增长，而且兼顾社会、文化、环境等各个方面的安全协调、综合发展。

此外，可持续发展已经成为社会发展的一个全面战略，它主要包括经济方面的可持续发展、生态方面的可持续发展和社会方面的可持续发展。经济方面的可持续发展指的是鼓励经济增长而不是以环境保护为名取消经济增长，但可持续发展不仅仅重视经济增长的数量，更追求经济发展的质量。生态可持续发展指的是经济建设和社会发展要与自然承载能力相协调，发展的同时必须保护和改善地球生态环境，保证以可持续的方式使用自然资源，使人类的发展控制在地球承载能力之内。社会方面的可持续发展是指改善人类生活品质，提高人类健康水平，创造一个保障人们平等、自由的社会环境。在人类可持续发展系统中，经济可持续是基础，生态可持续是条件，社会可持续才是目的。

 **四、课程思政解读**

（一）社会力量参与社会治理的司法实现路径

矛盾纠纷作为社会关系失衡、冲突、失范的表现形式，如果不能及时加以化解，可能会加剧社会的结构性风险，并对社会治理秩序造成冲击。传统的基层社会管理活动主要依靠政府作用，其他主体很难发挥应有功效，具体体现为基层社会治理中信息失灵、力量不足、效果欠佳等问题。党的十八大以来，以习近平同志为核心的党中央创造性地提出"社会治理"这一概念。其中，作为"社会治理"理论体系重要组成部分的协同治理理论认为，在党组织统一领导、政府依法履责、各类组织积极协同、群众广泛参与的基层治理体系中，各级党组织与其他行动主体相互协调协作，共同治理社会公共事务，能够最终实现最大限度地维护和增进公共利益的目的。

目前，新兴社会治理类公益组织逐渐兴起，组织引导这些社会力量有序参与社会治理，能够为平安建设汇聚新力量、注入新动能。特别是在无公权力机关起诉或支持起诉的情形下，作为环境民事公益诉讼原告的民间环保公益组织，无疑可以拓展环境保护的视域，丰富生态安全的综合性资源。但也要注意到，民间组织在追究违法行为时面临能力较弱、鉴定成本较高的困境。在司法实践中，被告可能利用这一现状妨碍证明环境侵权后果，导致"违法成本低，追究违法成本高"的现象出现。从根本上扭转该现象，依法界定环境民事公益诉讼被告的大气污染赔偿责任，需要为社会力量参与社会治理提供行之有效的司法解决方案。社会组织是维护环境的重要参与者，面对日益严重的环境状况，有必要转变思维，借鉴国外先进经验并结合我国客观形势，重新规制社会组织的起诉条件，通过放宽法律制度、保障经济来源、合理进行监督及明确相关规定，创造发展空间，从而帮助社会组织克服阻碍，保障社会组织在环境公益诉讼中发挥更大作用。

（二）运用科学技术实现司法公正

该案例针对污染企业偷排的废气已经进入大气环境，环境侵权后果难以确定，且污染企业妨碍证明环境侵权后果的常见情形，运用证明妨害规则，参考空气污染鉴定专家意见，以环境影响报告书记载的基本事实为基础，灵活运用虚拟治理成本法认定环境损失金额区间及污染企业赔偿责任，创设出一整套可复制的依法界定大气污染赔偿责任的审判经验。由此可见，在司法实践中，人力与科技深度融合的司法运行新模式正在形成。

当前，互联网、大数据、人工智能、元宇宙等新一轮科技革命和产业变革正在重塑经济结构。我们应主动拥抱数字时代，以智能化为核心发展方向，以数据库建设为基石，将司法鉴定技术创新和优化升级融入其中，助推司法鉴定服务模式发生根本性转变。例如，通过人工智能技术在司法鉴定服务受理环节的应用，以及鉴定意见书一键生成等功能，助力司法鉴定行业向中高端领域迈步。

习近平总书记在2018年全国两院院士大会上要求："要把满足人民对美好生活的向往作为科技创新的落脚点，把惠民、利民、富民、改善民生作为科技创新的重要方向。"司法部将司法鉴定纳入公共法律服务的职能范畴，司法鉴定的公益属性决定了未来司法鉴定工作的高度，即其不仅仅要满足鉴定意见证据属性的要求，满足审判机关、检察机关、公安机关的业务需求，更需要关注人民群众在接受司法鉴定过程中的获得感和满意度。

（三）经济发展与环境保护的平衡

当前我国经济发展进入了新时代，既呈现出良好的发展潜力，也暴露出经济结构不合理、资源浪费、环境污染严重、贫富差距扩大等一系列问题。党的十八届三中全会提出，"市场在资源配置中起决定性作用"。十九大报告指出，"我国发展仍处于重要战略机遇期，前景十分光明，挑战也十分严峻"。生态环境保护与经济发展是辩证统一的关系，不能把二者割裂对立起来。生态环境保护的成败，归根到底取决于经济结构和经济发展方式。几百年来，工业化进程在创造前所未有的物质财富的同时，也带来了触目惊心的生态破坏，导致了难以弥补的生态创伤，如全球气候变暖、大气污染、生物多样性锐减等。事实证明，当人类无序开发、粗暴掠夺自然资源时，自然的惩罚必然是无情的。经济发展不应是对自然资源和生态环境的竭泽而渔，生态环境保护也不应是舍弃经济发展的缘木求鱼。

推动绿色发展方式和生活方式是最普惠的民生福祉。绿水青山就是巨大财富。走出一条发展和保护协同共生的新路径，需要推动形成绿色发展方式和生活方式。一方面，加快形成绿色发展方式，要调整经济结构和能源结构，培育节能环保产业、清洁生产产业、清洁能源产业，划定并严守生态保护红线、环境质量底线、资源利用上线和生态环境准入清单。另一方面，加快推行绿色生活方式，不断增强全民节约意识、环保意识、生态意识，大力培养生态道德和行为习惯，在全社会牢固树立生态文明理念，让天蓝地绿水清深入人心；开展全民绿色行动，倡导简约适度、绿色低碳的生活方式，反对奢侈浪费和不合理消费，形成文明健康的生活风尚。

（四）代际平衡视野下的可持续发展观

可持续发展自1972年在斯德哥尔摩召开的联合国人类环境会议上被提出以来，已经发展成国际环境法的一项基本原则。1987年世界环境与发展委员会在《我们共同的未来》中将可持续发展定义为，"既能满足当代人需要，又不对后代人满足其需要的能力构成危害的发展"。经济社会发展过程中，市场机制不完美性的另一个体现是过于强调满足当代人的需求，而对未来人的需求关注不足，进而产生代际不平衡问题。碳排放是最典型的体现，过去两三百年的工业化阶段，大量的碳排放极大地促进了生产力的发展，但由此造成的温室效应，却可能会危害数十年甚至上百年后人类的发展空间，这样一个代际平衡问题不可能通过市场自发的交易机制来解决，只能通过政府代表未来人的利益，对当代人的市场行为进行干预，以实现代际平衡。

从我国现行的经济法来看，其不仅关注到了社会最终经济目标的实现，同时对于社会生态目标则更为重视。实现可持续发展，就需打破传统的经济发展模式，调整和升级产业结构，革新生产方式，变革原有的管理体制，通过有效地适用经济及法律等手段，将经济社会的发展纳入可持续发展的范畴之中，这不仅从一个侧面折射出了经济法的价值理念，同时更是经济法立法和执法的深刻体现。

五、问题拓展讨论

（1）简述经济法的时空性。

（2）如何理解经济法是在个人原则与社会原则之间形成一种平衡？

（3）简述国家适度干预的理论基础及其应用。

（4）国家对社会经济生活进行干预所使用的法律方法主要有哪些？

（5）如何确定社会公共利益的法律边界？

（6）如何看待数字技术革新对经济法律发展趋势的影响？

（7）思考可持续发展的法律保障体系。

六、阅读文献推荐

（1）漆多俊：《经济法基础理论》（第5版），法律出版社，2017年。

（2）张世明：《经济法学理论演变研究》（第2版），中国民主法制出版社，2009年。

（3）哈耶克：《通往奴役之路》，王明毅等译，中国社会科学出版社，1997年。

（4）柯武刚、史漫飞：《制度经济学——社会秩序与公共政策》，韩朝华译，商务印书馆，2000年。

（5）林毅夫：《新结构经济学——反思经济发展与政策的理论框架》，苏剑译，北京大学出版社，2012年。

（6）冯辉：《论经济国家——以经济法学为语境的研究》，中国政法大学出版社，2011年。

（7）格伯尔：《全球竞争——法律、市场和全球化》，陈若鸿译，中国法制出版社，2012年。

经济法责任

案例 4：陈某、刘某诉江西省英龙实业发展
有限公司商品房销售合同案

⚠ 一、知识点提要

掌握经济法责任的特性、经济法责任的类型等，理解法律责任被视为主体违反法律义务而承担的"不利后果"，或者因违反第一性义务而应当承担的第二性义务，导致违法主体的权利减损或义务增加，并由此达到"惩罚"或"威慑"等目的。

（一）经济法责任的特性

1. 经济法责任的独立性

经济法责任是经济法基础理论的重要组成部分，依据传统的法律责任理论，可划分为民事责任、行政责任和刑事责任三个类型。但随着生产社会化的日益发展，市民社会和政治国家开始出现交叉与融合，市场失灵呼唤国家调制，此时的国家调制并不符合自由主义对行政权力危险扩张的全部假设，需要引入适度的、尊重市场规律的国家调制，以维护社会公共利益。在经济法中，调整领域的复杂性造成了责任形式的多样化，其他法律部门的法律责任形式均在经济法上有所体现。经济法责任是对传统法律责任形式的一种质变式的"整合"而非"组合"。不仅如此，经济法责任还在实务中开创出了三大传统法律部门均不具有的独创性责任形式，比如，《产品质量法》中的产品召回责任，正是基于风险预防的考虑，在真正产生产品责任之前即对经营者施加积极性的责任，这种新创的责任类型便难以为三大传统法律责任所

纳入。另外，承担经济法责任时的独特诉讼机制也能佐证经济法责任相较三大传统法律责任的独立性。尽管至今尚未建立起独立的经济法诉讼体系，但经济法领域的民事赔偿责任追究机制已通过相应的方式展现出相对独立性，主要表现为赋予了各调制主体准司法性的权力，从而能在一定程度上代行诉讼机制中的责任追究权；此外，与经济法领域有关的反垄断诉讼、消费者诉讼、纳税人诉讼等，在国际上都不同程度地呈现出了单设或特设法庭处理的趋势。

2. 经济法责任的特殊性

责任承担的非过错性。在经济法领域，基于对信息不对称和经济外部性等现实状况的关注，传统私法基于形式理性所建立的以过错为基准判定责任的逻辑在相当程度上被打破，无过错责任或过错推定责任不再是个别适用的情况，这在若干市场规制立法中体现得尤为明显。比如，在《反垄断法》所规制的垄断协议、滥用市场支配地位、经营者集中三大经济垄断行为中，立法对其构成要件的界定通篇不见对"存在主观过错"的要求；再比如，在《产品质量法》中，对于因产品存在缺陷造成人身、他人财产损害的行为，立法赋予受害人自由选择向生产者或销售者要求赔偿的权利，而不论何者为真正的过错方，对于生产者与销售者彼此后续的追偿问题，不能影响到消费者维权的便利，这是典型的基于实质正义和社会本位的要求对责任承担的过错性所做的突破。

3. 责任追究的积极性

立足于社会整体利益的经济法确立了适度的积极责任，即尽管损害结果尚未发生或处于不确定状态，仍然可以对相关的责任主体追究法律责任。这种积极的经济法责任具有以下特点：其一，依主体地位而非行为为标准判断责任的产生。在风险社会背景下，社会现实风险的客观存在难以避免，依主体是否具有相应行为为标准判断过错存在与否，已不符合现实需求，比如，消费者在不知情的情况下危险使用了产品从而造成损失，此时难以确定产品的经营者具有现实违法行为或过错，但由于经营者具有超过消费者的控制产品风险的能力，因而有必要在其不存在具体违法行为和过错的情况下对其施加风险警示责任。在以主体地位判断责任的逻辑下，法律责任的承担更有可能是以何者最具有控制风险和减少损失的能力为标准，而不考虑其是否真正实施了造成损失的违法行为。其二，依现实风险而非损害结果判断责任的内容。经济法责任的产生不再立足于现实损害的发生，而是基于预防风险的要求，很可能在损害结果真正产生之前就被施加了需要积极履行的法律责任。比如《消费者权益保护法》当中规定的产品召回责任，即在真正产生产品责任之前被施加的积极责任。其三，依调制机关的积极执法而非司法机关的消极裁判为平台促导责任的实现。若要在损害真正产生前预防风险，恪守中立的司法机关便难以真正起到促导积极责任履行的目的，因此，在经济法领域，通常依照调制主体的积极执法而非司法机关的消极裁判为平台促导责任的实现。比如，产品召回责任由工商行政管理部门监督实施。概括而言，经济法责任超越了传统私法责任"行为—损害结果—法律责任"的基本逻辑，而遵循有风险即有责任的"主体—风险—法律责任"的基本逻辑，是对传统法律责任观念和制度的超越与创新。

4. 责任主体的绝对性

在经济法上，为了保证社会公共利益的实现，责任的承担会呈现出一种对社会整体负责的绝对性。比如，经营者欺诈消费者利益的行为不仅将面临民法上的违约或侵权责任，而且会受到调制机关的处罚；侵吞企业国有资产的行为也不仅面临着国有资产监督管理机构的起诉，还有可能会面临以维护社会公共财产为目的的公益诉讼。这便展现出经济法责任绝对性所带来的法律实施的变革：追责方式不再局限于传统三大诉讼制度，而是辅之以调制主体的主动执法，以及经济公益诉讼制度的革新。

5. 责任内容的惩罚性

经济法上的责任突破了承担民事责任的"填平"原则，突出表现为如下两点：首先，即使是在传统上被视为"民事"赔偿责任的领域，责任主体也通常被施加了高于补偿标准的法律责任，其目的在于奖励提起诉讼的通常处于弱势地位的受害人，并对违法行为人形成重要的威慑作用，其典型即为我国《消费者权益保护法》《中华人民共和国食品安全法》（以下简称《食品安全法》）等规定的经营者对消费者承担的惩罚性赔偿。其次，在对直接受害人承担赔偿责任后，责任主体通常还面临着来自调制机关的处罚，且这种处罚经常被科以较高数额，比如，我国《反垄断法》对经营者达成垄断协议所施加的巨额罚款，最高可达上一年度销售额的 10%。

（二）经济法责任的形式

1. 惩罚性赔偿

《消费者权益保护法》第五十五条规定了惩罚性赔偿制度："经营者提

供商品或者服务有欺诈行为的，应当按照消费者的要求增加赔偿其受到的损失，增加赔偿的金额为消费者购买商品的价款或者接受服务的费用的三倍；增加赔偿的金额不足五百元的，为五百元。法律另有规定的，依照其规定。经营者明知商品或者服务存在缺陷，仍然向消费者提供，造成消费者或者其他受害人死亡或者健康严重损害的，受害人有权要求经营者依照本法第四十九条、第五十一条等法律规定赔偿损失，并有权要求所受损失二倍以下的惩罚性赔偿。"

2. 黑名单制裁或者信用制裁或专业名誉责任制裁

如《北京市工商行政管理局市场主体不良行为警示记录系统管理办法》第二条规定：凡在北京市开展市场活动的企业、事业单位、社会团体、个体工商户、自然人、外国企业代表机构，如存在严重危害交易安全、严重扰乱市场经济秩序、严重损害交易对象权益的行为，都将被锁入"不良行为警示记录管理系统"。

3. 产品召回

如《缺陷汽车产品召回管理规定》第四条规定："售出的汽车产品存在本规定所称缺陷时，制造商应按照本规定中主动召回或指令召回程序的要求，组织实施缺陷汽车产品的召回。"

4. 资质减免

此种责任是指国家通过对违法商主体的资格减损或免除来对其作出惩罚。如我国《产品质量法》第五十七条规定："产品质量检验机构、认证机构伪造检验结果或者出具虚假证明的……情节严重的，取消其检验资格、认证资格……造成重大损失的，撤销其检验资格、认证资格。"

5. 限期整顿或责令整顿、改正

我国《产品质量法》第五十六条规定："拒绝接受依法进行的产品质量监督检查的……责令改正；拒不改正的，责令停业整顿；情节特别严重的，吊销营业执照。"

6. 责令停产、转产

《工业产品质量责任条例》第二十三条规定："企业产品质量达不到国家规定的标准，企业主管机关应令其限期整顿。经整顿仍无效者，企业主管机关应令其停产或转产……"

7. 颁发禁止令

禁止令是司法当局依职权或依被害人申请而采取的制止违法行为发生和

防止损害扩大的一项救济措施。

8. 肢解或解割

这种方式主要在反垄断法中存在，且在近代经济法产生之初就已存在。在 19 世纪末 20 世纪初，美国就曾依据《谢尔曼法》对美国石油界的大企业进行了肢解，将其一分为二。再如日本《禁止私人垄断及确保公正交易法》第九十五条第四款规定："法院认为有充足理由时……可宣告事业人团体解散。"

9. 国家决策失误赔偿或国家立法赔偿

法治社会的基本特点是要求国家必须承担相应的义务，负相应的责任。国家对决策失误造成商主体合法权益损失的，应予赔偿。

10. 停止、纠正或撤销违法的宏观调控和市场管理行为

国家在进行宏观调控和市场管理过程中，难免会因失误而作出不恰当的行为，对此应及时停止、纠正或撤销。《国务院关于禁止在市场经济活动中实行地区封锁的规定》（2001 年 4 月 21 日）第十七条规定："实行本规定第四条第（一）项至第（七）项所列的行为以外的其他地区封锁行为的，由省、自治区、直辖市人民政府组织经济贸易管理部门、工商行政管理部门、质量技术监督部门和其他有关主管部门查处，消除地区封锁。"

二、案例介绍

原告陈某、刘某诉称，其与江西英龙实业发展有限公司（以下简称英龙公司）签订商品房预售合同，购买别墅一套。合同就付款方式、房屋面积及相关事项进行了约定。合同签订后，买受人向英龙公司支付了首付款。后陈某、刘某、英龙公司及中国农业银行宜春某支行签订《个人购房担保借款合同》，以按揭的方式付清了剩余房款 50 万元，截至 2020 年 8 月 20 日，刘某已经向银行偿还了 18558 元利息。后买受人前往涉案房屋查看后发现涉案房屋北侧加盖的高楼间廊桥导致涉案房屋后院的宽度由规划设计的 4.6 米缩减为 3.7 米，且遮挡了视野，严重影响别墅的使用功能与生活质量。此外，买受人反映该房地产开发商还存在不实宣传行为，即利用小区宣传单、公众号、户外广告宣称该小区为某某学区房。出卖人的上述承诺均与客观事实存在严重反差。因此，英龙公司存在欺诈消费者行为。因双方协商无果，2020年 2 月，买受人向江西省宜春市袁州区人民法院（以下简称袁州法院）起

诉，主张：（1）判决解除双方签订的房屋买卖合同；（2）判决被告归还购房款 1508568 元及利息 86236.8 元（以已经支付的房款 1508568 元、办证费 500 元、维修基金 3082 元合计 1512150 元为基数，按年利率 4.9%，暂计 14 个月，实际利息计算至付清之日止）；（3）判决被告承担原告购房按揭产生的利息 18558.75 元和解除借款合同违约金 5000 元；（4）判决被告支付房屋买卖合同违约金 30 万元；（5）本案诉讼费由被告承担。

江西省宜春市袁州区人民法院于 2020 年 9 月 29 日作出（2020）赣 0902 民初 5421 号民事判决：（1）解除原告陈某、刘某与被告英龙公司于 2019 年 6 月 6 日签订的合同编号为 YC201906132405 的《商品房买卖合同（预售）》；（2）限被告英龙公司于本判决生效之日起 10 日内向原告陈某、刘某返还购房款 1508568 元、办证费 500 元、维修基金 3082 元，合计 1512150 元；（3）限被告英龙公司于本判决生效之日起 10 日内向原告陈某、刘某支付违约金 121458 元（暂计算至 2020 年 9 月 5 日，2020 年 9 月 6 日之后的违约金以 1012150 元为基数，按照年利率 9.6% 计算至付清之日止）；（4）限被告英龙公司于本判决生效之日起 10 日内向原告陈某、刘某返还银行按揭利息 18558.75 元；（5）驳回原告陈某、刘某的其他诉讼请求。宣判后，陈某、刘某提出上诉。江西省宜春市中级人民法院于 2020 年 12 月 18 日作出（2020）赣 09 民终 2357 号民事判决，驳回上诉，维持原判。宣判后，双方当事人不服，向江西省宜春市中级人民法院（以下简称宜春中院）提起上诉。2020 年 12 月 18 日宜春中院作出（2020）赣 09 民终 2357 号民事判决，驳回上诉，维持原判。

法院生效裁判认为：（1）买受人主张解除《商品房买卖合同》理由成立。英龙公司违反了合同约定应承担的义务，构成违约。其行为导致涉案别墅的采光、视野受限，影响买受人生活质量。（2）买受人主张英龙公司支付 30 万元违约金的理由不成立。《消费者权益保护法》针对的是普通消费品和服务存在的假冒伪劣、短斤少两等欺诈问题，商品房买卖合同涉及金额巨大，判决三倍赔偿将会导致巨大利益失衡。一审判决的违约金 121458 元并无不当。

三、案例分析

如何认定开发商在商品房预售合同签订过程中是否存在欺诈行为？在构

成对消费者欺诈的情况下地产销售商如何赔偿？上述问题都是司法理论与实务界争议的焦点问题，其核心为经济法律责任的承担。

（一）商品房买卖合同中的欺诈行为如何审查认定，是否纳入《消费者权益保护法》第五十五条调整范围

在当今社会，住房可谓人们最基本的物质资料，关乎生存的基本保障。很多老百姓认为从《消费者权益保护法》的规定来看，其并未对商品做一般商品和特殊商品的区分。当前商品房价格居高不下，房地产消费者权益与人民群众基本的生存权利密切相关，理应得到法律的优先保护。消费者包含商品房买受人，将商品房买受人归入《消费者权益保护法》进行保护，显然符合《消费者权益保护法》的立法目的，也更有利于全面保护消费者的权益。然而商品房作为不动产与作为动产的普通商品存在差异，《消费者权益保护法》是针对普通商品市场存在的假冒伪劣和缺斤少两问题的。购房人在主张权益时，能否适用《消费者权益保护法》第五十五条规定，主张房价三倍的惩罚性赔偿？笔者认为，此时不宜将购房人作为《消费者权益保护法》保护对象处理。因为商品房买卖合同纠纷的争议标的为商品房，根据特别法优于普通法原则，在法律适用上应选择适用《商品房买卖合同司法解释》。《产品质量法》亦明文规定不包括建筑物，且《最高人民法院关于审理商品房买卖合同纠纷案件适用法律若干问题的解释》对于商品房买卖合同产生的纠纷也作出了相关规定。基于以上原因不应当适用《消费者权益保护法》的相关规定。

当今时代发展迅速，商品房买卖这一市场行为已不仅仅受到单独的民事或行政法律约束。具体至一房数卖、隐瞒房屋重大事实等情形的，民事上可由缔约过失责任、违约责任等保护，行政上有没收违法所得、并处罚款的法律依据，不动产公示制度亦可为大额房产交易保驾护航。在此种背景下，仍要求房地产开发商承担《消费者权益保护法》上约定的三倍赔偿义务，可能造成同一行为多次付出成本，导致利害关系失衡，甚至引发道德风险。综上，购房人依据《消费者权益保护法》向房地产开发商主张三倍赔偿缺乏法理上的依据，不适应经济发展的需求，更可能导致失衡，引发道德风险。开发商的经营行为可由民法与行政法进行多方规范管理。在遭遇开发商不履行或不当履行合同时，购房者可依据《中华人民共和国民法典》（以下简称《民法典》）、《商品房买卖合同司法解释》等积极主张自身权益，亦可配合

政府部门进行举报，以保障自身的合法权益，促进房地产业的健康发展。

（二）商品房买卖合同纠纷中适用惩罚性赔偿的条件及限度问题

惩罚性损害赔偿对于防范恶意、故意、欺诈的欺诈交易行为有重要作用，其可让无过错受损方获取除实际损害赔偿金之外的损害赔偿。《消费者权益保护法》针对弱者的倾斜性保护的目的在于寻求经营者与消费者间的权益互补与平衡，而不是给消费者传导一种信息，即鼓动他们滥用法律赋予的权利获取不当得利，甚至衍生新的不平等现象，尤其针对大标的的商品譬如商品房。商品房买卖所涉利益范围广，同一般商品买卖存在差异。因此，随意适用《消费者权益保护法》"退一赔三"的惩罚性赔偿极易造成利益的严重失衡。尽可能平衡双方的利益，才能真正发挥惩罚性赔偿应有的制度性功能，保障商品房市场经济秩序的稳定。鉴于目前商品房销售制度比较规范，预售许可、合同备案、销售备案、预告登记等制度全面落实，房地产开发企业基本无法违法销售、违规经营，继续实施上述制度已无实际必要。且法条规定的"不超过已付购房款一倍的赔偿责任"，裁量空间为 0% ~ 100%，裁判空间过大，极易引起裁判规则混乱，影响民事诉讼合理预期和司法公正。

至今仍有学者认为，惩罚性赔偿制度致使"受害人有时可能获得比其实际损失多达几倍的赔偿，使其从受害人变成'不当得利人'，违反了当事人在民事活动中地位平等的原则，破坏了民法内部的和谐体系"。依据传统民法"同质补偿""损害填补"的基本原则，惩罚性赔偿制度适用不当确实会给房屋买受人带来超过其所遭受损失之外的巨大利益。更何况商品房买卖合同所涉及的标的金额往往较大，价格一般在数十万元到数百万元之间浮动，判决双倍赔偿将导致双方利益显失平衡。由此应当对惩罚性赔偿的适用加以严格限制。惩罚性赔偿应当体现"罚当其责"，民事责任的轻重与违法行为的程度相适应，因而对局部欺诈不能就整体的产品价格进行双倍赔偿。例如商品房、机动车等，局部欺诈不影响整体效用，不足以构成根本违约情形的，就局部欺诈部分进行惩罚性赔偿；如果构成对商品的整体欺诈，则应当依照整个商品价格进行惩罚性赔偿。

回归本案，购房者向法院申请，要求依据《消费者权益保护法》第五十五条中的惩罚性赔偿条款进行裁决，理由是英龙公司在提供商品或者服务过程中存在欺诈行为，应当按照购房者的要求增加赔偿其因欺诈行为受到的损失，增加赔偿的金额为购房者购买商品的价款或者所接受服务费用的三倍。

从法律适用的效果上看，惩罚性赔偿在经济法上属于例外制度，因此在适用上必须采用严格的认定标准。房屋并非一般的产品，进入流通领域的房屋也不同于一般的商品，我国《产品质量法》第三条就明确将包括商品房在内的建设工程排除在该法规定的产品之外，依照民法体系解释的方法，对于《消费者权益保护法》中的商品也应当作出同样的理解。对于商品房买卖领域的欺诈行为该如何处理，最高人民法院《关于审理商品房买卖合同纠纷案件适用法律若干问题的解释》已有特别规定，结合《民法典》等法律的规定，即便出卖人在售房过程中存在欺诈行为，购房人的权利也可以得到救济，故商品房买卖中的欺诈行为也不能适用惩罚性赔偿。结合本案实际情况，法院在全面审慎考量相关主体利益后认为，商品房买卖合同金额大，如直接依照《消费者权益保护法》判决三倍赔偿将导致双方利益失衡，故对陈某、刘某该诉讼请求不予支持。

(三) 经济法惩罚性赔偿的适用界限

1. 经济法惩罚性赔偿适用的范围

惩罚性赔偿（Punitivedamages），又称示范性赔偿（Examplarydamages）或报复性赔偿（Vindictivedamages），是指由法庭所作出的、赔偿数额超出实际的损害数额的赔偿。关于惩罚性赔偿的起源问题，学者间存在不同的看法。一般认为，惩罚性赔偿起源于英国，并在美国得到进一步的发展和普及。英国法官 Lord Camden 在 1763 年的 Huckle v. Money 一案中首次使用了惩罚性赔偿的概念，而美国在 1784 年的 Genay v. Norris 一案中首次确认了这一制度。

目前，惩罚性赔偿在我国的适用范围涵盖了消费者权益保护、知识产权保护、食品安全、环境保护等领域。通过加大对侵权行为的惩罚力度，惩罚性赔偿旨在维护公平原则和诚实信用原则，保护被侵权人的合法权益，并起到警示和威慑侵权人的作用。这种制度的存在有助于构建一个公平、诚信的社会环境，促进市场经济的健康发展。需要注意的是，惩罚性赔偿的适用必须遵循合理、公正和公平的原则，不能滥用。法官在裁决惩罚性赔偿时应当综合考虑各种因素，包括侵权行为的严重性和社会影响、被侵权人的损失程度、侵权人的获利情况等，以确保赔偿金额的公正性和合理性。

2. 惩罚性赔偿适用中的几种例外情形

惩罚性赔偿制度并不适用于一切情况，在面对相关问题时我们应该具体问题具体分析，不可盲目照搬套用，否则，惩罚性赔偿制度将适得其反。设立惩罚性赔偿制度不是目的，而是法律赋予法官制裁惩罚不诚信行为的一种手段，需要考虑利益衡量的基本原则。除本案例购房者在本案所遭受的实际损失与诉求（三倍赔偿）之间存在巨大差距而不适用惩罚性赔偿外，其他基于公共利益或政策的考量也存在例外。

（1）购买实行政府定价行为的商品或服务

根据《价格法》的规定，我国商品和服务的价格分为市场调节价、政府指导价和政府定价三类。随着市场经济的发展，我国绝大部分商品和服务都实行市场调节价，但对于极少数事关国计民生的商品或服务，如家庭供电、水及燃气等仍实施政府指导价或政府定价，消费者支付价款进行消费，以满足家庭日常生活之需。如果经营者在提供这些商品或服务时存在欺诈行为，消费者能否主张《消费者权益保护法》中的惩罚性赔偿？首先，这些商品或服务涉及国计民生，经营者在经营过程中没有定价权，消费者也很难说有自主选择，双方之间的交易不是参照市场化运营的方式进行的。其次，由于接受这些商品或服务的群体规模庞大且分布面广，如果适用惩罚性赔偿，有可能导致经营者难以维持正常运营，最终损害的是社会秩序和广大用户的根本利益，这不符合《消费者权益保护法》的立法宗旨。因此，购买涉及国计民生的商品或服务，消费者不能主张《消费者权益保护法》中的惩罚性赔偿。

（2）具有公益性质的教育或服务

以学校教育和医疗服务为例，从我国现状来看，尽管以营利为目的的私立幼儿园、学校、医院不断出现，但就总体而言，教育机构和医疗机构公共性、公益性的根本属性没有也不会改变。学生进学校读书、患者到医院看病，虽然存在着经济上的交易，但这种交易与市场上经营者和消费者之间的交易有根本不同。况且，对于此类教育或服务，我国也制定了大量法律法规，能够满足纠纷解决的需要，无须《消费者权益保护法》进行调整，自然也不能适用惩罚性赔偿。

四、课程思政解读

（一）营造平衡和谐的社会经济环境

首先，"平衡和谐"充分体现了经济法治条件下经济环境应有的状态，强调的是不同主体间的配合而不是对抗，又在哲学范畴"度"的问题上强调适当，不能"过火"或"不及"。有学者认为平衡有"均等"的意思，因而不主张将其纳入经济法的理念，但笔者认为这里的平衡不是均等的意思，而是"不失调"之意，类似于人们常说的"生态平衡"中"平衡"的含义。

其次，平衡和谐的社会经济环境不是静止的而是动态的，不是一种中庸理念的体现，而是建立在对客观经济规律认识基础上的一种应然的状态。在这样一种经济环境下，能够实现自由与秩序、公平与效率的平衡和谐，现实利益与未来利益的平衡和谐，国家、社会与个体之间的平衡和谐。

最后，经济法律的完善本身并不代表良好经济环境已经大功告成，由于社会经济体系是动态向前发展的，这就要求经济法制不断地"与时俱进"，具有前瞻性、规划性，从立法、司法和执法等方面来建立和维持良好环境。

(二) 合理分配经济资源

这里提"合理"分配，有两方面的意思。首先是令市场经济的价值规律正常发挥作用完成自下而上的分配，即符合市场经济自发规律。价值规律由对经济个体的决策和行为的微观作用实现对整个社会经济资源的宏观调节和配置，顺利完成经济资源的初次分配，市场规制法在其中发挥着保障作用。其次是利用国家超越整个社会的优势地位进行自上而下的分配，即符合国家社会自觉调整之理。国家根据市场经济自发分配资源后产生的不公平倾向，立足于社会整体利益进行再次资源分配和调整，宏观调控法在其中居于核心地位。"合理分配资源"不仅包括国家与市场如何协调资源优化配置的问题，还有进一步防止贫富两极分化的问题。

中世纪的托马斯·阿奎纳认为，正义由两部分组成，第一种是分配正义（Distributive Justice），即"按照人们的地位而将不同的东西分配给不同的人"。[①] 在分配正义中，一个人在社会中的地位愈突出、愈显要，那么他从共同财产中亦将得到愈多的东西。这种按人们地位来分配经济资源的思想是封建社会的分配原则，到了资本主义社会该原则被按资本分配原则所取代。从"人生而平等"的道德角度看，按资分配较按地位分配无疑是人类社会分配原则的一大进步。但按资分配所带来的贫富分化日趋严重，一方面导致频

---

① 转引自 E. 博登海默：《法理学——法哲学及其方法》，邓正来、姬敬武译，华夏出版社，1987年，第 28 页。

繁的经济危机出现，阻碍了经济的进一步发展；另一方面也是对资本主义世界所要树立的平等观念的一种讽刺。

马克思主义经济学的重大贡献之一就是不仅在道义上对两极分化、贫富不均作出了犀利的批判，更从科学的角度论述了两极分化的社会根源与危害，并在理论上提出了防止两极分化的意义和途径。实践证明，资本主义社会历史上的经济危机与社会动荡都直接源于严重的贫富两极分化，因为单靠市场这一只无形之手是无法实现将稀缺经济资源进行合理分配的。

从现代经济学的角度看，经济资源不再取之不尽用之不竭，相对于人口增长和经济发展的要求，经济资源永远是稀缺的。经济资源既包括生产资料也包括生活资料。生产资料所有制最终决定了社会资源的分配制度。我国将长期处于社会主义初级阶段，社会资源的分配制度必然是以按劳分配为主体，其他多种分配制度并存。这样一种复合的分配制度一方面保证了经济资源的优化配置，另一方面也有利于防止贫富两极严重分化。这种分配制度正是社会总体经济效益优先、兼顾社会各方利益公平的体现。

(三) 保障社会总体经济可持续发展

可持续发展的提出是人类认识论上又一次具有革命性意义的突破，这一思想强调的不仅仅是人的发展与自然环境的和谐，更是人的发展与社会环境的和谐，也唯有人与环境和谐发展，才能实现人类自身的可持续发展。这一思想的提出也是社会本位理念的进一步深化：不仅仅以人类社会横向的当代利益和谐为出发点，更以人类社会纵向的代际利益和谐为出发点。这种发展不强调盲目的快速，而是强调连续与稳定下的高速发展。因此，可持续发展就是在稳定中求发展、在发展中求稳定的辩证的逻辑统一。

五、问题拓展讨论

(1) 思考经济法律责任的功能目标。
(2) 如何理解经济法责任的独立性？
(3) 思考经济法律责任承担形式的新发展。
(4) 思考惩罚性赔偿的适用条件。

👍 六、阅读文献推荐

（1）史际春、邓峰：《经济法总论》（第 2 版），法律出版社，2008 年。

（2）管斌：《混沌与秩序——市场化政府经济行为的中国式建构》，北京大学出版社，2010 年。

（3）桑斯坦：《权利革命之后——重塑规制国》，钟瑞华译，中国人民大学出版社，2008 年。

（4）森：《以自由看待发展》，任赜、于真译，中国人民大学出版社，2013 年。

（5）米尔霍普、皮斯托：《法律与资本主义——全球公司危机揭示的法律制度与经济发展的关系》，罗培新译，北京大学出版社，2010 年。

市场规制法篇

A Course on Ideological and
Political Cases in Economic Law

市场规制工具创新

案例5：杭州市拱墅区人民检察院诉李某声、刘某丽
侵害消费者权益民事公益诉讼案

⚠ 一、知识点提要

本案乃一起典型的消费民事公益诉讼案件。故而，在对案例进行深度阅读与分析之前，应对我国消费民事公益诉讼制度相关知识有所了解。具体而言：在宏观层面，应对我国消费民事公益诉讼制度本体及其生成过程建立整体认知；在微观层面，应对提起消费民事公益诉讼的相关程序规则予以精准把握。

（一）消费民事公益诉讼的概念与特征

从逻辑关系上看，消费民事公益诉讼实际上是民事公益诉讼的具体形态之一，即发生于消费领域、以经营者行为和消费者合法权益为对象的民事公益诉讼。因此，要了解何谓消费民事公益诉讼，首先必须知晓何为民事公益诉讼。需要说明的是，"民事公益诉讼"并非法定概念，即当前有关民事公益诉讼的规范文本并未对其进行界定；相反，此概念乃学界基于制度规范提炼而得。故而，在理论层面上，所谓民事公益诉讼，是指法定主体根据法律法规的授权就侵犯社会公共利益的行为向法院提起的现代型诉讼。在此基础上，我们可以将消费民事公益诉讼界定为：代表消费者利益的法定主体根据法律法规的授权，对侵害消费者合法权益的行为向人民法院提起的诉讼。与消费私益诉讼相比，消费民事公益诉讼具有以下显著特征。

1. 诉讼目的的公益性

消费民事公益诉讼以维护消费领域社会公共利益为目的，且该种社会公共利益有其主体不确定性及受益对象不特定性等特征。消费民事公益诉讼直接以消费领域社会公共利益为其保护对象，包括侵害众多不特定消费者合法权益的实际损害，也包括存在危及消费者人身财产安全的损害危险。传统的私益诉讼在功能上更侧重于私权救济，民事公益诉讼则具有政策形成功能导向上的侧重性，通过公益诉讼的运行可以对被告的违法行为有效地发挥威慑和预防的作用，以期改变其行为方式或形成新的行为准则。

2. 原告资格的特殊性

在消费私益诉讼中，唯有合法权益遭受侵害的消费者才享有提起民事诉讼的资格。换言之，根据《民事诉讼法》第一百二十二条规定，消费私益诉讼中的原告必须与诉讼标的之间存在利害关系，否则将不具备起诉资格。与之相反，消费民事公益诉讼保护的对象是消费领域的社会公共利益，具有原告资格的主体是与案件没有直接利害关系的法定主体。其原告资格是由法律直接赋予的，属于典型的"法定诉讼担当"范畴。

3. 处分权主义与辩论主义适用的适当限制性

由于消费民事公益诉讼所保护的对象是社会公共利益，而非提起诉讼之原告的私人利益，因而有必要限制传统民事诉讼所遵循的处分权主义和辩论主义，以防止损害消费公共利益行为的发生。例如，在消费公益诉讼程序中，适格原告不能随意与被告达成和解，不能抛弃与消费公共利益密切相关的诉权；被告提出反诉的，一般也不应允许。

4. 判决效力的扩张性

在消费私益诉讼中，判决的效力特别是判决既判力一般而言只在当事人及其继受人之间产生，此即既判力的扩张性原理。例如，某消费者人身权因经营者未尽合理安全保障义务而被侵害，当其提起民事诉讼并主张侵权责任时，法院支持其诉讼请求的判决仅对该消费者有约束力，并不扩展至其他消费者。但是，在消费民事公益诉讼中，判决的效力则往往具有某种形式的扩张性，即可以扩张至当事人之外的有关主体。实际上，消费民事公益诉讼原告并非直接利害关系人，其是以消费公共利益代言人身份提起公益诉讼的，所以相应的胜诉判决所产生的法律利益，自然也应归属其所代表的不特定消费者。

（二）消费民事公益诉讼制度的生成

从类型上看，消费民事公益诉讼乃民事公益诉讼一般制度具体化的表现。因此，在制度生成上，消费民事公益诉讼也与民事公益诉讼之间存在关联。我国民事公益诉讼制度正式确立于 2012 年修正的《民事诉讼法》第五十五条。根据该条规定，对污染环境、侵害众多消费者合法权益等损害社会公共利益的行为，法律规定的机关和有关组织可以向人民法院提起诉讼。此后，《民事诉讼法》又于 2017 年、2021 年修正，此两次修正在增加新内容的同时，仍然保留 2012 年《民事诉讼法》第五十五条内容。为了使《民事诉讼法》确立的民事公益诉讼一般性规定得以具体化，2013 年修正的《消费者权益保护法》第四十七条规定，对侵害众多消费者合法权益的行为，中国消费者协会及在省、自治区、直辖市设立的消费者协会，可以向人民法院提起诉讼。为了进一步细化消费民事公益诉讼程序规则，最高人民法院于 2016 年发布《关于审理消费民事公益诉讼案件适用法律若干问题的解释》，对消费民事公益诉讼适用的范围、起诉条件、诉讼请求权、公益诉讼与私益诉讼关系等内容进行了规定。至此，我国消费民事公益诉讼制度得以完整确立。从规范体系上看，《民事诉讼法》第五十五条（2021 年修正的《民事诉讼法》第五十八条）、《消费者权益保护法》第四十七条和《关于审理消费民事公益诉讼案件适用法律若干问题的解释》共同构成我国消费民事公益诉讼制度规范基础。

（三）消费民事公益诉讼的程序规则

就本案事实与争议来看，涉及消费民事公益诉讼程序规则方面的主要知识点包括以下方面。

1. 消费民事公益诉讼适格原告

根据《民事诉讼法》规定，消费民事公益诉讼适格原告为"法律规定的机关和有关组织"；《消费者权益保护法》第四十七条则将前述"有关组织"进一步限定为"中国消费者协会以及在省、自治区、直辖市设立的消费者协会"；此外，根据 2021 年修正的《民事诉讼法》第五十八条第二款规定，人民检察院在履行职责中发现食品药品安全领域侵害众多消费者合法权益等损害社会公共利益的行为，在没有法定机关和组织或者法定机关和组织不提起诉讼的情况下，可以向人民法院提起诉讼。据此，我国消费民事公益诉讼适格原告主要包括三类：法定机关、省级以上消费者协会和人民检察院。

2. 消费公共利益类型

在法学话语体系中，公共利益本身就是一个不确定法律概念，其具体内容需要在不同场景中加以界定才有意义，消费公共利益也不例外。根据《关于审理消费民事公益诉讼案件适用法律若干问题的解释》第一条规定，消费领域侵害公共利益的范围包括"侵害众多不特定消费者合法权益"和"具有危及消费者人身、财产安全危险"两种情形。但是，这仍然比较抽象。为此，司法解释第二条又列举了5种可提起消费民事公益诉讼的具体类型，具体包括：（1）提供的商品或者服务存在缺陷，侵害众多不特定消费者合法权益的；（2）提供的商品或者服务可能危及消费者人身、财产安全，未作出真实的说明和明确的警示，未标明正确使用商品或者接受服务的方法以及防止危害发生方法的；对提供的商品或者服务质量、性能、用途、有效期限等信息作虚假或引人误解宣传的；（3）宾馆、商场、餐馆、银行、机场、车站、港口、影剧院、景区、体育场馆、娱乐场所等经营场所存在危及消费者人身、财产安全危险的；（4）以格式条款、通知、声明、店堂告示等方式，作出排除或者限制消费者权利、减轻或者免除经营者责任、加重消费者责任等对消费者不公平、不合理规定的；（5）其他侵害众多不特定消费者合法权益或者具有危及消费者人身、财产安全等损害社会公共利益的行为。这就为适格原告提起消费民事公益诉讼指明了方向。此外，需要注意的是，不能单纯地以受害消费者数量的多寡去判断消费公共利益是否遭受侵害。假若经营者侵害消费者数量众多，但仍然能够识别，那么就不能针对经营者行为提起消费民事公益诉讼，而应由受害消费者提起私益诉讼救济其被侵害的权益。

3. 消费民事公益诉讼请求类型

消费民事公益诉讼发挥保护众多不特定消费者之法效果的关键，在于适格原告提出足以救济众多不特定消费者损害的诉讼请求，并获得法院支持。换言之，被告应对其侵害消费者合法权益行为承担相应民事责任。根据《民法典》一百七十九条第一款规定，承担民事责任的方式主要包括11种：（1）停止侵害；（2）排除妨碍；（3）消除危险；（4）返还财产；（5）恢复原状；（6）修理、重作、更换；（7）继续履行；（8）赔偿损失；（9）支付违约金；（10）消除影响、恢复名誉；（11）赔礼道歉。同时，第二款规定，法律规定惩罚性赔偿的，依照其规定。但是，囿于消费民事公益诉讼与私益诉讼间的制度差异，前述民事责任类型并不能够全盘适用于消费民事公益诉讼。因此，《关于审理消费民事公益诉讼案件适用法律若干问题的解释》第十三条将消费民事公益诉讼中的民事责任限定为停止侵害、排除妨碍、消除危险和赔礼道歉 4 种。这就意味着，适格原告在提起消费民事公益诉讼时，只能提起前述 4 种诉讼请求。

二、案例介绍

2016 年 9 月至 2017 年 5 月间，被告李某声使用淘宝账户"新篁人"在阿里巴巴网（https：// www. 1688. com），分 8 次向同一网络卖家"刘 * 阳（151××××9102）（小短短 98××××）"购买了商品名称为"强效减肥胶囊 oem * 强效瘦身胶囊纯中药瘦身小丸子"的减肥胶囊产品，数量共计 134252 颗，通过支付宝支付价款共计 82565 元。李某声购买的前述减肥胶囊产品、包装及网络销售宣传页面上均无产品名称、生产厂厂名和厂址、产品质量检验合格证明、产品所含主要成分的名称和含量、生产日期等法定的产品标识。

2016 年 9 月至 2018 年 1 月间，被告李某声、刘某丽在其位于杭州市拱墅区某小区的出租房中，将前述减肥胶囊进行灌装并加贴自行设计、打印的标签后，以"纯中药七天瘦加强版强效瘦身减肥瘦大腿肚子诚招 V 信代理一件代发""纯中药七天瘦加强版无副作用肥胖强效瘦身减肥瘦大腿肚子诚招代理"等产品名，使用淘宝账户"广州享禰德电子商务有限公司"通过阿里巴巴网对外进行销售，销售减肥胶囊 579 瓶（每瓶 40 颗），共计 23160 颗。被告在对外销售的灌装减肥胶囊外包装上标识以下信息：（1）产品名称：强效中药减肥（七天瘦）升级版；（2）主要成分：决明子、茯苓、荷叶碱等；（3）使用人群：针对顽固性、单纯肥胖者；（4）保健功能：减肥瘦身，调理肥胖体质；（5）注意事项：本品不能代替药物，减至正常体重后请停止使用，等等。经查销售记录，两被告销售的前述减肥胶囊产品对外销售价格为 70~140 元/瓶不等。

2018 年 1 月 18 日，杭州市公安局拱墅区分局对李某声、刘某丽涉嫌销售有毒有害食品案进行立案侦查，现场查获、扣押两被告销售的减肥胶囊 27 瓶（每瓶 40 颗），共计 1080 颗。2018 年 3 月 19 日，经杭州市拱墅区市场监督管理局委托杭州市食品药品检验研究院对前述公安机关查获、扣押的减肥胶囊产品进行检测，检测报告结论显示，前述产品中检测含有西布曲明、酚酞成分。经查，国家食品药品监督管理总局发布的《保健食品中可能非法添加的物质名单（第一批）》、《关于停止生产销售使用西布曲明制剂及原料药的通知》（国食药监办〔2010〕432号）及《食品药品监管总局办公厅关于非法添加药品酚酞、氟西汀违法行为定性的复函》（食药监办食监三函〔2014〕235号）等相关文件，西布曲明、酚酞属于非法添加的非食用物质，禁止在食品（含保健食品）中添加西布曲明和酚酞。

公安机关立案侦查后，两被告在接受公安机关、检察机关讯问时陈述：（1）两被告除通过前述阿里巴巴网站对外进行销售外，还通过微信向有记录的消费者销售减肥胶囊产品100瓶，共计×××颗；（2）两被告在网络销售过程中曾以促销、试用等方式向消费者赠送前述减肥胶囊产品100瓶，共计×××颗；（3）两被告在对所购减肥胶囊进行灌装、存储等过程中损耗了近半的减肥胶囊，共计67126颗（134252颗÷2）；（4）两被告在销售减肥胶囊的过程中"知道减肥胶囊里有有害成分，但是为了赚钱就还在卖"，"我们就没有再进货，就想把剩下的药卖掉，因为扔掉感觉很可惜"。

另外，两被告购进减肥胶囊共计134252颗，扣除灌装、销售过程中损耗的67126颗、通过网络销售且有销售记录的27160颗（阿里巴巴网23160颗+微信×××颗）、赠送的×××颗、公安机关查扣的1080颗后，剩余34886颗已流向市场，但无销售记录保存。

2019年3月23日，杭州市拱墅区人民检察院在《检察日报》发布公告，就本案两被告销售有毒、有害食品，侵害众多消费者的人身健康，损害社会公共利益，通知法律规定的机关和组织提起民事公益诉讼。公告期满，无任何法律规定的机关和组织提起诉讼。拱墅区人民检察院遂向杭州互联网法院提起民事公益诉讼，并提出如下诉讼请求：（1）判令两被告共同支付所销售的不符合食品安全标准食品价款10倍的赔偿金，共计562695元；（2）判令两被告在全国性的媒体或平台上公开赔礼道歉，提示含违禁成分西布曲明、酚酞存在的危害。审理期间，公益诉讼起诉人将前述第一项诉讼请求变更为：判令两被告共同支付赔偿金610400元。

针对原告诉讼请求权，两被告作出如下答辩：（1）认可公益诉讼起诉人起诉的事实，真诚地向法院、公益诉讼人、社会公众道歉，保证今后不再销售不符合食品安全标准的食品；（2）根据《关于审理消费民事公益诉讼案件适用法律若干问题的解释》第十三条，公益诉讼起诉人现主张两答辩人共同支付赔偿金的诉讼请求已超越该解释第十三条中列明的民事责任范围，且两答辩人将承担本案相应的刑事责任，故恳请法庭不予支持公益诉讼起诉人要求两答辩人承担惩罚性赔偿金 610400 元的诉讼请求；（3）根据《食品安全法》第一百四十八条第二款规定，惩罚性赔偿金的认定标准是非单一的，即使本案法庭最后适用惩罚性赔偿金，惩罚性赔偿金的认定标准也应有利于两答辩人，根据消费者实际发生的损失来确认赔偿金的金额；（4）公益诉讼起诉人主张两答辩人以销售不符合食品安全标准的食品价款 61040 元的 10 倍（即 610400 元）承担赔偿金，该价款 61040 元的计算标准、计算依据的相关证据链不完整，事实不确凿；（5）结合答辩人的实际情况，两答辩人家庭贫困，有父母需要赡养、子女需要抚养，无力承担高额的赔偿金，且答辩人名下确无可供执行的财产，过高的赔偿金金额也只是一纸空文，无法实际赔偿到位；（6）公益诉讼人第二项诉讼请求，对答辩人具体赔礼道歉方式即赔礼道歉的媒体平台、内容应予以细化明确。

三、案例分析

本案是由检察机关提起的消费民事公益诉讼。根据第一部分中的知识点，本案审理过程中需要进一步明确的问题与争议焦点主要包括以下方面。

（一）关于原告资格

根据《民事诉讼法》第五十五条第一、二款的规定，对侵害众多消费者合法权益等损害社会公共利益的行为，法律规定的机关和有关组织可以向人民法院提起诉讼。人民检察院在履行职责的过程中发现食品药品安全领域侵害众多消费者合法权益等损害社会公共利益的行为，在没有前款规定的机关和组织或者前款规定的机关和组织不提起诉讼的情况下，可以向人民法院提起诉讼。因此，在规范层面，法定机关、相关组织和检察机关均享有消费民事公益诉讼原告资格。但是，需要注意的是，这三类主体行使消费民事公益诉权却存在顺位规定。从前述条文内容来看，法定机关和相关组织在行使诉权方面具有优位性，检察机关则扮演"兜底"角色，即只有在法定机关或相关组织不存在或不起诉的情况下，检察机关才可起诉。这就要求检察机关在提起消费公益诉讼之前，必须履行相应的告知程序，以使法定机关或相关组织知晓经营者侵害众多不特定消费者合法权益的违法信息。对此，有关检察公益诉讼的司法解释也作了详细规定。例如，根据最高人民法院、最高人民检察院《关于检察公益诉讼案件适用法律若干问题的解释》第十三条的规定，人民检察院在履行职责中发现破坏生态环境和资源保护、食品药品安全领域侵害众多消费者合法权益等损害社会公共利益的行为，拟提起公益诉讼的，应当依法公告，公告期间为 30 日。公告期满，法律规定的机关和有关组织不提起诉讼的，人民检察院可以向人民法院提起诉讼。

本案中，杭州市拱墅区人民检察院在办理辖区内刑事案件的过程中发现两被告通过互联网向众多消费者销售有毒有害的食用产品，其中大量产品通过互联网销售流向市场且难以核查确定消费者主体身份，对不特定社会主体利益构成侵害。经杭州市拱墅区人民检察院履行法定的公告程序后，没有法律规定的机关和有关组织提起公益诉讼。此时，由公益诉讼起诉人提起本案诉讼，符合法律规定，故杭州市拱墅区人民检察院以公益诉讼起诉人身份提起本案诉讼主体适格。

（二）消费公共利益的认定

依据《消费者权益保护法》第四十七条的规定，对侵害众多消费者合法权益的行为，中国消费者协会及在省、自治区、直辖市设立的消费者协会，可以向人民法院提起诉讼。该条中规定的诉讼即为消费公益诉讼，该条对消费公益诉讼的适用条件为经营者存在"侵害众多消费者合法权益的行为"。同时，依据《关于审理消费民事公益诉讼案件适用法律若干问题的解释》第一条，在消费领域，对于经营者侵害众多不特定消费者合法权益或者具有危及消费者人身、财产安全危险等损害社会公共利益的行为，法律规定的主体可以提起公益诉讼。如前文所述，在法学理论中，公共利益是一个极为抽象的不确定法律概念。一般而言，公共利益范畴的核心内容就是其公共性，基本内涵是指在特定社会历史条件下，从私人利益中抽象出来能够满足共同体中全体或大多数社会成员的公共需要，经由公共程序所实现的公共价值。公共利益具有主体不特定性，利益价值的抽象性、集合性等特征。但是，在具体消费民事公益诉讼案件中，程序顺利启动的前提之一在于消费公共利益的具象化。因此，抽象的消费公共利益必须经由合适的载体显现。结合上述法律、司法解释相关规定，以及对于公共利益核心内涵的认知，将消费公共利益界定为"人数众多且不特定的消费者共同利益"无疑是恰当的。一方面，这一界定有效区分了消费公共利益与消费者私人利益。如前文所述，虽然消费者人数众多，但若其可识别，仍然不能据此提起消费民事公益诉讼。但是，若在人数众多之上附加"不特定"这一条件，则人数众多的消费私益就在性质上转变为消费公共利益，这与公共利益不确定性特征相吻合。另一方面，将消费公共利益界定为众多不特定消费者合法权益，更具可感知度。毕竟，当使用抽象化的消费公共利益语词时，人们通常不知其所指为何。例如，若将其视为消费者与经营者之间公平交易所依存的健康市场竞争秩序，则人们将因秩序本身的抽象性而难以感知。退一步而言，即便将其界定为市场竞争秩序，那么该秩序遭受破坏所带来的消极后果，仍然直观地表现为以消费者为对象的权利侵害或利益减损。因此，在界定消费公共利益时，应从抽象市场秩序与具体消费者权益两个层面综合考量。

本案中，两被告通过互联网销售添加有违禁成分的"三无"减肥胶囊产品，宣称产品系具有减肥功效的保健食品，严重违反国家食品安全规定，扰乱了市场秩序。从销售对象上看，虽然有一部分消费者可通过网络交易记录予以识别，但仍有部分消费者因记录缺失而无法识别。例如，根据法院认定的事实，两被告购进减肥胶囊共计 134252 颗，扣除灌装、销售过程中损耗的 67126 颗、通过网络销售且有销售记录的 27160 颗（阿里巴巴网 23160 颗+微信×××颗）、赠送的×××颗、公安机关查扣的 1080 颗后，剩余 34886 颗已流向市场，但无销售记录保存。据此可以判定，两被告行为确实侵害了众多不特定消费者合法权益。此外，在本案中，消费者合法权益还可进一步细化为《消费者权益保护法》赋予消费者的法定权利。因被告销售的商品为不符合食品安全标准的保健食品，故消费者食用后可能会遭受生命、身体、健康等权利的侵害。因此，本案中的消费公共利益还可进一步界定为"众多不特定消费者的生命、身体和健康权"。

(三) 消费公共利益被侵害的事实

判断两被告行为是否构成对社会公共利益的侵害，关键在于判断其是否侵害不特定的消费者共同利益，根据本案事实，两被告行为可作如下分析：

首先，经两被告销售流向市场且无销售记录的减肥胶囊产品对消费者所造成的侵害，客观上已难以对受侵害主体进行特定化，或特定化所需付出的成本将远超出收益本身，对此种难以特定化或特定化将付出极大成本之权利救济，客观上已经超出了对某个具体个人的利益保护，具有明显的公益性，反之，若对此种权益不予救济，则必然导致对公正的消费品交易秩序的损害，概而言之，该公益性绝非有意为之，实为客观情势所致。

其次，经营者生产、销售不符合食品安全标准的食品，既会对购买、消费该食品的特定消费者群体个人造成私益权利的侵害，也会对不特定社会主体的公共利益、公共秩序等造成损害。出现食品安全问题，会让消费者在以后的消费过程中，增加识别食品安全的措施，缩小消费选择的范围，致使其消费成本增加，享受生活乐趣的机会减少；同时，出现食品安全问题必然会扰乱市场秩序，增加社会公共成本的产出，增加政府在食品消费领域的公共投入，增加修复紧张关系或破坏社会秩序的投入等，这种与特定消费者群体私益无关的公共利益损失，无法通过特定消费者提起的私益诉讼予以弥补，理应通过公益诉讼制度予以解决。

最后，案涉不符合食品安全标准的产品，其危害是慢性的且有潜在性，通常不会对食用者造成急性的损害，且消费者消费支出的金额不高，在类型上可纳入消费类小额分散性侵害。在此种侵害类型中，尽管受害人根据实体法享有赔偿请求权，但由于被侵害数额很小，基于成本与收益的权衡，不提起诉讼是多数人的理性选择，由此会造成消费侵权者的民事侵权责任落空。长此以往，违法经营者违法成本就会外部化，并转由全社会进行分担，此时通过公益诉讼发挥的并非私益损失填补功能，而是发挥威慑作用和司法的指引功能，遏制潜在的违法行为，将违法经营者违法成本内部化。

综上所述，两被告销售不符合食品安全标准的产品，已构成对人数众多且不特定的消费者共同利益的侵害，已构成对食品消费领域社会公共利益的侵害。

（四）关于原告提起的诉讼请求

本案中，原告提出两项诉讼请求，一是判令两被告共同支付所销售的不符合食品安全标准食品价款 10 倍的赔偿金 610400 元；二是判令两被告在全国性的媒体或平台上公开赔礼道歉，提示含违禁成分西布曲明、酚酞存在的危害。其中，存有争议的是第一项诉讼请求，即原告能否向被告主张惩罚性赔偿责任。在规范层面上，杭州互联网法院应驳回原告惩罚性赔偿诉求。如前文所述，原告可依据《关于审理消费民事公益诉讼案件适用法律若干问题的解释》第十三条主张停止侵害、排除妨碍、消除危险和赔礼道歉等责任，"赔偿损失"并不在其中。然而，法院作出了与前述司法解释第十三条相背离的判决。在笔者看来，法院这一判决或许具有一定的合理性。

1. 原告提起惩罚性赔偿诉讼请求权具有合理性

在现行的法学理论中，只有消费者个体才能享有提起惩罚性赔偿的权利。因此，有学者以在公益诉讼中受损者是不特定的公众群体，并且最后赔偿金一般上缴国库，难以分配至权益受损害的消费者等为由，认为法定诉权机关不能提起惩罚性赔偿。在实务中也有法院不支持原告惩罚性赔偿的请求，主要原因一是公益诉讼提起者并非消费者，并不具备提出惩罚性赔偿的主体资格；二是公益诉讼提起者与损害结果无直接利害关系，并非财产的实际权利人；三是当下消费民事公益诉讼中并无提起惩罚性赔偿的立法依据。

尽管立法或司法解释并未规定在消费民事公益诉讼中能否提起赔偿损失诉讼请求，但是最高人民法院在对《消费公益诉讼解释》第十三条的解读中指出："至于争议较大的不法收益收缴之诉和损害赔偿之诉，本条在明确列举的请求权类型后面以一个'等'字作为保留，为将来消费民事公益诉讼的请求权类型扩张预留空间。"

在消费民事公益诉讼领域尚在讨论能否支持惩罚性赔偿请求，且司法实践中对于能否支持惩罚性赔偿诉讼请求还存在巨大争议之际，环境民事公益诉讼领域却已经明确规定了可以提起惩罚性赔偿诉讼请求。既然同样都是民事公益诉讼，同样都是为了维护国家或社会公共利益，消费民事公益诉讼也应当允许提起惩罚性赔偿诉讼请求。目前，没有相关法律法规绝对禁止适用"惩罚性赔偿"诉讼请求，而是在列举其他诉讼请求后用"等"字作为兜底性规定，寄希望于司法实践在探索积累一定经验后，再在相关立法或司法解释中明确能否提出惩罚性赔偿诉讼请求。

在本案中，法官认为在法律条文及相关司法解释中并没有明确禁止公益诉讼原告提出"惩罚性赔偿"的诉请，并结合《食品安全法》第一百四十八条及《最高人民法院关于审理食品药品纠纷案件适用法律若干问题的规定》第十五条、第十七条的相关规定，按照目的解释、体系解释及类推解释的方法，以及考虑惩罚性赔偿旨在实现对违法经营者的惩戒和威慑，得出在消费民事公益诉讼中能适用惩罚性赔偿的结论。

在现实生活中，衡量行为所带来的风险与收益之间的比例是经营者行为决策的基础。相较于补偿手段，惩罚手段明显具有更高威慑性，也为经营者违法行为带来了较高的预期违法成本，有利于抑制其主观犯意。若违法成本远低于违法行为所能带来的不法收益，那么经营者实施相应违法行为的概率自然会大大增高。因此，惩罚性赔偿的合理适用便可起到至关重要的作用，它可以增加经营者违法的成本，经营者在进行不法的行为之后需承担高额的赔偿金，由此便形成了以惩罚性赔偿为主的威慑方式。同时，该方式不仅将违法成本上限大大提高，而且更加全面地保护了消费者权益与公共利益，践行了司法的公正。消费公益诉讼中适用惩罚性赔偿，是司法实践对消费领域中惩罚性赔偿制度适用不足的弥补，是充分发挥司法能动性的尝试，是积极维护社会秩序、保护公共利益的体现。

2. 确定惩罚性赔偿金额的考量因素

我国消费民事公益诉讼对惩罚性赔偿未作出规定，也缺乏赔偿金的计算标准。在实务中，多是依据《食品安全法》中的 10 倍赔偿法与《消费者权益保护法》中的 3 倍赔偿对赔偿金进行计算。其计算方式是以不法经营者的销售金额为基数，再乘以 3 或 10 倍，操作简单方便。在本案中，亦是以 10 倍赔偿法进行计算的。

首先，在《消费者权益保护法》和《食品安全法》中均有对惩罚性赔偿的具体数额的规定，但是二者规定的标准又有所差异。因此在提起消费民事公益诉讼时，提出惩罚性赔偿数额的依据到底是适用《消费者权益保护法》还是《食品安全法》的规定呢？

在消费民事公益诉讼中具体适用哪一部实体法提出惩罚性赔偿是由该公益诉讼案件的案件性质、侵害程度等具体情况决定的。就《消费者权益保护法》第五十五条来看，具体又分为两种情况：第一种为该条第一款的规定，即在经营者存在欺诈但并未造成严重损失时，被侵权人可以提出购买商品的价款或者接受服务费用的 3 倍惩罚性赔偿；第二种情况是该条第二款的规定，即在被侵权人遭受严重损害的情况下，被侵权人可以提出要求所受损失 2 倍以下的惩罚性赔偿。《食品安全法》第一百四十八条第二款规定的"可以向生产者或者经营者要求支付价款十倍或者损失三倍的赔偿金"，仅适用于"生产不符合食品安全标准的食品或者经营明知是不符合食品安全标准的食品"。在上述情况下，即使消费者未受到严重损害，亦可请求支付价款的 10 倍或者损失 3 倍的惩罚性赔偿金。从对《消费者权益保护法》和《食品安全法》中关于惩罚性赔偿的规定分析来看，《消费者权益保护法》主要适用于经营者，而《食品安全法》不仅适用于经营者，还适用于生产者。

其次，对于数额的确定。消费民事公益诉讼中的受害群众众多，赔偿金的基数一般为经营者的销售总额，这个基数一般数额较大，如果原告再申请 3 倍或 10 倍的赔偿，经营者可能难以承担。倘若赔偿的金额远大于经营者所能承担的限度，不仅判决将会难以执行，还可能会影响司法的公正性。就如在本案中，被告人答辩称其家庭贫困，且名下确无可执行的财产，过高的赔偿金实际上无法赔付到位。因此，有必要在确立惩罚性赔偿制度之后，根据消费民事公益诉讼的特点，去建立一个合理的赔偿标准，来避免此类状况的发生。惩罚性赔偿金额的计算不能简单套用 3 倍或 10 倍的规定，而应符合我国当前社会的现状，同时根据损害结果、不法经营者的承担能力、违法的动机等来确定赔偿的尺度，给予法院自由的裁量空间，但这个自由裁量空间也要有一个既定的范围。

3. 惩罚性赔偿金的归属

随着检察机关、社会组织提起食品药品领域民事公益诉讼的日益增多，尤其是对惩罚性赔偿金的探索，民事公益诉讼赔偿金的管理和使用日渐成为司法实践中备受关注的问题。目前，惩罚性赔偿金的归属主要有三种情况：归属国库、归属消费者、归属公益基金。

惩罚性赔偿是一项集私益、公益保护于一身的制度。如果将赔偿金归属国库，赔偿金的补偿功能就难以发挥功用。无论是赔偿损失还是惩罚性赔偿都具有补偿消费者的性质，归属国库的处理方式等于将消费类民事公益诉讼赔偿金异化为刑事罚金、行政罚款，背离了赔偿金补偿性功能的价值考量。首先，《民法典》《食品安全法》《消费者权益保护法》中规定，被侵权人、消费者才拥有提出惩罚性赔偿的权利。而公益诉讼是为了保护公益提起的诉讼，自然认为赔偿金应归属公益，从而选择国库作为合适的主体。然而，这忽视了消费惩罚性赔偿的请求权来自被侵权人、消费者的现实。公益诉讼之中，检察院、消费者协会并不是实体权利人，仅是诉讼的提起人。如果赔偿金归属国库，实际上实体请求权就从消费者转移到了国家。一方面，难以解释在没有法律规定的情况下，请求权是如何转移的；另一方面，消费者的个人权利保护在此就被忽视了。

在归属消费者和设立公益金专户两条路径中，后者更具备可行性。针对互联网领域消费侵权行为提起消费民事公益诉讼的原因之一就是许多消费者不知自己权益受害的现状，根据诉讼信托理论及其公益属性，将提起诉讼的程序性权利交由相关组织或者国家机关，实体性权利确由消费者享有，可将胜诉利益分配到每一个权益受损的消费者手中似乎难以实现，即使进行公告并设置一套申领程序，在时效及地域的影响下，其效果也会大打折扣。因此，可设置具有信托性质的消费公益金专户，由消费者组织进行管理，同时赋予检察机关、监察机关、社会公众等以监督权，确保专款专用。

4. 惩罚性赔偿与行政罚款、刑事罚金的关系

在本案中，被告答辩时提出其已承担本案相应的刑事责任，故恳请法庭不予支持公益诉讼起诉人要求其承担惩罚性赔偿金 610400 元的诉讼请求。这就涉及一个关键问题，即刑事罚金与惩罚性赔偿金之间是否能相互抵扣。

根据《民法典》第一百八十七条规定，民事主体因同一行为应当承担民事责任、行政责任和刑事责任的，承担行政责任或者刑事责任不影响承担民事责任；民事主体的财产不足以支付的，优先用于承担民事责任。此外，《最高人民法院关于审理食品药品纠纷案件适用法律若干问题的规定》（法释〔2013〕28 号）第十四条也规定，被告因其犯罪行为可同时承担民事责任、行政责任和刑事责任。因此学界通常认为，民事惩罚性赔偿金与行政罚款及刑事罚金属于不同性质的法律责任，将刑事罚金用以抵扣民事惩罚性赔偿金缺乏明确的法律依据。在公益诉讼中提起惩罚性赔偿有助于克服市场失灵现象、弥补政府在经济执法方面的不足，与行政处罚和刑事处罚不同，可以同时适用。而在本案中，法院也认为民事主体因同一行为应当承担民事责任、行政责任和刑事责任的，承担行政责任或刑事责任不影响承担民事责任。

然而，根据《中华人民共和国行政处罚法》（以下简称《行政处罚法》）第二十八条规定，违法行为构成犯罪，人民法院判处罚金时，行政机关已经给予当事人罚款的，应当折抵相应罚金。根据《食品药品行政执法与刑事司法衔接工作办法》第十二条之规定，当事人已经接受罚款即行政处罚的，法院判处刑事罚金时应当折抵。既然刑事罚金与行政罚款之间可以相互折抵，那么公益诉讼中的惩罚性赔偿金或许应能与二者折抵。从性质上看，民事公益诉讼中的惩罚性赔偿金具有明显的惩罚性，其与行政罚款、刑事罚金具有功能重叠性。

从目的角度来看，惩罚性赔偿的目的是通过让侵权人承担惩罚性赔偿责任，增加其违法成本以防止其再次违法，同时威慑潜在的违法者。与此相似，行政罚款和刑事罚金也都具有惩罚与威慑之功能。行政罚款具有较强的制裁和惩处作用，有利于良好市场秩序和社会生活秩序的建立。刑事罚金的目的也基本相同："对于追求不法经济利益的犯罪分子判处罚金，予以一定数额金钱的剥夺，既可以剥夺犯罪分子继续犯罪的经济条件，也能对犯罪分子起到惩罚与教育的作用，从而预防犯罪分子再次实施犯罪。"三者都具有

惩罚与震慑之目的，都是为了影响、限制乃至消除违法行为人再进行违法行为。从这一角度来看，三者的目的具有相同性。

从惩罚的谦抑性角度来看，如果同时对被告人处以惩罚性赔偿金、行政罚款和刑事罚金，并不能体现惩罚的谦抑性，相反却存在对被告人过度惩罚之虞。在消费民事公益诉讼中，如果之前已经存在对侵权人的行政罚款、刑事罚金等，若再对其判处惩罚性赔偿，不仅有违惩罚性之谦抑性，而且严重违反比例原则。并且在实际生活中，若刑事罚金、行政罚款与惩罚性赔偿金额过高，被告已明显无偿还能力，在根本上无法赔付到位，那么这些金额也只能被迫沦为一纸空文，这对于社会公共利益保护、受害人的保护，以及被告合理利益的保护都是不利的。

四、课程思政解读

本案属典型民事公益诉讼，其判决在规制经营者小额分散性侵害行为、保护消费者利益、维护健康市场交易秩序方面均表现出积极效应。故而，通过此案民众不仅可以在宏观层面领悟到民事公益诉讼的规制功能，还可在微观层面体会到民事公益诉讼对于处于弱势地位的消费者的保护功效。

（一）助推国家治理体系与治理能力现代化建设

2013 年 11 月，党的十八届三中全会通过的《中共中央关于全面深化改革若干重大问题的决定》明确，全面深化改革的总目标是完善和发展中国特色社会主义制度，推进国家治理体系和治理能力现代化。习近平总书记指出："国家治理体系和治理能力是一个国家制度和制度执行能力的集中体现。国家治理体系是在党领导下管理国家的制度体系，包括经济、政治、文化、社会、生态文明和党的建设等各领域体制机制、法律法规安排，也就是一整套紧密相连、相互协调的国家制度；国家治理能力则是运用国家制度管理社会各方面事务的能力，包括改革发展稳定、内政外交国防、治党治国治军等各个方面。国家治理体系和治理能力是一个有机整体，相辅相成，有了好的国家治理体系才能提高治理能力，提高国家治理能力才能充分发挥国家治理体系的效能。"因此，在推进国家治理体系与治理能力现代化的过程中，首先需要健全完备的制度体系，其次是将制度体系落实到真实社会生活中。毫无疑问，推进市场规制领域的治理体系与治理能力现代化，也是题中应有之义。

长期以来，我国对于市场秩序的规制一方面主要依赖于行政手段，即由负有监管职责的行政机关对经营者破坏市场秩序的行为予以事前管制和事后处罚；另一方面则是通过消费者私益诉讼胜诉判决的反射效果实现对经营者违法行为的规制。但在现实中，监管机构往往因为资源与能力限制、规制俘获、权力寻租等因素，无法高效地发挥监管职能；而单个消费者又会因高昂诉讼成本、欠缺诉讼能力与专业知识等原因，放弃提起私益诉讼。民事公益诉讼制度的建立，恰好可以有效弥补传统规制路径的不足。对此，最高人民法院法官也认为："消费公益诉讼主要是在受到侵害的消费者人数众多且不确定的情况下，保护消费者合法权益、维护社会公共利益的制度，是为了弥补司法救济和行政救济制度的不足而设立的，是加强消费者权益保护的一种补充手段，不是一种常态救济方式，更不宜取代其他救济方式。"① 从规制理论角度来看，消费民事公益诉讼是一种介于传统行政与私益诉讼规制之间的新型路径。作为一种介于"公"与"私"之间的创新型制度设计，消费公益诉讼制度蕴含着重要的公私合作规制理念，它本质上是借助诉讼维权的私人自治逻辑来解决风险规制的公共性问题，并且引发了规制法视野下的"行政"与"司法"之间的协调配合问题。②

实际上，赋予法定机关、社会组织和检察机关等多元主体消费民事公益诉权，也在实质上体现了治理体系与治理能力现代化的内在意蕴。治理体系与治理能力现代化的基本要义之一，在于构建多元主体共同参与的治理机制。此点反映于党中央政策文本之中。例如，在 2017 年党的十九大报告中，习近平总书记强调要"打造共建共治共享的社会治理格局"，注重"发挥社会组织作用，实现政府治理和社会调节、居民自治良性互动"；此后，在2019 年《中共中央关于坚持和完善中国特色社会主义制度 推进国家治理体系和治理能力现代化若干重大问题的决定》中，"坚持和完善共建共享的社会治理制度"被视为"推进国家治理体系和治理能力现代化"的重要举措之一；在 2022 年党的二十大报告中，习近平总书记再次强调要"健全共建共治共享的社会治理制度，提升社会治理效能"。作为前述三份政策文本公因数之一的"共治"一词表明，在社会治理与纠纷解决过程中，政府

---

① 程新文、冯小光、关丽等：《我国消费民事公益诉讼制度的新发展》，《法律适用》2016 年第7 期。

② 宋亚辉：《超越公私二分——风险领域的公私法合作理论》，商务印书馆，2022 年，第 182 页。

实则是有限而非全能政府，广泛吸纳社会组织参与社会治理与法治实践，乃是题中应有之义。"社会治理"不仅要求在主体上实现政府与社会力量如社会组织、公民的参与，而且强调政府与社会自我调节之间的双向互动。[①] 据此，当经营者侵害众多不特定消费者合法权益时，鼓励、引导、帮助那些代表消费者利益的社会组织提起公益诉讼，显然是对"共治"与"社会治理"理念的生动诠释。

（二）让弱势消费者感受到实质平等

平等不仅是法的基本价值追求之一，也是社会主义核心价值观基本要素之一。在部门法层面上，经济法以社会公正为价值追求，作为经济法组成部分的《消费者权益保护法》，当然也以实现消费者与经营者间的实质平等为价值追求。众所周知，相对于经营者而言，消费者通常处于弱势地位。法律地位上的实质悬殊，使得追求形式平等的民法无法凭借其一己之力为消费者提供保护。为了矫正这种实质不平等的固有缺陷，法律必须为消费者倾斜性地配置相应法定权利，如此才能实现消费者与经营者之间的实质平等。但在现实生活中，即便《消费者权益保护法》已经为消费者配备了完备的法定权利，但囿于权利救济成本、诉讼能力差异等因素，消费者怠于提起私益诉讼的情形普遍存在，在小额损害案件中，前述情形更甚。此时，若仍完全寄望于受害消费者主动启动私益诉讼程序，显然不切实际，消费者也只能容忍其遭受的损害，实现实质平等的价值追求也因此而落空。消费民事公益诉讼制度的引入，则可以克服消费者提起私益诉讼的障碍。其既无起诉动力不足的问题，又无诉讼能力与专业知识障碍。同时，消费民事公益诉讼胜诉判决不仅能够有效威慑经营者的违法行为，还可为众多不特定消费者提供利益补偿。

五、问题拓展讨论

（1）惩罚性赔偿能否类推适用于反垄断民事公益诉讼领域？

（2）惩罚性赔偿是否能类推适用于个人信息保护民事公益诉讼领域？

（3）如何理解私益诉讼与公益诉讼的关系？

---

① 向春玲：《加强和创新社会治理的新思路与新举措》，《治理现代化研究》2018 年第 3 期。

（4）如何看待如今公益诉讼的对象范围"扩大化"的趋势？

（5）与其他公益诉讼起诉主体相比，检察机关提起公益诉讼有何优势？

（6）如何激励除检察机关之外的其他公益诉讼起诉主体的积极性，以使公众权益得到更充分的保护？

（7）消费公益诉讼与反不正当竞争、反垄断公益诉讼对消费者权益的保护路径有何不同？

（8）目前对于互联网消费民事公益诉讼，在实践中关于举证、管辖等方面有哪些问题存在？

（9）消费民事公益诉讼的起诉主体有哪些？不同起诉主体之间有无诉讼顺序的限定？

👍 六、阅读文献推荐

（1）黄忠顺：《检察机关提起惩罚性赔偿消费公益诉讼的自由裁量问题研究》，《中州学刊》2022年第9期。

（2）韩晓丽、刘晓春：《互联网消费者权益保护的公益诉讼进路》，《长江论坛》2022年第6期。

（3）王承堂：《论惩罚性赔偿与罚金的司法适用关系》，《法学》2021年第9期。

（4）涂富秀：《消费民事公益诉讼中检察机关支持起诉的现实与未来——基于29起案件的实证分析》，《南大法学》2022年第4期。

（5）吕英杰：《惩罚性赔偿与刑事责任的竞合、冲突与解决》，《中外法学》2022年第5期。

（6）张嘉军：《消费民事公益诉讼惩罚性赔偿司法适用研究》，《河南财经政法大学学报》2022年第6期。

（7）卡佩莱蒂：《福利国家与接近正义》，刘俊祥主译，法律出版社，2000年。

（8）杜乐其：《消费公益诉讼惩罚性赔偿解释论》，《南京大学学报（哲学·人文科学·社会科学）》2022年第1期。

商业模式创新与个人信息权益保护之平衡

案例 6：胡某某诉上海携程商务有限公司

侵权责任纠纷案

① 一、知识点提要

（一）平台交易法律关系主体的识别

与传统线下交易法律关系相比，平台交易法律关系相对复杂。其表现之一在于法律关系主体的复杂性。《中华人民共和国电子商务法》（以下简称《电子商务法》）第九条规定，平台交易法律关系中的经营者主要是指电子商务经营者，具体包括电子商务平台经营者和平台内经营者。其中，电子商务平台经营者，是指在电子商务中为交易双方或者多方提供网络经营场所、交易撮合、信息发布等服务，供交易双方或者多方独立开展交易活动的法人或者非法人组织；平台内经营者，是指通过电子商务平台销售商品或者提供服务的电子商务经营者。此外，需要注意的是，虽然平台经营者在大多数情形下仅为交易主体提供网络经营场所、交易撮合或信息发布等服务，但当其向消费者直接提供商品或服务时，则兼具两种身份：平台经营者+平台内经营者。对此，《电子商务法》第三十七条规定，电子商务平台经营者在其平台上开展自营业务的，应当以显著方式区分标记自营业务和平台内经营者开展的业务，不得误导消费者。电子商务平台经营者对其标记为自营的业务依法承担商品销售者或者服务提供者的民事责任。

总体而言，平台交易法律关系主体主要包括平台经营者、平台内经营者和消费者三类。其中，平台经营者、平台内经营者属于"经营者"范畴，但对于平台经营者而言，还应根据其是否开展自营业务而确定其具体身份。

（二）经营者的相对优势地位

长期以来，竞争法对于经营者滥用相对优势地位破坏市场秩序、侵害消费者合法权益的行为，缺乏明确的规章制度文本。相对优势地位与《反垄断法》中的市场支配地位不同。所谓市场支配地位，是指经营者在相关市场内具有能够控制商品价格、数量或其他交易条件，或者能够阻碍、影响其他经营者进入相关市场能力的市场地位。与之相比，经营者在相关市场中或许并不具有控制商品价格、数量或其他交易条件的能力，但可能具有相对优势地位。此时，经营者也可能滥用其优势地位。2022 年 11 月 22 日，国家市场监督管理总局发布《中华人民共和国反不正当竞争法（修订草案征求意见稿）》，首次将经营者滥用相对优势地位的行为纳入反不正当竞争法的规制对象之中。根据该草案第四十七条规定，相对优势地位一般包括经营者在技术、资本、用户数量、行业影响力等方面的优势，以及其他经营者对该经营者在交易上的依赖等。同时，草案第十三条还列举了滥用相对优势地位的具体表现：有相对优势地位的经营者在无正当理由情形下，强迫交易相对方签订排他性协议；不合理限定交易相对方的交易对象或者交易条件；提供商品时强制搭配其他商品；不合理限定商品的价格、销售对象、销售区域、销售时间或者参与促销推广活动；不合理设定扣取保证金，削减补贴、优惠和流量资源等限制；通过影响用户选择、限流、屏蔽、搜索降权、商品下架等方式，干扰正常交易。

（三）"大数据杀熟"的法律表达

"大数据杀熟"是人们对于平台经营者基于其收集的消费者个人消费相关信息，采用算法推荐技术对相同交易场景下的不同消费者实施差别对待的通俗叫法。例如，平台经营者在收集某位消费者的消费偏好、消费时间、对价格的敏感度等信息后，制定与该消费者画像相匹配的价格，但这一价格可能远高于平台经营者向其他消费者所展示的价格水准，此时，该消费者就被"杀熟"。2021 年 12 月 31 日，国家互联网信息办公室、工业和信息化部、公安部和国家市场监督管理总局共同制定《互联网信息服务算法推荐管理规定》，首次将"大数据杀熟"行为纳入法律规制之中。其中，第二十一条规定，算法推荐服务提供者向消费者销售商品或者提供服务的，应当保护消费者公平交易的权利，不得根据消费者的偏好、交易习惯等特征，利用算法在交易价格等交易条件上实施不合理的差别待遇等违法行为。

(四) 处理个人信息的基本原则

所谓个人信息，是指以电子或者其他方式记录的能够单独或者与其他信息结合识别特定自然人的各种信息，包括自然人的姓名、出生日期、身份证件号码、生物识别信息、住址、电话号码、电子邮箱、健康信息、行踪信息等。需要注意的是，经匿名化处理后的信息，不属于个人信息。在数字经济形态下，海量的消费者个人信息成为电子商务经营者盈利的基本要素。由此，个人信息主体与电子商务经营者之间的权益冲突就逐渐形成。为了平衡二者之间的利益，相关立法对经营者处理个人信息的行为设定了相应的原则。

根据《民法典》第一千零三十五条规定，"处理个人信息的，应当遵循合法、正当、必要原则，不得过度处理"。《中华人民共和国个人信息保护法》（以下简称《个人信息保护法》）又进一步丰富了《民法典》的规定。根据《个人信息保护法》第五至七条规定，处理个人信息应当遵循合法、正当、必要和诚信原则，不得通过误导、欺诈、胁迫等方式处理个人信息；处理个人信息应当具有明确、合理的目的，并应当与处理目的直接相关，采取对个人权益影响最小的方式收集个人信息，应当限于实现处理目的的最小范围，不得过度收集个人信息；处理个人信息应当遵循公开、透明原则，公开个人信息处理规则，明示处理的目的、方式和范围。

上述法律规定，共同构筑了电子商务经营者处理消费者个人信息的基本原则体系，并为其使用个人信息的行为划定了边界。

二、案例介绍

胡某某自 2016 年在携程平台注册为用户，累计通过携程 App 订房 30 余单，累计消费已逾 10 万元，以总消费除以订单笔数计算，平均每笔订单价格近 4000 元。胡某某已为携程公司的钻石贵宾客户，依照携程公司对外宣传，钻石贵宾客户享有酒店会员价至少 8.5 折的优惠及其他专属特权。

2020 年 7 月 18 日，胡某某在携程公司运营的携程旅行 App 上预订了当天舟山希尔顿酒店豪华湖景大床房一间，订单金额为 2889 元，并于当天上午8点42分完成付款。2020年7月18日上午8点53分，酒店对外电话接到自称王先生的人来电，以胡某某名义直接向酒店预订，房款1377.63元通过微信支付，且注明房价保密。酒店对该订单的记录仅显示店外客人电话预订，未显示其他商业合作渠道，酒店方提供的来源于携程的订单记录里也无该笔订单。实际上，该订单系案外人帅某提前3日以王先生名义先行预订，但未付费。帅某发现携程App上舟山希尔顿酒店案涉房型房源中携程直采房型已销售完毕后，其通过捷锐公司在携程App代理商后台系统输入案涉房间价格2600元，该价格在附加携程公司收取的10%服务费等费用后，展示在携程App平台上为2889元。等胡某某通过携程App下单并付款后，帅某联系案涉酒店更换入住房客为胡某某，并支付费用。携程App向胡某某手机发送信息，除告知订单确认号、金额、服务电话等内容外，还有"特别提示：此单通过代理商预订，请直接报胡某某办理入住"字样。携程公司按照代理商确定的2600元收取10%的费用。

2020年7月19日退房时，胡某某要求酒店开具发票，发现酒店房价为1377.63元，胡某某遂当即（7月19日12点24分）电话向携程客服反映称其在携程App上所付房费为2889元，而酒店方开票价仅为1377.63元，要求携程方面给予解释并退款，客服声称"需要核实后进行回电"。然携程公司自行举出的、欲证明酒店房价实际为1621元的暗访录音显示，其"核实"是指携程公司客服以潜在顾客名义致电舟山希尔顿酒店。暗访录音中可听见一人问订房价格，对方回复称"1073元"，又问昨日价格，对方较为诧异，随意说了"1621元"，对话即结束。随后（7月19日13点31分），携程公司客服回复胡某某称"已向酒店核实，诉争房间酒店向携程App供应商提供的原价为1621元，提前预订打八五折，因携程供应商为提前预订，故实际支付给酒店的房价为1377.63元，携程公司愿意按原价1621元收取并退款1268元"，并于当日13点50分向胡某某退款1268元。

在携程平台预订酒店的过程中，如新下载携程App，页面直接跳出《服务协议》《隐私政策》的温馨提示，且仅有两个选择："同意并继续""不同意并退出"。用户必须点击同意携程《服务协议》《隐私政策》方能使用携程App，如不同意，将直接退出携程App。携程App的《服务协议》《隐私政策》包含采集和使用用户个人信息相关条款。其中《服务协议》第七条用户隐私制度中要求特别授权，其要求特别授权的第（三）项为："为确保交易安全，允许携程及其关联公司、业务合作伙伴对用户信息进行数据分析，并允许携程及其关联公司、业务合作伙伴对上述分析结果进行商业利用。"《隐私政策》第二条第（四）项第三款信息使用中的数据分析条款载明："我们可能将对您的订单数据用于分析，从而形成用户画像，以便让我们能够了解您所在的位置、偏好和人口统计信息，或与其他来源（包括第三方）的数据相匹配，从而开发我们的产品、服务或营销计划，改进我们的服务。"控制信用风险条款载明："为确保交易安全和控制风险，携程及关联公司、业务合作伙伴可能对用户信息进行数据分析，并对上述分析结果进行商业利用。"《隐私政策》第二条第（四）项第四款信息共享、转让和公开披露中第（一）项载明："我们可能会向合作伙伴等第三方共享您的订单信息、账户信息、设备信息以及位置信息，以保障为您提供的服务顺利完成……我们可能会与我们的关联公司共享您的个人信息，使我们能够向您提供与旅行相关的或者其他产品或服务的信息，他们会采取不低于本隐私政策同等严格的保护措施。"

胡某某遂就携程平台违法行为向法院提起诉讼，并请求法院判令携程：（1）向其退还因欺诈销售而多支出的酒店预订款243.37元；（2）判令携程公司向其支付差额房费的3倍，即4534.11元；（3）对此次销售欺诈在《中国消费者报》及"中国消费网"上向胡某某赔礼道歉；（4）在其开发的携程App增加选项，使客户不同意其《服务协议》和《隐私条款》时，仍能使用该App。

三、案例分析

上述案例是电子商务经营者基于其所收集的消费者个人信息，运用算法技术进行"大数据杀熟"的典型范本。结合原告胡某某主张的诉讼请求，可做如下分析。

（一）平台交易合同相对方的认定

基于上述案件事实，首先要解决的问题是：平台交易合同相对方应当如何确定？换言之，本案中，胡某某的合同相对方是携程公司还是捷锐公司？从上述案例事实中可以看到，胡某某在携程平台预订的酒店，实际上是携程员工通过携程平台内经营者锐捷公司的名义对外展示的同一家酒店，胡某某实际上是通过锐捷公司预订酒店的。诉讼中的争议焦点之一在于，何者为胡某某的交易合同相对方。

目前，众多平台经营者不再局限于单纯的信息提供者与交易撮合者角色，而是也成为商品与服务（以下统称"自营业务"）的提供者，尤其以购物平台、旅游服务平台为代表。这种"自营+开放平台"的平台经营模式，在业界引发了关于平台在经营活动中主体地位的争议。对于这一问题，《电子商务法》第三十七条第一款规定，平台对自营业务应进行区分标记；第二款规定，对被标记为自营的业务，平台经营者"依法承担商品销售者或者服务提供者的民事责任"。

基于对《电子商务法》第三十七条的理解，平台内交易中合同相对方的确定，原则上以销售方的标记为准，即在所有被标记为自营的业务中，平台经营者均基于法律规定成为交易的相对方。除此之外，在未加标记的业务中，平台是否应当脱离交易媒介角色而直接成为交易关系的一方主体，应综合考虑经营活动的组织、交易相对方（消费者）的认知、所涉及活动的公共效果等方面予以确定。此处的关键问题是从意思表示受领人的角度出发所理解的行为人身份与实际的经营主体不一致时所产生的信赖保护问题。《电子商务法》第三十七条为这一信赖保护提供了法律基础，其规范目的为保护第三人对交易相对方身份的善意信赖，促使交易清晰便捷。该第三十七条在体系上属于代理制度的近缘规则，在需要时可类推适用代理、无权代理的相关规定。该条的构成要件为身份外观、交易相对方的信赖及平台经营者的可归责性，不符合构成要件的，可通过目的性限缩排除该条的适用。

在网络交易中，交易发生具有便捷性，但交易信息存在不对称性，消费者往往难以获悉交易相对方及实际服务提供方，对此网络交易平台应当承担更多的信息披露义务。本案中，携程公司未履行法定的区分义务和公示义务，在客观上又始终作为合同相对方履行了相关合同权利和义务，胡某某通过订单信息、付款信息等正常渠道均无法获悉涉案合同履行主体为第三方代理商，其有充分理由相信其与携程公司订立并履行合同，故本案胡某某的合同相对人为携程公司，携程公司应当承担网络服务提供者的民事责任。值得注意的是，消费者善意判断的时间点为交易发生时，即便携程公司主张其在胡某某下单之后通过短信告知案涉订单是通过代理商预定的，但其告知时合同已经成立，并不能产生使消费者胡某某知情的效果。

（二）平台交易中的欺诈认定

网购已经成为现阶段我国的主要消费方式之一，并随着互联网与电商的深入发展而得以不断推广与普及，商家价格欺诈行为也时有发生。为了维护消费者合法权益，必须明确价格欺诈行为的认定方式。根据我国《价格法》第十四条规定，价格欺诈是指经营者使用虚假的或使人误解的价格条件，诱导或诱骗消费者与其交易的行为。根据我国《民法典》第一百四十八条的规定，价格欺诈行为构成要件主要包括以下三点：一是经营者具有价格欺诈的主观故意，二是经营者实施了价格欺诈行为，三是因经营者价格欺诈行为，导致消费者产生认识错误并与之达成交易，即产生了价格欺诈后果。

国家市场监督管理总局于 2022 年 6 月 2 日公布了《明码标价和禁止价格欺诈规定》（以下简称《规定》），明确列举了 7 种予以禁止的价格欺诈行为，并进一步强化了平台责任。《规定》第十九条规定："经营者不得实施下列价格欺诈行为：（一）谎称商品和服务价格为政府定价或者政府指导价；（二）以低价诱骗消费者或者其他经营者，以高价进行结算；（三）通过虚假折价、减价或者价格比较等方式销售商品或者提供服务；（四）销售商品或者提供服务时，使用欺骗性、误导性的语言、文字、数字、图片或者视频等标示价格以及其他价格信息；（五）无正当理由拒绝履行或者不完全履行价格承诺；（六）不标示或者显著弱化标示对消费者或者其他经营者不利的价格条件，诱骗消费者或者其他经营者与其进行交易；（七）通过积分、礼券、兑换券、代金券等折抵价款时，拒不按约定折抵价款；（八）其他价格欺诈行为。"

根据《规定》，电子商务平台经营者的义务包括在发现平台内存在价格违规行为时采取必要处置措施；尊重平台内经营者的经营自主权，不得强制或者变相强制平台内经营者参与价格促销活动；提供符合《规定》要求的比价模板；不得利用技术手段等强制平台内经营者进行虚假的或者使人误解的价格标示；等等。而关于电商平台是否有可能因平台内经营者的价格违规行为而与经营者共同承担责任这一实践中广受关注的问题，《规定》未提供明确的答案。笔者认为，电商平台不直接向消费者销售商品或提供服务，原则上不应成为价格违法行为的责任主体。但是，如果电商平台和平台内经营者共同组织开展相关促销活动（特别是共同确认价格），且电商平台明知或应知平台内经营者的价格促销存在违规的情况，理论上电商平台有可能与平台内经营者构成共同违法主体。第三方网络交易平台与网络商品经营者共同开展促销活动，并共同进行了价格标示、促销宣传，如果其价格标示、促销宣传虚假或者引人误解，则第三方网络交易平台与网络商品经营者构成价格欺诈行为的共同违法主体。

(三) 对携程公司"大数据杀熟"行为的理解

如上述"知识点提要"部分所述，"大数据杀熟"在日常生活中主要表现为价格歧视。价格歧视主要有三种表现形式：一级价格歧视是指经营者对同一商品或服务的定价刚好为用户愿意支付的最高价格，致使用户剩余最小；二级价格歧视是指经营者对用户提供不同组合的商品或服务，如数量、质量、价位等，用户可以根据自身需求进行消费，有较大空间的自主决定权；三级价格歧视是指经营者对不同类别的用户设定不同的价格。从本质上来看，"大数据杀熟"属于一级价格歧视。

本案中，携程公司的行为属于"大数据杀熟"行为。首先，携程公司具有价格欺诈的主观故意。携程公司提供给用户的房价相较于正常房价高出一倍，该平台经营者不仅知情而且存在刻意隐瞒胡某某真实价格以骗取最大利润的情况。其次，携程公司实施了欺诈行为。携程平台运用信息分析技术过度收集胡某某的个人信息，基于用户画像确定胡某某能够成为被"杀熟"对象后为其提供远高于正常房价的虚假价格，已然构成积极欺诈。最后，胡某某基于错误的认识作出不真实的意思表示，遭受财产损失。

在某种程度上，携程实施"大数据杀熟"行为，与其在在线旅游市场中取得的相对优势地位存在密切关联。根据上述案例事实，无论是携程自己对外的宣传，还是第三方机构对其展开的评估，都显示其近年来已成为在线旅游市场的龙头企业，市场份额与营业额均独占鳌头。基于平台交易的双边市场特征，携程极容易依靠其优势地位吸引经营者入驻其平台，同时消费者也愿意在其平台预订酒店。经营者与消费者已建立对携程平台的客户黏性。这也为其通过大数据实施价格差别待遇奠定了基础。

(四) 携程公司违法处理消费者个人信息的认定

实际上，在本案中，携程公司已经明显违反《民法典》《个人信息保护法》中有关处理个人信息的基本原则和具体规则。例如，上文案例事实部分所展现出来的携程违法处理消费者个人信息的主要表现为：一是"强制且不指明具体内容"的信息收集方式不当。用户新下载携程 App，页面会直接跳出《服务协议》《隐私政策》的温馨提示，并仅有"同意并继续""不同意并退出"两个选择。用户必须点击同意携程《服务协议》《隐私政策》方能使用携程 App，如不同意，将直接退出携程 App，而携程 App 要求用户签署的《服务协议》《隐私政策》中均包含了对用户个人信息收集和使用的条款。二是对个人信息的收集超出了最小范围之限。为了向消费者提供服务，必然需要收集消费者基本信息，如姓名、电话号码等基本信息。但若超出必要信息范围，则属于不当行为。三是对个人信息的使用未采取对个人权益影响最小的方式。平台经营者处理个人信息的活动，不可避免会对个人权益造成影响。在确保个人信息处理主要、核心目的实现的情况下，应当采取对个人权益影响最小的方式。从《服务协议》《隐私政策》的内容可知，本案携程公司对用户个人信息的使用并不满足于提供服务本身，而是包括更进一步的商业利用。特别是将信息分享给携程公司可随意界定的关联公司、业务合作伙伴进行数据分析和商业利用，无疑进一步加大了用户个人信息使用风险，不符合最小损害原则要求。

✎ 四、课程思政解读

（一）电子商务经营者更应恪守"诚信"原则

"诚信"是诚实信用的简称。"诚信"不仅是民法的基本原则，也是社会主义核心价值观的基本要素之一。在这个意义上，民法与社会主义核心价值观在价值追求上具有一致性。在民法理论中，所谓"诚实"，就是意思表示必须真实，行为人应承担因表意不真实给相对人造成的损害。所谓"信用"，就是生效意思表示必须履行，行为人应承担因不履行生效表意给相对人造成的损害。"诚实"与"信用"实际上是一个意思。[1]《民法典》第七条规定，民事主体从事民事活动，应当遵循诚信原则，秉持诚实，恪守承诺。作为民法基本原则之一，"诚信"已经深入诸多部门法的肌体之中。就与本案相关的法律而言，如《消费者权益保护法》第四条规定，经营者与消费者进行交易，应当遵循自愿、平等、公平、诚实信用的原则；《电子商务

---

[1] 李锡鹤：《民法理论原稿》，法律出版社，2012 年，第 109 页。

法》第五条规定，电子商务经营者从事经营活动，应当遵循自愿、平等、公平、诚信的原则；《个人信息保护法》第五条规定，处理个人信息应当遵循合法、正当、必要和诚信原则，不得通过误导、欺诈、胁迫等方式处理个人信息。实际上，上文案例事实部分存在大量携程违反"诚信"的表现。例如，向胡某某提供虚假酒店房间价格；恣意收集、使用和披露消费者个人信息。值得注意的是，在传统线下交易中，经营者固然可通过隐瞒真实情况和捏造事实的方式欺诈消费者，但在面对面交易中，消费者尚可相对便利地获取商品或服务信息，从而最大限度做出理性消费决策。但是，在线上交易场景中，场景的虚拟性将更进一步加剧信息经营者与消费者之间的信息不对称，因为经营者可更为便利地实施欺诈行为。因而，对于平台经营者而言，应更加强调对"诚信"的恪守。

在对待"诚信"的态度上，经营者不仅仅应忌惮其作为法律基本原则所固有的威慑力，更应将其内化为最基本的商业道德和经营准则。主动遵守和践行"诚信"原则，是最为理想的状态。但若平台经营者故意违反"诚信"原则，则相应的法律责任就会发挥其矫正功能。在本案中，针对携程的欺诈行为，原告胡某某依据《消费者权益保障法》第五十五条主张价款差额 3 倍的惩罚性赔偿并获得法院支持，就是最好的例证。

(二) 正确看待数字经济背景下的个人信息权利与使用间的关系

如今，数字经济已经成为不可逆的发展潮流。从政策层面来看，数字经济俨然已经被置于重要位置。2023 年 2 月，中共中央、国务院印发《数字中国建设整体布局规划》（以下简称《规划》）。《规划》指出，建设数字中国是数字时代推进中国式现代化的重要引擎，是构筑国家竞争新优势的有力支撑。加快数字中国建设，对全面建设社会主义现代化国家、全面推进中华民族伟大复兴具有重要意义和深远影响。在这一高瞻远瞩的政策背景下，数字经济迎来了发展的春天。《规划》强调，要坚持以习近平新时代中国特色社会主义思想特别是习近平总书记关于网络强国的重要思想为指导，深入贯彻党的二十大精神，坚持稳中求进工作总基调，完整、准确、全面贯彻新发展理念，加快构建新发展格局，着力推动高质量发展，统筹发展和安全，强化系统观念和底线思维，加强整体布局，按照夯实基础、赋能全局、强化能力、优化环境的战略路径，全面提升数字中国建设的整体性、系统性、协同性，促进数字经济和实体经济深度融合，以数字化驱动生产生活和治理方式变革，为以中国式现代化全面推进中华民族伟大复兴注入强大动力。

具体到微观交易场景中，数字经济发展的基本要素之一即为个人信息。必要的信息收集、积累和数据加工是数字经济发展的关键要素和核心竞争力。但必须坚持促进发展与保护权利相统一，在发展利益和个人利益之间寻找最佳平衡点，信息采集和使用越慎重，个人信息许可的信任度越高，数字经济发展和个人正当利益扩大就会相得益彰。反之，数据野蛮采集和滥用必将导致个人信息许可的恐慌，最终导致信息采集渠道枯竭并影响到社会公共利益。

现行法律规定网络平台在处理个人信息时要做到合法、正当、必要且征得用户同意，各类网络平台在处理个人信息时普遍能做到合法合规，在法律允许的范围内征得用户的同意和授权。网络平台经营者可以通过消费者"知情+同意"的方式取得处理其个人信息的资格，但平台经营者的处理行为应当恪守合法、正当、必要原则，应以对个人信息影响最小的方式为之，且应符合消费者的初衷和真实意愿。平台经营者未尽前述注意义务，符合侵权行为构成要件的，应承担侵权责任。

《中华人民共和国网络安全法》第四十一条规定："网络运营者收集、使用个人信息，应当遵循合法、正当、必要的原则，公开收集、使用规则，明示收集、使用信息的目的、方式和范围，并经被收集者同意。"可见处理个人信息应当遵循正当原则，该正当不仅包括信息处理的目的正当，还包括信息收集的手段正当。法律禁止非法收集、使用个人信息。收集个人信息，应当限于实现处理目的的最小范围，即缺少某些个人信息，个人信息处理者的处理目的就完全无法实现或者说主要、核心的目的无法实现。有关规范性文件亦对常见类型 App 的必要个人信息范围进行了规定。平台经营者处理个人信息的活动，不可避免会对个人权益造成影响。在确保个人信息处理主要、核心目的实现的情况下，应当采取对个人权益影响最小的方式。

总而言之，我们应该以积极心态拥抱数字经济、融入数字经济之中，与此同时，也必须恪守法律基本原则，切实保护个人信息主体合法的信息权益。经营者在合法、合比例地处理个人信息的同时，时刻守住不实施侵害个人信息的红线，以便达至主体间利益平衡，最大限度消除数字经济发展过程中的不和谐音符。

🗨 五、问题拓展讨论

（1）在平台自营法律关系中，平台经营者根据《电子商务法》第三十七条的规定成为合同主体。如果实际履行行为的并非平台经营者而是另一主体，那么如何辨别这一情况的法律含义？此时如何理解实际履行人的法律地位？

（2）如何理解《电子商务法》第三十八条第二款规定的"相应责任"的性质？

（3）在以平台为中心的网络空间内，对于第三人实施直接侵权行为的情形，平台经营者是否及在何种条件下需要承担侵权责任？

（4）在我国现行法律规范中，如何有效规制"大数据杀熟"行为？

（5）如何选择网络平台差别化定价的规制路径？

👍 六、阅读文献推荐

（1）余佳楠：《平台在自营业务中的法律地位——以信赖保护为中心》，《法学》2020年第10期。

（2）刘权：《论互联网平台的主体责任》，《华东政法大学学报》2022年第5期。

（3）谢尧雯：《网络平台差别化定价的规制路径选择——以数字信任维系为核心》，《行政法学研究》2021年第5期。

（4）王威：《电商法在价格欺诈行为中对消费者的保护探析》，《商业经济研究》2021年第13期。

（5）武腾：《电子商务平台经营者的侵权责任》，《法商研究》2022年第2期。

（6）武腾：《最小必要原则在平台处理个人信息实践中的适用》，《法学研究》2021年第6期。

（7）侯利阳：《论互联网平台的法律主体地位》，《中外法学》2022年第2期。

（8）刘权：《论个人信息处理的合法、正当、必要原则》，《法学家》2021年第5期。

数字经济时代市场主体行为规制

案例 7："美团"滥用市场支配地位行政处罚案

❗ 一、知识点提要

所谓滥用市场支配地位行为，是指具有市场支配地位的经营者，没有正当理由，利用其市场支配地位所实施的排除限制竞争、牟取超额利益的违法行为。滥用市场支配地位是我国《反垄断法》规定的垄断行为之一。从行为名称上看，滥用市场支配地位是多种具体垄断行为的统称。《反垄断法》（2022 年修正）第二十二条采取"列举+兜底"的立法技术，明确列举 6 种具体滥用市场支配地位行为，并附加"国务院反垄断执法机构认定的其他滥用市场支配地位的行为"这一兜底性条款。但在具体行政执法或司法实践中，判断经营者具体行为是否能够被滥用市场支配地位行为所涵摄，还应同时考察其他因素。以《反垄断法》相关法条为基础，有关滥用市场支配地位行为的主要知识点包括以下方面。

（一）相关市场界定

关于经营者是否具有支配地位的判断，应在具有竞争性的商品或服务所构成市场的场景中展开。因此，在判定经营者是否具有市场支配地位前，应首先界定支配地位赖以存在的相关市场。

1. 相关市场的概念

市场由在一定时间和空间范围内的一系列商品或服务的贸易所构成。基于此，我国《反垄断法》第十五条将相关市场界定为："经营者在一定时期内就特定商品或者服务（以下统称商品）进行竞争的商品范围和地域范围。"基于相关市场的法定概念可知,相关市场包括相关商品市场和相关地域市场两类。相关商品市场,是根据商品的特性、用途及价格等因素,由需求者认为具有较为紧密替代关系的一组或一类商品所构成的市场。这些商品表现出较强的竞争关系,在反垄断执法中可以作为经营者进行竞争的商品范围。相关地域市场,是指需求者获取具有较为紧密替代关系的商品的地理区域。这些地域表现出较强的竞争关系,在反垄断执法中可以作为经营者进行竞争的地域范围。

2. 相关市场的界定

根据国务院反垄断委员会发布的《关于相关市场界定的指南》规定,在界定相关市场时,通常采用替代性分析方法。进一步而言,在市场竞争中对经营者行为构成直接和有效竞争约束的,是市场里存在需求者认为具有较强替代关系的商品或能够提供这些商品的地域,因此,界定相关市场主要从需求者角度进行"需求替代分析"。此外,当供给替代对经营者行为产生的竞争约束类似于需求替代时,也应考虑供给替代,即进行"供给替代分析"。

就相关商品市场而言,在进行替代性分析时,需要考虑不同的因素。从需求替代角度界定相关商品市场时,需要考虑的因素包括需求者因价格或其他竞争因素变化,转向或考虑转向购买其他商品的证据;商品的外形、特性、质量和技术特点等总体特征和用途;商品之间的价格差异;商品的销售渠道;等等。从供给角度界定相关商品市场,还要考虑其他经营者对商品价格等竞争因素的变化作出反应的证据,转产的难易、时间、额外费用和风险,转产后所提供商品的市场竞争力,营销渠道,等等。

就相关地域市场而言,在进行替代性分析时,也需要考虑不同的因素。从需求替代角度界定相关地域市场时,需要考虑的因素包括需求者因价格或其他竞争因素变化,转向或考虑转向其他地域购买商品的证据;商品的运输成本和运输特征;多数需求者选择商品的实际区域和主要经营者商品的销售分布;地域间的贸易壁垒(如关税、环保和技术政策),以及如特定区域需求者偏好、商品运进和运出该地域的数量;等等。从供给角度界定相关地域市场时,还要考虑其他地域的经营者对商品价格等竞争因素的变化作出的反应,其他地域的经营者供应或销售相关商品的即时性和可行性,等等。

(二) 市场支配地位的认定

所谓市场支配地位,是指经营者在相关市场内具有能够控制商品价格、数量或其他交易条件，或者能够阻碍、影响其他经营者进入相关市场能力的市场地位。在认定经营者在相关市场中是否具有支配地位时，通常以市场份额为主要标准。根据《反垄断法》第二十四条规定，一个经营者市场份额达到 1/2，或者两个经营者、三个经营者市场份额合计分别达到 2/3、3/4 的，可以推定该经营者具有市场支配地位。但有相反证据证明的，不应被认定，应分析相关市场竞争状况和其他因素。除市场份额外，其他因素还包括：该经营者控制销售市场或者原材料采购市场的能力；该经营者的财力和技术条件；其他经营者对该经营者在交易上的依赖程度；其他经营者进入相关市场的难易程度。

(三) 滥用市场支配地位行为的具体表现

根据《反垄断法》第二十二条规定，经营者滥用市场支配地位的行为主要表现在以下方面。

1. 垄断高价或垄断低价

具有市场支配地位的经营者，通常以不公平的高价销售商品或者以不公平的低价购买商品。例如，依托独占或寡占的网络优势，提供电信、电力、公共交通、城市自来水、管道燃气等商品和服务的经营者，就具有实施垄断高价的便利；而享有独家采购权的经营者、大型零售连锁超市则常常采用垄断低价的方式采购商品。

2. 掠夺性定价

此种行为是指具有市场支配地位的经营者，没有正当理由，为了排挤竞争对手，以低于成本的价格销售商品的行为。但若经营者能够证明其降价是为了处理鲜活商品、季节性商品、有效期限即将到期的商品和积压商品，因清偿债务、转产、歇业降价销售商品的，或者为推广新产品进行促销的，则不构成掠夺性定价。

3. 拒绝交易

此种行为一般是指具有市场支配地位的经营者，没有正当理由拒绝与交易相对人进行交易的行为。例如，经营者无正当理由削减与交易相对人的现有交易数量，拖延、中断现有交易或者拒绝与交易相对人进行新的交易等行为，均属于拒绝交易类型。需要注意的是，当交易相对人有严重的不良信用记录，或者出现经营状况持续恶化等情况，可能会给交易安全造成较大风险，或者交易相对人能够以合理的价格向其他经营者购买同种商品、替代商品，或者能够以合理的价格向其他经营者出售商品，或者有能够证明行为具有正当性的其他理由，该行为就不能被认定为拒绝交易。

4. 独家交易

此种行为是指具有市场支配地位的经营者，没有正当理由，限定交易相对人只能与其进行交易或者只能与其指定的经营者进行交易的行为。前述正当理由通常包括为了保证产品质量和安全，为了维护品牌形象或者提高服务水平，能够显著降低成本、提高效率，并且能够使消费者分享由此产生的利益。

5. 搭售及附加不合理条件的行为

所谓搭售，是指具有市场支配地位的经营者在没有正当理由的情况下，利用其市场支配地位，搭配销售其他商品的行为。其目的可能是扩大市场份额、排挤竞争对手，也可能是扩大销量，获取超额利润。附加不合理条件的具体形式通常包括具有市场支配地位的经营者，对合同期限、支付方式、商品的运输及交付方式或者服务的提供方式等附加不合理的限制，对商品的销售地域、销售对象、售后服务等附加不合理的限制，在价格之外附加不合理的费用，或者附加与交易标的无关的其他交易条件。

6. 差别待遇

此种行为通常是指具有市场支配地位的经营者，没有正当理由，利用市场支配地位，对条件相同的交易相对人设定不同的交易价格等交易条件的行为。日常生活中，较为常见的差别待遇通常为价格歧视。例如，酒店预订平台就同类型房间根据不同顾客设定不同价格，即为典型价格歧视。

🗒 二、案例介绍

美团网于 2010 年 3 月在北京创立，2015 年与大众点评网合并，同年 9 月在开曼群岛设立公司主体，2020 年 9 月更名为美团。2018 年以来，美团为阻碍其他竞争性平台发展，进一步提升、维持、巩固其在网络餐饮外卖平台服务市场的地位，采取了以下措施。

（一）采取多种手段促使平台内经营者签订独家合作协议

美团采取多种手段，如制定实施以差别费率为核心的独家合作政策，对非独家合作经营者拖延上线，迫使餐饮经营者签订独家合作协议。促使平台内经营者签订《战略合作伙伴优惠政策申请书》《诚信战略合作伙伴优惠政策支持自愿申请书》《优加合作计划政策支持自愿申请书》等独家合作协议，明确规定平台内经营者需要"将全部网络营销资源和精力投入美团平台""仅和美团建立战略合作关系""不再与美团经营相同或近似的网络服务平台进行业务合作"或者"仅在美团及其旗下相关网络服务平台开展合作"等内容，限制平台内经营者与其他竞争性平台合作，以巩固自身市场地位，削弱其他竞争性平台的竞争力。2018—2020 年，与美团签订独家合作协议的餐饮经营者覆盖全国 31 个省（自治区、直辖市），在美团平台内全部经营者中占有较大比重，且比例逐年提高。

（二）通过多种方式系统推进"二选一"策略实施

美团通过建立考评机制、开展攻坚"战役"、加强培训指导、强化代理商管理等方式系统推进"二选一"策略实施。具体如下：

第一，将餐饮经营者签订、履行独家合作协议的情况纳入员工考核指标。2019 年起，美团将餐饮经营者签订、履行独家合作协议的情况纳入一线业务人员考核，通过定期考核、重点时段考核、"红黑榜"制度，以及各区域自主考核等方式，要求一线业务人员全面落实公司"二选一"经营策略，并将此作为统一运营和内部管理的重要抓手。

第二，在特定时段、特定区域强力推进"二选一"。美团为遏制其他竞争性平台发展，在特定时段或区域内集中开展攻坚"战役"，将推动餐饮经营者签订、履行独家合作协议作为重要手段，排挤竞争对手，巩固和扩大自身竞争优势。

第三，加强员工关于"二选一"的培训和指导。为有效推行"二选一"策略，避免一线业务人员因"二选一"有关问题处理不当引发法律风险，美团统一制定了与餐饮经营者开展独家合作的话术口径，对一线业务人员开展全面培训；不定期检查员工话术掌握程度，并针对问题进行培训；鼓励员工分享与餐饮经营者开展独家合作的有关经验，推进"二选一"策略实施。

第四，强化对代理商、合作商的管控。为督促代理商、合作商落实"二选一"策略，美团在《外卖代理商行为规范》等内部文件中明确要求代理商、合作商与头部优质商家签订独家协议，并通过配套考核措施，确保"二选一"相关策略在代理商、合作商层面同步推进。

（三）采取多种措施有效保障 "二选一" 要求实施

为保障 "二选一" 得以实施和维持，美团通过多种手段检测、制约甚至惩罚平台内经营者。具体如下：

一是开发大数据系统，对平台内经营者上线竞争性平台进行自动监测和处罚。2018 年起，为系统、高效实施 "二选一"，美团开发了大数据监测和分析系统，具体功能包括自动监测平台内经营者上线其他竞争性平台情况；对上线其他竞争性平台的平台内经营者自动实施搜索降权或取消优惠活动等处罚；对一线业务人员督促平台内经营者执行 "二选一" 要求及处罚效果等情况进行全流程管理；对一线业务人员所负责的平台内经营者签订独家合作协议的完成率和履约率进行实时监测、统计和分析；等等。该系统根据业务需求随时更新完善相关功能。

二是综合采取多种惩罚性措施迫使平台内经营者停止与其他竞争性平台合作。美团在发现独家合作的平台内经营者上线其他竞争性平台后，通常由一线业务人员先行 "劝说"，要求经营者 "整改"，如经营者仍不下线其他竞争性平台，则通过大数据系统或由一线业务人员直接对经营者进行处罚，具体包括实施搜索降权、取消优惠活动、置休（暂停营业）、下线（关店）、调整配送范围、提高起送价格、下架菜品等，迫使经营者停止在其他竞争性平台经营。

三是向独家合作经营者收取保证金。美团为约束平台内经营者严格履行独家合作协议，在签订独家协议时，通常要求平台内经营者缴纳数百到数千元不等的保证金，并规定 "商家违反协议约定，美团有权扣除保证金"。2018—2020 年，与美团签订独家合作协议并缴纳保证金的平台内经营者累计 163 万家，保证金金额累计 12.89 亿元。

通过上述措施，美团有效迫使平台内经营者执行 "二选一" 要求，不在其他竞争性平台开展经营活动，从而有效锁定了网络餐饮外卖平台服务市场的商家侧供给。

三、案例分析

根据上述事实，可初步推定美团存在《反垄断法》中的 "滥用市场支配地位" 这一垄断行为。但这一推定是否成立，需要结合前文有关滥用市场支配地位的相关知识点进行分析。判定经营者构成滥用市场支配地位的一般逻辑：界定相关市场—经营者市场支配地位认定—经营者实施了滥用市场支配地位行为—产生限制或排除竞争的效果。据此，对于美团行为的评价，也应遵循这一路径。

(一) 相关市场的界定

1. 相关商品市场的界定

美团的主要业务为网络餐饮外卖平台服务。此类服务是指网络餐饮外卖平台经营者为餐饮经营者和消费者进行餐饮外卖交易提供的网络经营和信息发布平台，以及基于位置技术的信息匹配、交易撮合等互联网信息服务，具体包括商品信息展示、营销推广、搜索、订单处理、配送安排和调度、支付结算、商品评价、售后支持等。由于网络餐饮外卖平台主要服务餐饮经营者和消费者两个群体，其显著特征是具有跨边网络效应，使各边用户对网络餐饮外卖平台服务的需求紧密关联。因此，在界定相关市场时，需要综合考虑平台各边用户之间的关联影响，并主要从餐饮经营者和消费者的角度综合进行需求替代分析，同时进行供给替代分析。总体而言，网络餐饮外卖平台服务与线下餐饮服务不属于同一相关商品市场。

首先，从消费者需求替代分析角度来看，网络餐饮外卖平台服务与线下餐饮服务之间不具有紧密替代关系。从主体需求上看，网络餐饮外卖平台服务主要满足消费者随时随地点餐及"足不出户"的用餐需求，而线下餐饮服务主要满足消费者现场餐饮服务消费需求。从消费方式上看，网络餐饮外卖平台服务为消费者提供"一站式"不同餐饮经营者及餐饮商品信息的展示、推荐及比较服务，并通过配送安排和调度服务，便捷地满足消费者的用餐需求，而线下餐饮服务一般需要消费者前往线下餐饮服务营业场所消费。从餐饮商品选择范围上看，网络餐饮外卖平台服务利用互联网集聚数量众多的不同餐饮经营者及丰富的餐饮外卖商品信息，为消费者提供较多的餐饮外卖商品选择，而线下餐饮服务通常不能提供其他餐饮经营者的餐饮商品，并且受到实体经营场所空间限制，可供消费者选择的餐饮商品种类与网络餐饮外卖平台服务相比存在较大差距。

其次，从餐饮经营者需求替代分析角度来看，二者也不具有紧密替代关系。在交易机会上，网络餐饮外卖平台服务面向餐饮需求各异的不特定消费者，可以较大限度拓展餐饮经营者可触达的消费者范围，并可借助网络营销推广、大数据分析和算法等互联网技术手段，将餐饮经营者及其餐饮商品推送给更多潜在消费者，为餐饮经营者创造更多的交易机会。线下餐饮服务受到信息传播、营业场所地理位置等方面限制，餐饮经营者的交易机会相对有限。在经营效率上，网络餐饮外卖平台服务通过大数据、算法等互联网技术手段，为消费者提供多功能搜索及个性化推荐服务，为餐饮经营者提供商品信息展示、网络营销推广、配送安排和调度、消费评价反馈等服务，可以降低交易各方搜索、比较及完成交易的成本，提升餐饮经营者的经营效率。由于缺少相应的互联网技术支持，线下餐饮服务在挖掘潜在消费者、供需匹配等方面的效率通常低于网络餐饮外卖平台服务。

最后，从供给替代分析角度来看，二者不具有紧密替代关系。线下餐饮服务转化为网络餐饮外卖服务平台的高昂成本，决定了前者无法轻易地进入后者市场之中。有效进入网络餐饮外卖平台服务市场，不仅需要满足网络餐饮外卖平台服务所需的大量资金、基础设施、技术支撑等方面要求，还需达到平台经济所必需的临界规模。

综上，综合需求替代和供给替代分析结论可知，网络餐饮外卖平台服务与线下餐饮服务不具有紧密替代关系，不属于同一相关商品市场，网络餐饮外卖平台服务构成独立商品市场。

2. 相关地域市场界定

从需求替代分析和供给替代分析角度来看，网络餐饮外卖平台服务的相关地域市场为中国境内。换言之，境外市场与中国境内市场不属于同一相关地域市场。

首先，从需求替代分析角度来看，受语言、饮食和消费习惯等影响，中国境内餐饮经营者主要通过境内网络餐饮外卖平台，将餐饮外卖商品销售给中国境内消费者；中国境内消费者主要通过境内网络餐饮外卖平台购买餐饮外卖商品，不会将境外网络餐饮外卖平台作为替代选择。

其次，从供给替代分析角度来看，网络餐饮外卖平台服务属于互联网信息服务，境外网络餐饮外卖平台在中国境内开展业务除需按照法律政策要求申请相关业务许可外，还需搭建开展业务所需的数据、算法系统、配送安排和调度系统等设施，难以及时、有效地进入中国境内市场，无法对现有的中国境内网络餐饮外卖平台经营者形成竞争约束。

因此，境外与中国境内网络餐饮外卖平台服务不具有紧密替代关系，不属于同一相关地域市场。

（二）美团在相关市场中的支配地位认定

根据《反垄断法》关于市场支配地位认定的考量因素，美团在网络餐饮外卖平台服务市场中具有支配地位。

首先，在市场份额上，美团占比已超过50％，可以推定具有市场支配地位。例如，从收入上看，2018—2020年，美团网络餐饮外卖平台服务收入在中国境内主要网络餐饮外卖平台合计服务收入中，份额分别为67.3％、69.5％、70.7％；从平台餐饮外卖订单量看，2018—2020年，美团平台餐饮外卖订单量在中国境内主要网络餐饮外卖平台合计订单量中，份额分别为62.4％、64.3％、68.5％。

其次，美团具有较强的市场控制能力。从上文事实中可以发现，美团在与餐饮经营者的商业谈判中，通常具有较强的定价能力，餐饮经营者谈判能力相对较弱。同时，美团具有控制平台内经营者获得流量的能力。美团通过制定平台规则、设定算法、人工干预等方式，可以决定平台内经营者及其餐饮外卖商品的搜索排名及平台展示位置，从而控制平台内经营者可获得的流量，对其经营具有决定性影响。

再其次，美团具有较强的财力和先进的技术条件。2018—2020年，美团在中国境内的营业额分别为650.88亿元、973.36亿元、1147.48亿元。美团历经数轮融资，并于2018年在香港交易所上市，市值从2018年12月的约3000亿元增长至2020年12月的约1.8万亿元，较为强大的财力可以支持美团在相关市场及关联市场进行业务扩张。此外，美团网络餐饮外卖平台积累了大量的平台内经营者和消费者，拥有海量的交易、支付、用户评价等数据，这些数据成为美团运用算法技术提供个性化服务的基础。

最后，其他经营者对美团具有高度依赖性。一方面，美团网络餐饮外卖平台对平台内经营者具有很强的网络效应和锁定效应。截至2020年年底，美团网络餐饮外卖平台的消费者日均活跃用户数为2230万，且用户黏性较强，对平台内经营者形成很强的跨边网络效应和锁定效应，平台内经营者难以放弃美团平台的庞大消费者群体。另一方面，美团网络餐饮外卖平台是平台内经营者开展餐饮外卖交易的主要网络销售渠道。美团在中国境内网络餐饮外卖平台服务市场拥有较高的经营者和消费者认可度。与其他网络餐饮外卖平台相比，美团平台的影响力更大，是餐饮服务者开展餐饮外卖的主要网络销售渠道，放弃美团平台会在相当程度上影响其营收。

综上所述，美团在中国境内网络餐饮外卖平台服务市场具有支配地位。

（三）美团无正当理由实施了滥用市场支配行为

根据上文"案例介绍"部分相关内容可知，美团自 2018 年以来，持续实施"采取多种手段促使平台内经营者签订独家合作协议""通过多种方式系统推进'二选一'策略实施"和"采取多种措施有效保障'二选一'要求实施"等三种行为。事实上，无论是强迫平台内经营者签订独家协议，还是实施"二选一"，本质上都是要求平台内经营者只能在美团平台上销售餐饮，剥夺平台内经营者选择其他网络餐饮外卖平台的权利。同时，为了迫使平台内经营者就范，美团还通过大数据系统对平台内经营者的相关行为进行动态监测，一旦发现存在选择其他竞争性平台的行为，就要求其停止与其他平台合作，否则就给予不同程度的惩罚；此外，还要求经营者缴纳保证金。所有这些行为都指向《反垄断法》（2022 年修正）第二十二条第（四）项，即"没有正当理由，限定交易相对人只能与其进行交易或者只能与其指定的经营者进行交易"。就"正当理由"而言，美团实施签订独家协议、"二选一"等行为，并非为了保证产品质量和安全，维护品牌形象或提高服务水平，或者显著降低成本、提高效率；更为重要的是，前述行为不仅不能够使消费者分享由此产生的利益，而且将损害消费者的选择权和公平交易权。

因此，美团的行为构成滥用市场支配地位中的"独家交易"行为。

（四）美团的行为排除、限制了市场竞争

美团滥用在中国境内网络餐饮外卖平台服务市场的支配地位，限制平台内经营者与其他竞争性平台合作，形成锁定效应，减少自身竞争压力，不当巩固并强化自身市场力量，排除、限制了相关市场竞争。自 2018 年以来，美团与餐饮经营者大规模签订独家合作协议，限制平台内经营者与其他竞争性平台合作，削弱了其他竞争性平台与美团进行公平竞争的能力，降低了相关市场竞争程度，提高了市场进入壁垒，破坏了公平、有序的市场竞争秩序。其具体表现在两个方面：

第一，限制了相关市场经营者之间的公平竞争。平台内经营者和消费者是网络餐饮外卖平台之间开展竞争的核心要素。美团滥用市场支配地位，综合运用多种手段限制大量平台内经营者在其他竞争性平台经营，形成较强的锁定效应，使其他竞争性平台无法获得充分的商家供给，削弱了其他竞争性平台的竞争能力，降低了自身面临的竞争压力，限制了相关市场经营者之间的公平竞争。由于网络餐饮外卖平台具有跨边网络效应，美团锁定平台内经营者，会进一步减少其他竞争性平台上的消费者数量，使平台内经营者和消费者数量减少形成循环反馈，削弱其他竞争性平台的竞争能力。

第二，提高市场进入壁垒，削弱潜在竞争约束。平台经济具有网络效应和规模经济特征，网络餐饮外卖平台经营者需要积累一定规模的商家和消费者用户，才能有效进入市场。近年来，网络餐饮外卖平台服务市场主要竞争者陆续减少。美团实施限定交易行为，在将平台内经营者锁定在自身平台的同时，增加了相关市场潜在进入者与平台内经营者达成合作协议的难度，使潜在进入者难以充分获取进入市场开展竞争的必要资源，不当提高了市场进入壁垒，削弱了潜在进入者带来的竞争约束，降低了相关市场充分有效竞争的水平。

此外，美团限制、排除市场竞争的行为，还在相当程度上削弱了平台企业创新动力，影响了平台经济创新发展。这显然与平台经济的发展趋势相悖。

四、课程思政解读

(一) 数字经济时代的市场规制策略

2020年12月16日至18日，中央经济工作会议在北京举行，习近平总书记发表重要讲话。其中，"强化反垄断和防止资本无序扩张"被列为2021年经济工作中的八项重点任务之一。近年来，我国平台经济迅速发展，互联网平台企业快速壮大，在满足消费者需求等方面作出了积极贡献。但与此同时，市场垄断、无序扩张、野蛮生长的问题日益凸显，出现了限制竞争、赢者通吃、价格歧视、泄露个人隐私、损害消费者权益、风险隐患积累等一系列问题，存在监管滞后甚至监管空白。资本无序扩张的风险主要有三个方面：一是资本可能有短期强烈的逐利性，可能会遏制或者扼杀其他的技术创新；二是有可能会形成垄断，资本希望在短期内形成垄断，通过垄断获得超额收益，在这个过程中广大消费者和社会的整体利益会受到损害；三是资本在无序扩张过程中，可能会通过对社会媒体和整个社会施加影响，逐渐改变大众对于垄断现象的态度。在此背景下，针对近年来国内资本过多聚焦于流量变现而不注重原创性和基础性创新的问题，"强化反垄断和防止资本无序扩张"的规制政策导向的形式，实属顺理成章之事。

从时间维度来看，国家市场监督管理总局于 2021 年 4 月对美团在外卖餐饮平台服务领域中实施"二选一"行为进行立案查处，正是对"强化反垄断和防止资本无序扩张"这一时代市场规制政策的回应。对该案例的深入剖析与细致讲解，有助于学生理解市场规制政策进入法律的正当理由、妥当渠道及其规制效果。

（二）科技、创新与法律的互动与调适

众所周知，"第四次工业革命"的鲜明特征在于互联网、数据、算法等技术与虚拟客体的深度融合。从全球来看，第四次工业革命的浪潮已经席卷多个国家。对此，试图逃避甚至自我封闭于互联网、算法等技术，实为逆潮流之举。因而，正确的对待方式应是以积极姿态迎接新技术，并主动将其融入本国经济和社会发展过程之中；同时，也须时刻做好应对新技术运用过程中可能衍生的多种风险的准备。信息化时代，在新技术的加持下，创新进程日益加速且成本逐渐降低。科技、创新对于一国经济、社会发展的重要性不言而喻。一国不同层级或类型主体，都应以积极心态对待科技与创新。因而，从国家层面来看，不仅仅应通过多种制度组合降低新技术融入经济、社会发展的成本，更应激励不同主体以科技推动创新。当然，这绝非向作为推动经济发展的科技企业释放一种信号：企业在技术运用过程中出现的风险，尤其是对消费者、市场秩序甚至国家安全等个人、社会和国家利益侵害的风险，可以为国家所包容。相反，对于这些风险，国家会毫不手软地加以规制。那么在规制过程中，就会引发这样的问题：如何合理平衡平台经济发展创新与健康市场竞争秩序保护之间的关系？在规制过程中，市场与法律均为规制的基本工具，那么政府主导的规制策略及其实施，该如何对待不同规制工具在化解数字经济风险中的角色？政府介入数字经济的限度如何确定？在第四次工业革命时代背景下，任何国家均无法逃避互联网、大数据和算法等技术的影响，因此这类问题显得尤为紧迫。

"美团行政处罚案"仅仅是前述宏大问题中的一个具体实例，如何通过分析此种实例，朝向更为深入的阶段思考其所涉及的问题，并尝试找出答案，对于矫正数字经济弊端、去除其风险，不无裨益。

(三) 社会主义核心价值观之平等、法治与诚信

社会主义核心价值观是社会主义核心价值体系的内核，体现社会主义核心价值体系的根本性质和基本特征，反映社会主义核心价值体系的丰富内涵和实践要求，是社会主义核心价值体系的高度凝练和集中表达。2017 年 10 月 18 日，习近平总书记在党的十九大报告中指出，要培育和践行社会主义核心价值观。要以培养担当民族复兴大任的时代新人为着眼点，强化教育引导、实践养成、制度保障，发挥社会主义核心价值观对国民教育、精神文明创建、精神文化产品创作生产传播的引领作用，把社会主义核心价值观融入社会发展各方面，转化为人们的情感认同和行为习惯。由此可知，社会主义核心价值观融入法律领域之中，并通过具体制度或规则要素立体呈现，也是题中之义。但需说明的是，社会主义核心价值观经由三阶层共计 24 个要素呈现，故而，司法个案无法反映全部要素。就本教学设计所选取案例而言，社会层面的"平等""法治"和个人行为层面的"诚信"要素，可于案件内容中提炼与归纳。

1. 社会层面：平等、法治

平等，乃法律孜孜追求并力图实现的价值之一。根据罗尔斯《正义论》，正义原则中的平等思想，主要包括自由平等、机会平等与差别平等。在市场与政府关系中，市场乃是一种决定性的资源配置方式，这已为党的十八届三中全会所确认。市场机制的持续、稳健运行，端赖于市场主体的自由竞争。为此，我国《反垄断法》的宗旨之一，即在于维护自由竞争的市场秩序。对于平台企业而言，其当然享有自由竞争的合法权利。但需要注意的是，法律保护通过正当竞争获取的市场优势和支配力量，并且抑制滥用优势或支配地位之行为。当平台企业基于先期竞争获取支配地位后，法律固然对其予以保护，但同时也不会容忍其滥用行为。否则，当垄断行为盛行之时，市场主体基于机会均等的自由、公平竞争将荡然无存。从结果上来看，对于竞争中处于下风甚至濒临淘汰的经营者，法律必须为其提供制度化保障，使其能够重获机会均等的竞争环境。当然，所有这一切操作，均需市场监管者在法治框架下展开，这与市场经济就是法治经济的论断相吻合。因此，就本案而言，美团实施"二选一"行为，显然超越其基于支配地位可为行为的范畴，同时，这一行为也使得竞争者、消费者利益受损，并最终破坏机会均等的竞争环境，这为政府基于《反垄断法》的干预提供了前提条件。

2. 个人行为层面：诚信

诚实信用乃是市场经营者参与竞争的基本原则之一。即便经营者通过正当途径获取竞争优势，在对待其他竞争者与消费者时，也应恪守诚信原则，而不能通过有违商业道德与法律的行为，继续巩固自身的支配地位。本案中，美团在连续多年获得支配性市场份额的情形下，仍然通过限制平台内经营者经营自主权、侵害消费者选择权和破坏自由竞争秩序的方式，维持其市场支配地位，显然有违诚实信用原则。此外，国家市场监督管理总局采取柔性执法手段，在进行行政处罚的同时，向美团发出《行政指导书》，对其合规经营提出指导建议，但该指导书是否能够发挥效用，则取决于美团是否恪守诚实信用原则。

五、问题拓展讨论

（1）国家经济政策如何适度介入反垄断执法过程？换言之，在评判行政执法机关解释、适用反垄断法的过程中，如何客观看待其对一定时期国家经济政策的考量？国家经济政策介入反垄断执法的限度为何？

（2）在第四次工业革命时代，任何国家均无法逃避互联网、大数据和算法等技术的影响。这些技术在为不同主体带来科技福利的同时，也不可避免地产生负面作用，如何合理平衡平台经济发展创新与健康市场竞争秩序保护之间的关系？

（3）在平台领域相关市场尤其是相关产品市场中，传统的需求与供给替代标准能否完美与之匹配？其是否有值得改进的地方？

（4）在判断经营者是否滥用市场支配地位时，消费者福利在其中扮演何种角色？众所周知，反垄断法保护的法益是多元的，既有经营者利益，又有消费者利益，同时，市场竞争秩序是其终极保护目标，那么，消费者福利究竟扮演何种角色？

（5）在对经营者滥用市场支配地位行为处以罚款时，行政机关确定处罚数额的标准是什么？通常需要考虑哪些因素？

六、阅读文献推荐

（1）邓辉：《数字广告平台的自我优待——场景、行为与反垄断执法的约束性条件》，《政法论坛》2022 年第 3 期。

（2）张晨颖：《公共性视角下的互联网平台反垄断规制》，《法学研究》2021 年第 4 期。

（3）喻玲：《算法消费者价格歧视反垄断法属性的误读及辨明》，《法学》2020 年第 9 期。

（4）霍温坎普：《联邦反托拉斯政策——竞争法律及其实践》（第 3 版），许光耀、江山、王晨译，法律出版社，2009 年。

（5）孟雁北：《反垄断法规制平台剥削性滥用的争议与抉择》，《中外法学》2022 年第 2 期。

（6）侯利阳：《论互联网平台的法律主体地位》，《中外法学》2022 年第 2 期。

竞争政策基础地位的塑造

案例 8：深圳市腾讯计算机系统有限公司等
诉浙江搜道网络技术有限公司等不正当竞争案

！一、知识点提要

2017 年，我国《反不正当竞争法》进行了自 1993 年以来的首次修改。其中，在不正当竞争类型中增加"互联网不正当竞争"，此为修改亮点之一。此种不正当竞争类型的增加，旨在回应互联网技术深度融入市场交易所引发的破坏健康市场竞争秩序问题。虽然是新增类型，但其本质上仍然属于不正当竞争行为范畴，故而有关不正当竞争的一般知识仍可适用。

（一）不正当竞争的概念及其特征

1900 年在布鲁塞尔修订的《保护工业产权巴黎公约》中最先增加了反不正当竞争的内容，并在世界上首次对不正当竞争作了界定。该公约在第十条之二第（2）项规定："凡在工商业事务中违反诚实的习惯做法的竞争行为构成不正当竞争的行为。"德国于 1896 年制定了世界上第一部《反不正当竞争法》，同样未对不正当竞争进行直接界定，而是通过一般条款加列举的方式，明确了应当禁止的不正当竞争行为。该法除规定典型的不正当竞争行为以外，还在第一条规定："行为人在商业交易中以竞争为目的而违背善良风俗，可向其请求停止行为和损害赔偿。"此后，德国《反不正当竞争法》虽然历经多次修改，但通过一般条款加列举的方式来明确应当禁止的不正当竞争行为的立法体例一直没有改变。这一立法模式也为我国所借鉴。我国《反不正当竞争法》第二条规定："经营者在生产经营活动中，应当遵循自愿、平等、公平、诚信的原则，遵守法律和商业道德。本法所称的不正当竞争行为，是指经营者在生产经营活动中，违反本法规定，扰乱市场竞争秩序，损害其他经营者或者消费者的合法权益的行为。"除一般性条款外，《反不正当竞争法》第六至十二条还分别列举了 7 种不正当竞争行为类型。

通常而言，不正当竞争行为具有以下特征。

1. 不正当竞争是由经营者实施的行为

根据《反不正当竞争法》第二条规定，所谓经营者，是指从事商品生产、经营或者提供服务的自然人、法人和非法人组织。不正当竞争从根本上讲是竞争主体实施的不当行为，而竞争主体只限于经营者，因此，不正当竞争的主体只能是经营者。但需要注意的是，在理解经营者主体性质时，不能将其等同于以营利为目的的企业法人，不以营利为目的的法人或者组织同样也可能实施不正当竞争行为。

2. 不正当竞争是违法的竞争行为

一方面，不正当竞争行为具有竞争性。它是经营者以谋取交易机会或者竞争优势为目的的争胜行为。这使得不正当竞争行为既区别于垄断行为，又区别于那些一般侵权行为。另一方面，不正当竞争行为具有违法性。市场机制的本质在于竞争，但此种竞争是符合法律与商业道德的竞争。不正当竞争行为的目的，虽也在于开展竞争并谋取交易机会或者竞争优势，但其手段违反了法律的规定。

3. 不正当竞争是损害其他经营者公平竞争权的行为

从危害后果的角度来看，不正当竞争行为可能直接或者间接地侵害其他经营者的知识产权、财产权、名誉权或者经营权，也必然损害消费者的合法权益，并且都是扰乱市场竞争秩序的行为，因此，不正当竞争行为所侵犯的客体具有复合性。但是，不正当竞争行为所侵害的直接对象应为其他经营者的公平竞争权。没有对其他经营者的公平竞争权构成损害的侵权行为，尽管要受到法律的禁止，但不应纳入反不正当竞争法的规制范畴。

（二）互联网不正当竞争行为

如上文所述，互联网不正当竞争行为是 2017 年《反不正当竞争法》修改的新增类型。在理解互联网不正当竞争行为的具体类型时，需要注意借助互联网为工具或手段实施的传统不正当竞争行为和互联网领域特有的不正当竞争行为之间的区别。前者，其本质上仍是《反不正当竞争法》第六至十一条所规定的 6 种传统不正当竞争行为。例如，在互联网平台散布侵害其他经营者商业信誉的行为，就属于诋毁他人商业信誉行为，在认定和处理此类行为时，应以诋毁商誉相关规范为依据。后者，则是指经营者利用网络专业技术手段，通过影响用户选择或者其他方式实施的妨碍、破坏其他经营者合法提供的网络产品或者服务正常运行的行为。在网络领域，经营者合法提供的网络产品或者服务应当平等地接受用户的自主选择，经营者通过影响用户选择或者其他方式实施妨碍、破坏其他经营者合法提供的网络产品或者服务的正常运行，违反了公平、诚信等原则和商业道德，损害了其他经营者的公平竞争权和消费者的合法权益，因而是不正当竞争行为。

根据《反不正当竞争法》第十二条规定，妨碍、破坏其他经营者合法提供的网络产品或者服务正常运行的行为，主要包括以下几种：一是未经其他经营者同意，在其合法提供的网络产品或者服务中插入链接，强制进行目标跳转；二是误导、欺骗、强迫用户修改、关闭、卸载其他经营者合法提供的网络产品或者服务；三是恶意对其他经营者合法提供的网络产品或者服务实施不兼容设置；四是其他妨碍、破坏其他经营者合法提供的网络产品或者服务正常运行的行为。

二、案例介绍

腾讯科技公司、深圳腾讯公司为腾讯微信软件 V5.0 著作权人，该软件开发完成日期为 2013 年 7 月 25 日，首次发表日期为 2013 年 8 月 5 日。微信软件下载的官网为×××.com（网站域名 qq.com），ICP 备案登记显示该网站主办单位为深圳腾讯公司。腾讯控股公司 2018 年年报显示，按月活跃账户数计算，社交通信平台微信及 QQ 是中国最大的社交社区。截至 2018 年年底，微信及 WeChat 的合并月活跃账户数增至约 10.98 亿，同比增长 11%，每天平均有超过 7.5 亿微信用户阅读朋友圈的发帖。

在微信网站上，网络用户可以免费下载微信软件，包括微信网页版、微信×××AC 版和微信×××WS 版。该软件运行界面显示，其包含微信通信、通讯录、朋友圈、支付收藏、相册、卡包、表情等功能，并支持单人、多人参与，在发送语音短信、视频、图片、表情和文字等即时通信服务的基础上，为用户提供包括但不限于关系链拓展、便捷工具、微信公众账号、开放平台、与其他软件或硬件信息互通等功能或内容的软件许可及服务。网络用户在下载安装微信软件时，须同意《腾讯微信软件许可及服务协议》（以下简称《微信服务协议》）并遵守《微信个人账号使用规范》等规定。

《微信服务协议》第6条"用户个人信息保护"条款约定："6.1保护用户个人信息是腾讯的一项基本原则，腾讯将会采取合理的措施保护用户的个人信息。除法律法规规定的情形外，未经用户许可腾讯不会向第三方公开、透露用户个人信息。腾讯对相关信息采用专业加密存储与传输方式，保障用户个人信息的安全。""6.4腾讯将运用各种安全技术和程序建立完善的管理制度来保护你的个人信息，以免遭受未经授权的访问、使用或披露。6.5未经你的同意，腾讯不会向腾讯以外的任何公司、组织和个人披露你的个人信息，但法律法规另有规定的除外。"第8.2条"软件使用规范"约定："除非法律允许或腾讯书面许可，你使用本软件过程中不得从事下列行为：……8.2.1.4对本软件或者本软件运行过程中释放到任何终端内存中的数据、软件运行过程中客户端与服务器端的交互数据，以及本软件运行所必需的系统数据，进行复制、修改、增加、删除、挂接运行或创作任何衍生作品，形式包括但不限于使用插件、外挂或非腾讯经授权的第三方工具/服务接入本软件和相关系统；8.2.1.5通过修改或伪造软件运行中的指令、数据，增加、删减、变动软件的功能或运行效果，或者将用于上述用途的软件、方法进行运营或向公众传播，无论这些行为是否为商业目的；8.2.1.6通过非腾讯开发、授权的第三方软件、插件、外挂、系统，登录或使用腾讯软件及服务，或制作、发布、传播上述工具；8.2.1.7自行或者授权他人、第三方软件对本软件及其组件、模块、数据进行干扰；8.2.1.8其他未经腾讯明示授权的行为。"

《微信个人账号使用规范》第1.1条"软件使用规范"规定使用本软件过程中不得从事下列行为："1.1.2.4对本软件或本软件运行过程中释放到任何终端内存中的数据、软件运行过程中客户端与服务器端的交互数据，以及本软件运行所必需的系统数据，进行复制、修改、增加、删除、挂接运行或创作任何衍生作品，形式包括但不限于使用插件、外挂或非经腾讯授权的第三方工具、服务器接入本软件和相关系统。""1.2.3用户不得恶意注册使用微信账号，如频繁注册、批量注册微信账号、滥用多个微信账号、买卖微信账号及相关功能的行为。1.2.4用户不得利用多个账号主体或控制多个微信账号实施违反法律法规及本规范的行为，不得采取各种技术手段恶意绕开或者对抗平台规则。"1.4"数据获取、使用规范"规定禁止："1.4.1未经其他微信用户明确同意，或未向其他微信用户如实披露数据用途、使用范围等相关信息的情形下复制、存储、使用或传输其他微信用户数据，侵害其他微信用户合法权益的……1.4.3 将其他微信用户微信号、名称、QQ 号、手机号、电子邮箱地址和出生日期等个人信息用于任何未经用户及微信平台授权的用途的。"

搜道公司成立于 2008 年 12 月 31 日，注册资本 19552304 元，法定代表人宋某民，经营范围为服务：第二类增值电信业务中的信息服务业务（仅限互联网信息服务），计算机网络、通信系统的技术开发、技术咨询、技术服务、成果转让等。搜道公司系网址为×××.com 网站的主办单位，其域名包括 sodao.com、sodao.me、juketool.com 等。聚客通公司成立于 2018 年 8 月 16日，注册资本 2173914 元，法定代表人宋某民，经营范围为服务：计算机技术、网络技术、计算机软硬件、通信设备的技术开发、技术咨询、技术服务、成果转让等。

上述两公司开发的聚客通软件，具有管理微信的功能。聚客通中"个人号"功能模块设置有微信管理（包括绩效统计、好友管理）、朋友圈营销（包括创建朋友圈、朋友圈记录、自动点赞）、收款订单（包括收款记录、订单管理）、好友群发（包括创建群发、群发记录）、自动加好友（包括创建加好友、任务管理、加好友记录、被添加设置）、个人号红包（包括发放记录、限额设置）、聊天记录（包括记录查询）、智能管理（包括清理僵尸粉、智能养号）、设备管理（包括设备列表）等功能。在"设备管理"项中可同时对 10 台以内设备进行管理，还可查看设备详情、设备微信登录账号信息、登录状态、好友数等，且根据聊天记录，一台手机仅能对应一个微信号。在"好友群发"项下的"创建群发"界面，可选择群发对象，对于推送时间可以设置为"立即开始"或"定时开始"，群发内容可为文字或图片，且有提示："因微信官方对营销类消息的管控，请合理编辑适当内容，以及选择适量的群发人数，以及次数，以防被封号。"在"微信管理"项下的"好友管理"界面，可对用户进行标签化管理和分组化管理，并可对用户进行加入黑名单、显示微信号/微信昵称/购物账号/标签名称/备注名等操作。在"好友群发"项下的"创建群发"界面中，可以选择群发对象通过立即开始或定时开始对所选择的发送对象发送文字或图片，在测试功能时会有弹出窗口显示"尊敬的用户您好：鉴于最近微信加强营销管控，聚客通提醒您好友群发功能每个商家每日仅能创建【1 次】好友群发任务"。在"朋友圈营销"项下"创建朋友圈"界面中，可以发送文本/图片/视频/链接形式的朋友圈，并可选择分享设备，对于设备可见性分为全部可见、仅标签用户可见、屏蔽标签用户不可见等，对于推送的时间可选择立即开始或定时开始，不同设备的推送间隔时间可选择，并有"为了保证设备安全，请不要同一时间多台设备发送相同内容"的提示；在"朋友圈记录"界面中可显示朋友圈互动列表，并能够根据推送时间、推送结果、评论数量、点赞数量等选项导出数据统计，并根据统计数据列表执行再次推送、删除等操作；在"自动点赞"界面中，可根据是否开启自动点赞、任务类型、执行日期、执行时间段、每日点赞数量设置自动点赞功能。在"智能管理"项下"清理僵尸粉"界面中，可执行发送信息的模式对用户进行清粉操作；在"智能养号"界面中，可通过设置养号方式（可多选阅读腾讯新闻、阅读公众号文章、看一看）、执行周期（每天或每周）、执行时间进行养号，从而提高微信活跃率。在"自动加好友"项下"被添加设置"界面中，可设置自动通过加好友、自动回复和关键词自动回复的功能。在"个人号红包"项下"发放记录"界面中，可筛选发送人及领取人微信号、发送及领取的金额，以及时间、红包状态、购物账号等信息导出红包数据记录；在"限额设置"界面中，可批量设置红包限额。在"聊天记录"项下的"记录查询"界面中，可选择操作时间进行查询，显示子账号、个人号、好友+群、聊天记录等信息。

上述两公司公开销售其开发的软件，以方便购买此软件的经营者突破腾讯公司对微信功能的限制。对此，腾讯科技公司、深圳腾讯公司向法院提起诉讼，并提出以下请求：（1）立即停止对两原告微信产品的不正当竞争行为，包括：① 停止通过聚客通"微信管理系统"群控软件突破原来微信产品限制实现功能的方式妨碍破坏微信产品的正常运行；② 停止收集并销毁已经收集到两被告服务器中的微信用户数据；③ 关闭聚客通网站；④ 停止销售聚客通定制的群控手机；⑤ 停止运营群控软件。（2）连带赔偿两原告经济损失及合理支出 500 万元。（3）共同在《法制日报》（现《法治日报》）显著位置上连续 10 天发表赔礼道歉声明，消除影响。（4）承担本案全部诉讼费用。

三、案例分析

（一）互联网不正当竞争类型化条款的司法适用模式

互联网不正当竞争类型化条款主要有三种适用模式，分别为独立适用模式、二元并存适用模式、三元混合适用模式。

一是独立适用模式。独立适用是指法院主要援引《反不正当竞争法》第十二条规定作为审理互联网不正当竞争案件的实体裁判依据，不涉及《反不正当竞争法》其他具体规制条款。具体又包括整体适用和局部适用两种形式。整体适用是法院在个案中对互联网不正当竞争类型化条款未加以具体筛选，而选择一体化适用进路以判定涉案行为是否构成不正当竞争。其包括两种形态：一是直接型整体适用，法院在明确援引第十二条基础上分别对竞争行为正当性作出界定；二是间接型整体适用，法院基于条文逻辑关系考量后指出，被诉行为已经违反第十二条，对于是否违反第二条规定不再评述，故最终主要依据互联网不正当竞争类型化条款作出了相应判决。无论直接型还是间接型整体适用，都是只针对第十二条互联网专条作出的判断，而不涉及原则性条款的适用。局部适用是在具体分解第十二条规定内部体系构造基础上，结合个案情形仅援引互联网不正当竞争类型化条款中具有指向性的特定条文。其可一分为三：一是单独适用第十二条第二款第（二）项规定；二是独立适用第十二条第二款第（四）项规定；三是共同适用第十二条第一款与第二款第（一）项规定，或者共同适用第十二条第一款与第二款第（四）项规定。

二是二元并存适用模式。二元并存模式是法院既援引了互联网不正当竞争类型化条款，也以《反不正当竞争法》或者其他法律中的实体规制条款作为共同的审理依据。第一种是与一般条款的共同适用。一是形式意义上的共同适用，即法院在界定涉案竞争行为正当性时优先参照具体条款，但最终仍于裁判依据中同步列明第二条与第十二条，此种情形下，判定涉案行为是否构成不正当竞争时，发挥独立评价作用的规范依据为第十二条，第二条仅居于辅助性地位；二是实质层面上的共同适用，即裁判依据中同时引用了第二条与第十二条，且各自发挥了规制效力。第二种是与其他具体条款的共同适用，是根据具体案件适用其他与案件相关联的法条。第三种是与《中华人民共和国商标法》《中华人民共和国著作权法》《民法典·合同编》等条文的共同适用。

三是三元混合适用模式。此处的三元混合适用，系指法院在实践中援引了涵括《反不正当竞争法》中的互联网不正当竞争类型化条款在内的三类规制条文作为实质性裁判依据之情形。第一类是与一般条款、误导性宣传规制条款的共同适用，第二类是与一般条款、商业秘密规制条款的共同适用，第三类是与一般条款、商业诋毁规制条款的共同适用。

结合本案，法官采取的应当是二元并存模式，且是形式意义上的共同适用，法官在裁判说理部分分别对适用第二条和第十二条进行分析论证，并最终得出被告行为属于互联网领域不正当竞争行为的结论。

（二）互联网不正当竞争兜底条款的司法适用

互联网专条《反不正当竞争法》第十二条第四款规定"其他妨碍、破坏其他经营者合法提供的网络产品或者服务正常运行的行为"属于不正当竞争行为。对此，应当基于互联网市场竞争特性，进一步明确构成"妨碍、破坏"产品或服务正常运行的条件，以提高兜底条款的明确性和可操作性。

《禁止网络不正当竞争行为规定（公开征求意见稿）》的公布施行，将有助于规范互联网专条尤其是兜底条款的适用。其中第二十二条对互联网专条兜底条款的适用进行了细化，尤其着重对"妨碍、破坏"行为的效果与程度进行了细化，主要分两个构成部分，其中第二十二条第二款第（一）至（五）项是对行为的效果列举，第（六）、（七）项是对行为程度的列举，第（八）项设置为其他因素。第二十二条规定："经营者不得利用技术手段，实施其他妨碍、破坏其他经营者合法提供的网络产品或者服务正常运行的行为。判断是否造成妨碍、破坏其他经营者合法提供的网络产品或者服务正常运行，可以综合考虑下列因素：（一）是否导致其他经营者合法提供的网络产品或者服务无法正常使用；（二）是否导致其他经营者合法提供的网络产品或者服务无法正常下载、安装或者卸载；（三）是否导致其他经营者合法提供的网络产品或者服务成本不合理增加；（四）是否导致其他经营者合法提供的网络产品或者服务的用户或者访问量不合理减少；（五）是否导致消费者体验不合理下降或者其他利益遭受不合理损失；（六）行为实施的次数、持续时间的长度；（七）行为影响的地域范围、时间范围等；（八）其他因素。"

可以肯定的是，2021 年 8 月 17 日发布的《禁止网络不正当竞争行为规定（公开征求意见稿）》在一定程度上提高了互联网专条的明确性和可操作性。然而，这并不意味着此变化能够有效解决当前存在的互联网专条适用不充分和不规范问题，仍需展开进一步研究，比对一般条款和互联网专条兜底条款的适用条件。对于法条兜底性规定的适用，不能脱离该法条的立法目的而无限扩大，法条兜底性规定的适用应符合该法条的概括性规定。

（三）《反不正当竞争法》一般条款的司法适用

《反不正当竞争法》第二条第一款和第二款规定："经营者在生产经营活动中，应当遵循自愿、平等、公平、诚信的原则，遵守法律和商业道德。本法所称的不正当竞争行为，是指经营者在生产经营活动中，违反本法规定，扰乱市场竞争秩序，损害其他经营者或者消费者的合法权益的行为。"

关于适用一般条款的情形，《最高人民法院关于适用〈中华人民共和国反不正当竞争法〉若干问题的解释》第一条规定："经营者扰乱市场竞争秩序，损害其他经营者或者消费者合法权益，且属于违反反不正当竞争法第二章及专利法、商标法、著作权法等规定之外情形的，人民法院可以适用反不正当竞争法第二条予以认定。"第三条规定："特定商业领域普遍遵循和认可的行为规范，人民法院可以认定为反不正当竞争法第二条规定的'商业道德'。人民法院应当结合案件具体情况，综合考虑行业规则或者商业惯例、经营者的主观状态、交易相对人的选择意愿、对消费者权益、市场竞争秩序、社会公共利益的影响等因素，依法判断经营者是否违反商业道德。人民法院认定经营者是否违反商业道德时，可以参考行业主管部门、行业协会或者自律组织制定的从业规范、技术规范、自律公约等。"

在具体司法裁判案例中，最高人民法院指出，适用《反不正当竞争法》第二条第一款和第二款认定构成不正当竞争行为应当同时具备以下条件：一是法律对该种竞争行为未作出特别规定；二是其他经营者的合法权益确因该竞争行为而受到了实际损害；三是该种竞争行为因确属违反诚实信用原则和公认的商业道德而具有不正当性或者说可责性，这也是问题的关键和判断的重点。

（四）赔礼道歉在互联网不正当竞争案件中的适用

受互联网"超时空性""虚拟性""多边性"等特点的影响，互联网不正当竞争侵权行为挑战传统反不正当竞争法规制体系，其对合法经营者权利所造成的损害，用量化的经济补偿很难实现"充分的权利救济"，因此，为全面救济其权利，惩戒侵害人，在互联网不正当竞争纠纷中，绝大多数经营者要求侵害人承担赔礼道歉、消除影响这两种"非损害赔偿责任"。然而，以人格权受到侵害为适用基础的赔礼道歉，在互联网不正当竞争纠纷中如何适用及其适用效果，司法实践中存在不同认知。

首先，赔礼道歉在互联网不正当竞争领域具有适用的空间，对受害人具有重要意义。这就要求对赔礼道歉的地位和功能进行相对完整的认知和重塑。第一，赔礼道歉有助于弥补受害人的精神创伤。当公民、法人的人格权遭受其他主体的不法侵害时，情节轻微者，权利人有权请求侵害人当面承认错误、予以致歉，从而保障其人格尊严。第二，赔礼道歉有助于修复侵害人的道德感。道歉并非示弱的表现，而是表达了道歉者对受害人的尊重。赔礼道歉彰显了道歉者本人的自爱。第三，赔礼道歉有助于保障社会稳定和谐。赔礼道歉上升到法律层面而具有的强制力主要源于心理与社会层面，要求当事人真诚、发自内心地赔礼道歉，是一种愿望的道德，是社会共同体内在的、普遍的心理诉求，有助于达致有序社会所建构的特定目标，保障社会的稳定和谐。在互联网不正当竞争纠纷中，受互联网即时性与行为超时空性的影响，行为一旦发生，将极大损害其他行为主体的竞争优势，极易毁损竞争主体的声誉，贬低其社会评价，全方位冲击市场竞争秩序，颠覆传统的商业道德。若判决侵害人向名誉受损的竞争主体赔礼道歉，不但有助于恢复权利人的客观社会评价，弥补权利人精神上的损害，修补侵害人的道德感，而且有利于捍卫互联网市场的竞争秩序，修复被破坏的商业道德，从而也在一定程度上维护了社会的和谐稳定。

其次，要判断案件是否符合赔礼道歉的适用情形。第一，对于互联网不正当竞争案件中法人是否可以要求赔礼道歉，解答该问题的根本是厘清法人是否享有人格权。迄今关于法人本质的争论仍未停歇。对法人本质的认识，既决定了对自然人及法人的制度设计，也关乎互联网不正当竞争案件是否可以适用赔礼道歉。关于法人的本质，有"拟制说"和"实在说"两派主张，均具有一定的合理性，故司法实践应采取哪种学说始终悬而未决。这两种学说都过于仰赖纯粹的社会学方法、哲学方法，而纯粹的社会学考察及哲学思辨无法回答这些实践问题。生活知识是最好的基础，应从经验理性出发，立基于现实生活材料，承认法人的主体性并赋予法人一定的人格属性，才能实现更大的制度价值。换言之，从生活材料来看，认可法人的主体性及其人格属性更符合当下的制度结构。第二，对于道歉的方式是否应当公开。基于互联网不正当竞争行为的特殊性，侵害人的行为不仅会降低受害人的社会评价，毁损受害人的声誉，同时凭借虚构的优势信号，还会引起消费者的混淆误认，导致其作出错误的消费决策。该行为已扰乱互联网市场竞争秩序，鉴于此，应要求侵害人以公开方式赔礼道歉。第三，从赔礼道歉的限度来看，互联网不正当竞争案件审理中，在适用赔礼道歉时需要法官发挥实践理性，进行全面的利益衡量与价值判断，既要避免赔礼道歉被架空，也应避免因当事人拒绝道歉认错而造成对权利人道德价值的持续贬低，进而激发双方当事人的持续性对立。

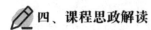

四、课程思政解读

（一）竞争政策的基础地位

时至今日，竞争政策已经成为我国市场经济发展的主导政策。2023 年 7 月 14 日，中共中央、国务院发布《关于促进民营经济发展壮大的意见》（以下简称《意见》），将"全面落实公平竞争政策制度"作为持续优化民营经济发展环境的抓手之一。《意见》强调，要强化竞争政策基础地位，健全公平竞争制度框架和政策实施机制，坚持对各类所有制企业一视同仁、平等对待。强化制止滥用行政权力排除限制竞争的反垄断执法。未经公平竞争不得授予经营者特许经营权，不得限定经营、购买、使用特定经营者提供的商品和服务。定期推出市场干预行为负面清单，及时清理废除含有地方保护、市场分割、指定交易等妨碍统一市场和公平竞争的政策。优化完善产业政策实施方式，建立涉企优惠政策目录清单并及时向社会公开。

竞争政策是一系列旨在促进和保障公平竞争的政策措施和制度体系的总和。竞争政策的主要目标是着力消除市场壁垒，建设统一开放、竞争有序的现代市场体系，使市场在资源配置中发挥决定性作用。这就意味着，在市场运行过程中，只要经营者之间通过正当、合法途径开展竞争，就应受到法律的保护。相反，若采取不正当手段破坏其他经营者的竞争优势，并以此为自己谋取竞争机会，则法律应当坚决予以制止。

诚然，网络经济以"开放、共享、效率"为主要价值取向，具有"共生经济"的基本特质，网络经济条件下的竞争应允许在既有网络产品基础上创新性地开展自由竞争。就本案而言，如果两被告是在合理利用微信产品的基础上通过自己的创新劳动开发出新的软件产品且能够给消费者带来全新体验，这样的竞争行为应属于正当行为。但创新性的自由竞争，不能以牺牲公平正义为代价，在既有网络产品基础上的创新竞争不能破坏原有网络产品的市场效能。因为一项创新性网络产品固然提升了市场的整体竞争力，但原有网络产品同样也是市场整体竞争力的一部分。当一项创新竞争行为损害了他人产品的市场竞争力与市场贡献力时，不能不说该行为同时也是对市场竞争秩序与市场经济健康发展的一种损害。正如审理本案的法官所言，"创新与效率"是网络经济的核心价值理念，消费者福祉的改善也是《反不正当竞争法》追求的最终目标，两者当然应当成为网络竞争行为正当性的主要评判标准。但技术的创新，不能以牺牲其他竞争者对于市场发展及消费者福利的贡献力为代价，消费者福祉的根本改善也并非仅靠一次创新即能实现。消费者福祉的改善最根本的保障是可预期、可持续的市场创新发展。如果一项网络竞争行为在竞争效能上破坏性大于建设性，即便能够给部分消费者带来某些福利，但不加禁止，其不仅会损害其他多数消费者的福利，同时还将损害其他市场主体的创造积极性，进而会影响到消费者整体与长远利益的提升。

本案中，微信产品作为一款社交产品在国内外拥有巨量的活跃用户，深受广大消费者的欢迎，其对于市场的贡献力是显而易见的。被控侵权软件虽然提升了少数经营性用户使用微信产品的体验，但恶化了多数用户使用微信产品的体验，如不加禁止会危及微信产品的整体效能发挥与后续发展，进而会影响到广大消费者的福祉。被告此种所谓创新竞争活动，在竞争效能上对于市场的贡献明显弊大于利，难维系有效率的竞争，并不具有合理性。在既有网络产品基础上的技术创新，其新增功能应对原有网络产品起到拾遗补阙的积极作用，其前提是原网络产品开发者未曾意识到该新增功能的积极作用或虽然意识到但受技术能力限制难以实现新增功能。本案中，被告的被控侵权软件突破了微信产品既有功能设置，新增了部分功能。对于该部分新增功能，原告并非不曾意识亦非技术上难以实现，而是因为其与个人微信产品作为社交平台的功能定位及目标设计相抵触，原告对此始终持排斥的态度。因此，被告此种对个人微信产品既有功能的改变并非积极意义上的技术创新。因而，被告行为也并非为《反不正当竞争法》所保护的正当竞争行为。

（二）"非公益必要不干扰"原则的理解

"非公益必要不干扰"原则是我国法院在涉互联网领域的不正当竞争判断中确立的原则，即非因特定公益的必要，不得直接干预竞争对手的经营行为。这一原则体现出公共利益至上的基本理念。

首先，本案中原告与被告之间存在竞争关系。《反不正当竞争法》具有行为法属性，如果其他经营者合法权益损害与某项不正当竞争行为间具有因果关系，无论双方是否存在竞争关系，受害方即有权请求不正当竞争行为人予以赔偿。网络经济已从传统经济的产品用户竞争更多地转向网络数据流量竞争。传统经济的产品用户竞争通常只涉及产品的销售，而网络数据流量的竞争不仅仅是既有产品交易机会的竞争，更多的是将来开发衍生产品的生产资料竞争，网络数据流量吸引力已成为网络市场主体的核心竞争力。本案中，虽然被控侵权软件服务的对象只是微信产品的部分经营性用户，其与原告并不存在用户数量上此消彼长的直接竞争关系，但被告通过被控侵权软件获取了部分网络数据流量，同时被控侵权软件的应用又破坏了微信产品的生态，损害了原告微信产品对于用户关注度及用户数据流量的吸引力。

其次，本案中被告的经营行为已经对原告的正常经营行为造成了干扰。本案中，根据查明的事实，被告的被控侵权软件突破了个人微信产品既有功能设置，新增了诸多自动化、批量化操作微信、发布信息的功能。虽然这部分新增功能的实现，帮助少数经营性用户提升了自身的运营效能，但相对于多数社交性一般用户而言，被控侵权软件的应用会给其带来无必要干扰的增多。因此，被告的被控侵权软件作为经营性用户运用于个人微信平台中的商业化营销工具，已异化了个人微信产品作为社交平台的基本功能，会给用户使用微信产品造成困扰，破坏了原告个人微信平台的正常运行秩序。从有关裁判理由来看，"非公益不干扰"标准更多关注竞争者之间互不干扰、相安无事或者和平共处的静态竞争，即经营者推出自己的商业模式后，他人应当予以尊重，不能干扰，经营活动由此可以静态地进行，除非在消费者选择之下自生自灭，或者由同业竞争者进行超越式的颠覆。

最后，本案中被告公司干扰原告公司产品运行并非出于公益目的，而是出于自我盈利的商业目的。

综上，被告不符合"非公益必要不干扰"原则，应当受到《反不正当竞争法》的规制。

💬 五、问题拓展讨论

（1）互联网不正当竞争类型化条款在司法适用中可能存在哪些问题？针对这些问题应当如何进行完善？

（2）行业巨头是否会利用垄断地位对行业的弱势群体进行打击？

（3）在实践中如何辨别不正当竞争行为和创新行为？《反不正当竞争法》在哪些领域应当尤为关注谦抑性？

（4）本案因案情复杂延长审限六个月，除此之外哪些情形可能导致审理期限的延长？程序上应当如何处理？

（5）平台如何正确处理和收集个人信息数据？公民个人信息安全如何保障？

（6）如何平衡各方主体之间的利益？互联网不正当竞争行为有哪些利益衡量路径及选择？

👍 六、阅读文献推荐

（1）黄军：《互联网不正当竞争类型化条款司法适用的反思与纠正》，《财经法学》2022 年第 6 期。

（2）熊文邦：《互联网不正当竞争行为司法认定中的利益衡量与平衡路径》，《中国应用法学》2022 年第 4 期。

（3）刁云芸：《商事领域中反不正当竞争法互联网专条的适用困境及出路》，《法学杂志》2021 年第 1 期。

（4）陈兵：《互联网新型不正当竞争行为法律适用疑难问题及完善》，《法治研究》2021 年第 6 期。

（5）谢晓尧：《法律文本组织技术的方法危机——反思"互联网专条"》，《交大法学》2021 年第 3 期。

（6）叶明、陈耿华：《赔礼道歉与消除影响的适用研究——以 1999—2015 年互联网不正当竞争案件判决书为样本》，《北京理工大学学报（社会科学版）》2018 年第 1 期。

（7）孔祥俊：《论反不正当竞争法的基本范式》，《法学家》2018 年第 1 期。

（8）张占江：《论反不正当竞争法的谦抑性》，《法学》2019 年第 3 期。

弱者公平正义的彰显

案例 9：刘某诉广东省英德市人民政府行政复议案

⚠ 一、知识点提要

本案为工伤认定的典型案例。在阅读分析本案例之前，需要掌握工伤保险的概念、工伤保险的基本原则、工伤认定的概念、工伤保险事故范围等基本知识点。

（一）工伤保险的概念

工伤保险是指劳动者在工作中因遭受事故伤害或者患职业病导致暂时或永久丧失劳动能力，以及死亡时，劳动者或其遗属从国家和社会获得物质帮助的一种社会保险制度。

（二）工伤保险的基本原则

工伤保险制度的基本原则贯穿于整个工伤保险制度中，主要包括如下三条：

1. 无过错责任原则

无过错责任原则是指在工伤保险中，无论事故责任是否为本人、用人单位或者第三人过错，皆不影响工伤认定和工伤保险待遇，但属于劳动者自杀或自残、醉酒或吸毒、故意犯罪的除外。

2. 风险分担、互助共济原则

风险分担、互助共济原则是指国家通过立法，强制征收工伤保险费，建立工伤保险基金。对受害者的补偿并不完全由雇主承担，而是采用互助互济的方式，分担风险。

3. 预防、补偿与康复相结合原则

工伤事故一旦发生，补偿是工伤保险的首要任务，但并非其唯一任务。预防和康复功能也是工伤保险的重要功能。社会保险的根本任务是保障职工生活，保护职工健康，促进社会安定和生产力发展。从这个根本任务出发，工伤保险就应当与事故预防、医疗康复和职业康复相结合。加强安全生产、减少事故发生、一旦发生事故及时进行抢救治疗、采取有力措施恢复职工健康并帮助他们重新走上工作岗位，这对于社会利益和职工根本利益来说，比工伤补偿工作具有更积极更深远的意义。

（三）工伤认定的概念

工伤认定是指社会保险行政部门依据法定的标准和程序，确认劳动者受到的伤害或者疾病是否属于工伤保险事故的活动。被认定为工伤是职工能够享受工伤保险待遇的前提和基础。工伤认定标准包括如下两个方面：第一，受到伤害或者患病的主体是职工；第二，职工所受的伤害或者罹患的疾病属于工伤保险事故的范围。

（四）工伤保险事故范围

根据事故伤害的性质和发生情形，工伤保险事故范围包括工伤和视同工伤两类。

1. 工伤

工伤主要是指职工的事故伤害是在工作时间和工作场所内因为工作原因导致的，即具备"三工"（即工作时间、工作地点、工作原因）要素的事故。根据《工伤保险条例》第十四条之规定，工伤主要包括如下几类情形：第一，在工作时间和工作场所内，因工作原因受到事故伤害的；第二，工作时间前后在工作场所内，从事与工作有关的预备性或者收尾性工作受到事故伤害的；第三，在工作时间和工作场所内，因履行工作职责受到暴力等意外伤害的；第四，患职业病的；第五，因工外出期间，由于工作原因受到伤害或者发生事故下落不明的；第六，在上下班途中，受到非本人主要责任的交通事故或者城市轨道交通、客运轮渡、火车事故伤害的；第七，法律、行政法规规定应当认定为工伤的其他情形。

2. 视同工伤

视同工伤主要是指欠缺工作原因要素的特殊疾病和其他虽与职业活动无关但需要纳入工伤风险分摊体系加以补偿的事故伤害。根据《工伤保险条例》第十五条之规定，主要包括如下三类情况：第一，在工作时间和工作岗位，突发疾病死亡或者在 48 小时之内经抢救无效死亡的；第二，在抢险救灾等维护国家利益、公共利益活动中受到伤害的；第三，职工原在军队服役，因战、因公负伤致残，已取得革命伤残军人证，到用人单位后旧伤复发的。

3. 不得认定为工伤或视同工伤

除了上述"应当认定为工伤""视同工伤"外，法律还特别强调"不得认定为工伤的情形"。工伤保险尽管实行无过错责任原则，但为避免工伤保险中的道德风险，将受害人的故意伤害行为等排除在工伤保险事故范围之外。根据《工伤保险条例》第十六条之规定，不得认定为工伤的情况包括如下三类情形：第一，故意犯罪的；第二，醉酒或者吸毒的；第三，自残或者自杀的。

二、案例介绍

2016 年 3 月 31 日，朱某雄与茂名市茂南建安集团有限公司（以下简称建安公司）就朱某雄商住楼工程签订施工合同，发包人为朱某雄，承包人为建安公司。补充协议约定由建安公司设立工人工资支付专用账户，户名为陆某峰。随后，朱某雄商住楼工程以建安公司为施工单位办理了工程报建手续。案涉工程由梁某某组织工人施工，陆某峰亦在现场参与管理。施工现场大门、施工标志牌等多处设施的醒目位置，均标注该工程的承建单位为建安公司。建安公司为案涉工程投保了施工人员团体人身意外伤害保险，保险单载明被保险人 30 人，但未附人员名单。

2017 年 6 月 9 日，梁某某与陆某峰接到英德市住建部门的检查通知，二人与工地其他人员在出租屋内等待检查。该出租屋系梁某某承租，用于工地开会布置工作和发放工资。2017 年 6 月 9 日 15 时许，梁某某被发现在其出租屋内死亡，死亡原因为猝死。

梁某某妻子刘某向广东省英德市人力资源和社会保障局（以下简称英德市人社局）申请工伤认定。英德市人社局作出《关于梁某某视同工亡认定决定书》（以下简称《视同工亡认定书》），认定梁某某是在工作时间和工作岗位突发疾病，在 48 小时之内经抢救无效死亡，符合《工伤保险条例》第十五条第一款第一项规定的情形，属于视同因工死亡。建安公司不服，向广东省英德市人民政府（以下简称英德市政府）申请行政复议。英德市政府作出英府复决〔2018〕2 号《行政复议决定书》，以英德市人社局作出的《视同工亡认定书》认定事实不清、证据不足、适用依据错误、程序违法为由，予以撤销。刘某不服英德市政府作出的《行政复议决定书》，提起行政诉讼，请求撤销《行政复议决定书》，恢复《视同工亡认定书》的效力。

广东省清远市中级人民法院于 2018 年 7 月 27 日作出（2018）粤 18 行初 42 号行政判决：驳回刘某的诉讼请求。刘某不服一审判决，提起上诉。广东省高级人民法院于 2019 年 9 月 29 日作出（2019）粤行终 390 号行政判决：驳回上诉，维持原判。刘某不服二审判决，向最高人民法院申请再审。最高人民法院于 2020 年 11 月 9 日作出（2020）最高法行申 5851 号行政裁定，提审本案。2021 年 4 月 27 日，最高人民法院作出（2021）最高法行再 1 号行政判决：（1）撤销广东省高级人民法院（2019）粤行终 390 号行政判决；（2）撤销广东省清远市中级人民法院（2018）粤 18 行初 42 号行政判决；（3）撤销英德市政府作出的英府复决〔2018〕2 号《行政复议决定书》；（4）恢复英德市人社局所作《视同工亡认定书》的效力。

三、案例分析

本案争议焦点主要为：第一，劳动关系确认程序是否属于工伤认定机构受理工伤认定的必经前置程序？第二，建安公司是否具备工伤保险责任主体资格？第三，建安公司承担的工伤保险责任范围能否及于"包工头"梁某某的因工伤亡？

（一）关于劳动关系确认程序是否属于工伤认定的必要前置程序问题

1. 一般原则：认定工伤须以存在劳动关系为必要前提

一般而言，工伤认定机构进行工伤认定须以存在劳动关系为必要前提。然而，作为工伤认定必要前提的劳动关系确认程序具有特殊性，体现为该情形中的劳动关系确认无须经法定的先裁后审程序。根据《最高人民法院行政审判庭关于劳动行政部门在工伤认定程序中是否具有劳动关系确认权请示的答复》，劳动行政部门在工伤认定程序中具有认定受到伤害的职工与企业之间是否存在劳动关系的职权。

2. 例外规定：建筑领域工伤保险资格认定不以劳动关系为必要前提

根据《最高人民法院关于审理工伤保险行政案件若干问题的规定》第三条、《人力资源和社会保障部关于执行〈工伤保险条例〉若干问题的意见》第七点等规定，建筑领域工伤保险资格认定纠纷案件中，进行工伤认定和存在劳动关系并不要求存在绝对的对应关系。上述相关规定的立法目的在于保障建筑行业中不具备用工主体资格的组织或自然人聘用的职工因工伤亡后的工伤保险待遇，加强对劳动者的倾斜保护和对违法转包、分包单位的惩戒，现行工伤保险制度确立了因工伤亡职工与违法转包、分包的承包单位之间推定形成拟制劳动关系的规则，即建筑行业存在违法转包、非法转包时的工伤认定中无须以确认劳动关系为必要前提。

(二) 关于建安公司是否具备工伤保险责任主体资格的问题

最高人民法院再审裁判理由认为：具备用工主体资格的承包单位违反法律法规规定将承包业务转包、分包给不具备用工主体资格的自然人时，违法转包、分包的承包单位视为用工主体，并由其承担工伤保险责任。

本案中，《广东省建设工程标准施工合同》、案涉工程项目报建资料、施工许可证和现场照片均能证明朱某雄商住楼的承建单位为建安公司；以施工人员为被保险人的建筑工程人身意外伤害团体险，投保人也是建安公司；在建安公司与朱某雄签订的补充协议中，还指定陆某峰账户为工人工资账户；根据在案的证人证言和对陆某峰的询问笔录，陆某峰实际参与了项目的施工管理，且事发当天与梁某某一同在工地等候住建部门检查。上述证据已经能够证实，建安公司实际以承建单位的名义办理了工程报建和施工许可手续，并在一定程度上参与了施工管理。建安公司知道、应当知道朱某雄又与梁某某另行签订施工合同，既未提出异议或者主张解除之前的施工合同，反而配合梁某某以建安公司名义施工，委派工作人员参与现场施工管理并约定经手工人工资。建安公司在 2017 年 8 月 11 日的答辩状中也认可梁某某与其是挂靠关系，是实际施工人。因此，建安公司与朱某雄签订建设工程施工合同后，作为具备用工主体资格的承包单位，既然享有承包单位的权利，也应当履行承包单位的义务。建安公司允许梁某某利用其资质并挂靠施工，理应承担被挂靠单位的相应责任。在工伤保险责任承担方面，建安公司与梁某某之间虽未直接签订转包合同，但其允许梁某某利用其资质并挂靠施工，可以视为两者间已经形成事实上的转包关系，建安公司可以作为承担工伤保险责任的单位。而且，就朱某雄、建安公司、梁某某三者之间形成的施工法律关系而言，由建安公司作为承担工伤保险责任的单位，符合原劳动和社会保障部《关于确立劳动关系有关事项的通知》（劳社部发〔2005〕12号）第四条、《人力资源和社会保障部关于执行〈工伤保险条例〉若干问题的意见》（人社部发〔2013〕34号）第七点规定，以及《最高人民法院关于审理工伤保险行政案件若干问题的规定》第三条第一款第（四）项、第（五）项规定的立法精神，亦在上述规定的扩张解释边界之内。

（三）关于建安公司承担的工伤保险责任范围能否及于"包工头"梁某某因工伤亡的问题

根据原劳动和社会保障部《关于确立劳动关系有关事项的通知》第四条、《人力资源和社会保障部关于执行〈工伤保险条例〉若干问题的意见》第七点、《最高人民法院关于审理工伤保险行政案件若干问题的规定》第三条第一款等规定，具备用工主体资格的承包单位违反法律法规规定，将承包业务转包、分包给不具备用工主体资格的自然人，该自然人招用的劳动者或者聘用的职工因工伤亡的，由具备用工主体资格的承包单位承担工伤保险责任。但对于该自然人自身因工伤亡时的工伤保险责任承担主体并未作出明确规定，应当结合本案具体案情，综合运用文义解释、体系解释、目的解释等多种解释方法，对上述法律规范进行解释。

1. 建设工程领域违法转包、分包时，具备用工主体资格的承包单位承担的工伤保险责任并不以存在法律上劳动关系或事实上劳动关系为前提条件

根据《人力资源和社会保障部关于执行〈工伤保险条例〉若干问题的意见》第七点等规定，认定工伤保险责任或用工主体责任，已经不以存在法律上劳动关系为必要条件。根据《最高人民法院关于审理工伤保险行政案件若干问题的规定》第三条规定，能否进行工伤认定和是否存在劳动关系，并不存在绝对的对应关系。从前述规定来看，为保障建筑行业中不具备用工主体资格的组织或自然人聘用的职工因工伤亡后的工伤保险待遇，加强对劳动者的倾斜保护和对违法转包、分包单位的惩戒，现行工伤保险制度确立了因工伤亡职工与违法转包、分包的承包单位之间推定形成拟制劳动关系的规则，即直接将违法转包、分包的承包单位视为用工主体，并由其承担工伤保险责任。

2. 将"包工头"纳入工伤保险范围，符合建筑工程领域工伤保险发展方向

《国务院办公厅关于促进建筑业持续健康发展的意见》（国办发〔2017〕19号）强调要"建立健全与建筑业相适应的社会保险参保缴费方式，大力推进建筑施工单位参加工伤保险"，明确了做好建筑行业工程建设项目农民工职业伤害保障工作的政策方向和制度安排。《人力资源社会保障部办公厅关于进一步做好建筑业工伤保险工作的通知》（人社厅函〔2017〕53号）等规范性文件还要求，完善符合建筑业特点的工伤保险参保政策，大力扩展建筑企业工伤保险参保覆盖面，推广采用按建设项目参加工伤保险制度。即针对建筑行业的特点，建筑施工企业对相对固定的职工，应按用人单位参加工伤保险；对不能按用人单位参保、建筑项目使用的建筑业职工特别是农民工，按项目参加工伤保险。因此，包括"包工头"在内的所有劳动者按项目参加工伤保险，扩展建筑企业工伤保险参保覆盖面，符合建筑工程领域工伤保险制度发展方向。

3. 将"包工头"纳入工伤保险对象范围，符合"应保尽保"的工伤保险制度立法目的

考察《工伤保险条例》相关规定，工伤保险制度的目的在于保障因工作遭受事故伤害或者患职业病的职工获得医疗救治和经济补偿，促进工伤预防和职业康复，分散用人单位的工伤风险。《工伤保险条例》第二条规定："中华人民共和国境内的企业、事业单位、社会团体、民办非企业单位、基金会、律师事务所、会计师事务所等组织和有雇工的个体工商户应当依照本条例规定参加工伤保险，为本单位全部职工或者雇工缴纳工伤保险费。中华人民共和国境内的企业、事业单位、社会团体、民办非企业单位、基金会、律师事务所、会计师事务所等组织的职工和个体工商户的雇工，均有依照本条例的规定享受工伤保险待遇的权利。"显然，该条强调的"本单位全部职工或者雇工"，并未排除个体工商户、"包工头"等，特殊的用工主体自身也应当参加工伤保险。易言之，无论是工伤保险制度的建立本意，还是工伤保险法规的具体规定，均没有也不宜将"包工头"排除在工伤保险范围之外。"包工头"作为劳动者，处于违法转包、分包利益链条的最末端，参与并承担着施工现场的具体管理工作，有的还直接参与具体施工，其同样可能存在于工作时间、工作地点因工作原因而伤亡的情形。"包工头"因工伤亡，与其聘用的施工人员因工伤亡，就工伤保险制度和工伤保险责任而言，并不

存在本质区别。如人为限缩《工伤保险条例》的适用范围，不将"包工头"纳入工伤保险范围，将形成实质上的不平等；而将"包工头"等特殊主体纳入工伤保险范围，则有利于实现对全体劳动者的倾斜保护，彰显社会主义工伤保险制度的优越性。

4. "包工头"违法承揽工程的法律责任，与其参加社会保险的权利之间并不冲突

《中华人民共和国社会保险法》第一条规定："为了规范社会保险关系，维护公民参加社会保险和享受社会保险待遇的合法权益，使公民共享发展成果，促进社会和谐稳定，根据宪法，制定本法。"第三十三条规定："职工应当参加工伤保险，由用人单位缴纳工伤保险费，职工不缴纳工伤保险费。"工伤保险作为社会保险制度的一个重要组成部分，由国家通过立法强制实施，是国家对职工履行的社会责任，也是职工应该享受的基本权利。不能因为"包工头"违法承揽工程违反建筑领域法律规范，而否定其享受社会保险的权利。承包单位以自己的名义和资质承包建设项目，又由不具备资质条件的主体实际施工，从违法转包、分包或者挂靠中获取利益，由其承担相应的工伤保险责任，符合公平正义理念。当然，承包单位依法承担工伤保险责任后，在符合法律规定的情况下，可以依法另行要求相应责任主体承担相应的责任。

总之，将"包工头"纳入工伤保险范围，并在其因工伤亡时保障其享受工伤保险待遇的权利，由具备用工主体资格的承包单位承担用人单位依法应承担的工伤保险责任，符合工伤保险制度的建立初衷，也符合《工伤保险条例》及相关规范性文件的立法目的。英德市人社局认定梁某某在工作时间和工作岗位突发疾病死亡，应由建安公司承担工伤保险责任，具有事实和法律依据。

四、课程思政解读

"刘某诉广东省英德市人民政府行政复议案"至少涉及三个课程思政元素：一是"坚持以人民为中心"的发展思想；二是社会主义核心价值观中的"公平"原则；三是社会主义核心价值观中的"平等"原则。

（一）理解"坚持以人民为中心"的发展思想

"坚持以人民为中心"是我们党领导法治建设历史经验的深刻总结，是习近平法治思想的核心要义之一。党的二十大报告强调，前进道路上，必须牢牢把握坚持以人民为中心的发展思想这一重大原则，并对增进民生福祉、提高人民生活品质作出战略部署。人民法院要以习近平法治思想为指引，深入学习贯彻党的二十大精神，坚持以人民为中心的发展思想，站稳人民立场、坚持人民至上、践行司法为民，切实维护人民群众合法权益，让人民群众真正感受到公平正义就在身边。

建筑业行业汇集了诸多容易导致职业安全问题且工伤率较高的因素，而农民工是建筑领域一线工人的主体力量。据此，党中央、国务院高度重视建筑业农民工工伤权益保障问题，如 2005 年原劳动和社会保障部《关于确立劳动关系有关事项的通知》（劳社部发〔2005〕12 号）第四条规定"建筑施工、矿山企业等用人单位将工程（业务）或经营权发包给不具备用工主体资格的组织或自然人，对该组织或自然人招用的劳动者，由具备用工主体资格的发包方承担用工主体责任"；2013 年《人力资源和社会保障部关于执行〈工伤保险条例〉若干问题的意见》（人社部发〔2013〕34 号）第七点规定"具备用工主体资格的承包单位违反法律、法规规定，将承包业务转包、分包给不具备用工主体资格的组织或者自然人，该组织或者自然人招用的劳动者从事承包业务时因工伤亡的，由该具备用工主体资格的承包单位承担用人单位依法应承担的工伤保险责任"；2014 年《最高人民法院关于审理工伤保险行政案件若干问题的规定》（法释〔2014〕9 号）第三条第一款第（四）项规定"用工单位违反法律、法规规定将承包业务转包给不具备用工主体资格的组织或者自然人，该组织或者自然人聘用的职工从事承包业务时因工伤亡的，用工单位为承担工伤保险责任的单位"。以上相关规定明确了具备用工主体资格的承包单位违反法律法规规定，将承包业务转包、分包给不具备用工主体资格的自然人，该自然人招用的劳动者或者聘用的职工因工伤亡的，由具备用工主体资格的承包单位承担工伤保险责任。

（二）深刻把握社会主义核心价值观之"公平"原则

实现社会公平正义是中国共产党人的一贯主张。中国共产党从诞生之日起，就以追求和实现公正为己任。中华人民共和国的成立和社会主义基本制度的建立，为实现社会公正提供了政治前提和制度基础。当下，以习近平同志为核心的党中央，在实现中华民族伟大复兴的中国梦，推进社会主义经济、政治、文化、社会、生态文明建设"五位一体"总布局中，着力探索具有中国特色的社会主义公正理念、规则和实现体系，要求大力加强法治建设，并提出"努力让人民群众在每一个司法案件中都能感受到公平正义，保证中国特色社会主义事业在和谐稳定的社会环境中顺利推进"。党的十八届三中全会特别强调，要"促进社会公平正义深化社会体制改革"，"让一切创造社会财富的源泉充分涌流，让发展成果更多更公平惠及全体人民"。本案生效裁判结果正是对社会主义核心价值观之"公平"原则的生动诠释。

法院生效裁判认为，承包单位以自己的名义和资质承包建设项目，又由不具备资质条件的主体实际施工，从违法转包、分包或者挂靠中获取利益，由其承担相应的工伤保险责任，符合公平正义理念。另外，承包单位建安公司依法承担工伤保险责任后，在符合法律规定的情况下，可以依法另行要求相应责任主体承担相应的责任。比如，如果承包单位建安公司按照法律要求履行了参保责任，根据《工伤保险条例》第三十九条"职工因工死亡，其近亲属按照下列规定从工伤保险基金领取丧葬补助金、供养亲属抚恤金和一次性工亡补助金"，其承担的工伤保险责任就通过风险分担、互助共济原则实现了分散风险的功能。

(三) 深刻把握社会主义核心价值观之"平等"原则

本案将"包工头"纳入工伤保险范围，是社会主义核心价值观之"平等"原则的生动诠释。本案中，法院生效裁判认为，将"包工头"纳入工伤保险对象范围，符合"应保尽保"的工伤保险制度立法目的。"包工头"作为劳动者，处于违法转包、分包利益链条的最末端，参与并承担着施工现场的具体管理工作，有的还直接参与具体施工，其同样可能存在于工作时间、工作地点因工作原因而伤亡的情形。"包工头"因工伤亡，与其聘用的施工人员因工伤亡，就工伤保险制度和工伤保险责任而言，并不存在本质区别。将"包工头"等特殊主体纳入工伤保险范围，有利于实现对全体劳动者的倾斜保护，体现了社会主义核心价值观之"平等"原则。

🗨 五、问题拓展讨论

（一）延伸阅读

劳动与社会保障事关一国公民的基本权利，因此，在劳动法和社会保障法的制定和实施过程中，强调用人单位应当承担社会责任，从而凸显出该法律部门的社会法属性。通过典型案例的教学，学生可以清晰地认识到这一点。"刘某诉广东省英德市人民政府行政复议案"终审判决，不仅充实了有关条款的具体适用，也强调了有关社会责任的司法保障。最高人民法院公布的另一指导案例——指导案例第 94 号"重庆市涪陵志大物业管理有限公司诉重庆市涪陵区人力资源和社会保障局劳动和社会保障行政确认案"亦为视同工伤的典型案例。该案例中，罗某的救人行为属于为保护公共利益的见义勇为行为，生效裁判确认人社部门作出的视同工伤决定合法有效。通过本案例的学习，领会劳动法和社会保障法的基本精神，包括对维护社会公德、保护社会公益的行为的肯定，有利于落实社会责任，给予受害职工社会救济，使正义行为发扬光大，最终保障国家、公众的整体利益。

指导案例第 94 号"重庆市涪陵志大物业管理有限公司诉重庆市涪陵区人力资源和社会保障局劳动和社会保障行政确认案"具体如下。

【基本案情】罗某系重庆市涪陵志大物业管理有限公司（以下简称涪陵志大物业公司）保安。2011 年 12 月 24 日，罗某在涪陵志大物业公司服务的圆梦园小区上班（24 小时值班）。8 时 30 分左右，在兴华中路宏富大厦附近有人对一过往行人实施抢劫，罗某听到呼喊声后立即拦住抢劫者的去路，要求其交出抢劫的物品，在与抢劫者博斗的过程中，不慎从 22 步台阶上摔倒在巷道拐角的平台上受伤。罗某于 2012 年 6 月 12 日向被告重庆市涪陵区人力资源和社会保障局（以下简称涪陵区人社局）提出工伤认定申请。涪陵区人社局当日受理后，于 2012 年 6 月 13 日向罗某发出《认定工伤中止通知书》，要求罗某补充提交见义勇为的认定材料。2012 年 7 月 20 日，罗某补充了见义勇为相关材料（重庆市涪陵区社会管理综合治理委员会对罗某的行为进行了表彰，并作出了涪综治委发〔2012〕5 号《关于表彰罗某同志见义勇为行为的通报》）。涪陵区人社局核实后，根据《工伤保险条例》第十四条第七项之规定，于 2012 年 8 月 9 日作出涪人社伤险认决字〔2012〕676 号《认定工伤决定书》，认定罗某所受之伤属于因工受伤。涪陵志大物业公司不服，向法院提起行政诉讼。在诉讼过程中，涪陵区人社局作出《撤销工伤认定决定书》，并于 2013 年 6 月 25 日根据《工伤保险条例》第十五条第一款第（二）项之规定，作出涪人社伤险认决字〔2013〕524 号《认定工伤决定书》，认定罗某受伤属于视同因工受伤。涪陵志大物业公司仍然不服，于 2013 年 7 月 15 日向重庆市人力资源和社会保障局申请行政复议，重庆市人力资源和社会保障局于 2013 年 8 月 21 日作出渝人社复决字〔2013〕129 号《行政复议决定书》，予以维持。涪陵志大物业公司认为涪陵区人社局的认定决定适用法律错误，罗某所受伤依法不应认定为工伤。遂诉至法院，请求判决撤销《认定工伤决定书》，并责令被告重新作出认定。

【裁判结果】重庆市涪陵区人民法院于 2013 年 9 月 23 日作出（2013）涪法行初字第 00077 号行政判决，驳回涪陵志大物业公司要求撤销被告作出的涪人社伤险认决字〔2013〕524 号《认定工伤决定书》的诉讼请求。一审宣判后，双方当事人均未上诉，裁判现已发生法律效力。

【裁判理由】法院生效裁判认为：被告涪陵区人社局是县级劳动行政主管部门，根据国务院《工伤保险条例》第五条第二款规定，具有受理本行政区域内的工伤认定申请，并根据事实和法律作出是否工伤认定的行政管理职权。被告根据第三人罗某提供的重庆市涪陵区社会管理综合治理委员会《关于表彰罗某同志见义勇为行为的通报》，认定罗某在见义勇为中受伤，事实清楚，证据充分。罗某不顾个人安危与违法犯罪行为做斗争，既保护了他人的个人财产和生命安全，也维护了社会治安秩序，弘扬了社会正气。法律对于见义勇为，应当予以大力提倡和鼓励。

《工伤保险条例》第十五条第一款第（二）项规定，职工在抢险救灾等维护国家利益、公共利益活动中受到伤害的，视同工伤。据此，虽然职工不是在工作地点、因工作原因受到伤害，但其是在维护国家利益、公共利益活动中受到伤害的，也应当按照工伤处理。公民见义勇为，跟违法犯罪行为做斗争，与抢险救灾一样，同样属于维护社会公共利益的行为，应当予以大力提倡和鼓励。因见义勇为、制止违法犯罪行为而受到伤害的，应当适用《工伤保险条例》第十五条第一款第（二）项的规定，即视同工伤。

另外，《重庆市鼓励公民见义勇为条例》为重庆市地方性法规，其第十九条、第二十一条进一步明确规定，见义勇为受伤视同工伤，享受工伤待遇。该条例上述规定符合《工伤保险条例》的立法精神，有助于最大限度地保障劳动者的合法权益、最大限度地弘扬社会正气，在本案中应当予以适用。

（二）延伸思考

（1）工伤保险制度哪些规则体现了风险分担、互助共济原则？与社会主义核心价值观有何关联？

（2）在符合"三工"原则的典型工伤之外，我国《工伤保险条例》规定三类视同工伤的立法目的有哪些？与社会主义制度的优越性有何关联？

👍 六、阅读文献推荐

（1）《劳动与社会保障法学》编写组：《劳动与社会保障法学》（第 2 版），高等教育出版社，2018 年。

（2）齐斌：《劳动与社会保障法案例百选》，高等教育出版社，2021 年。

（3）鲁桂华：《工伤保险行政纠纷典型案例解析》，中国法制出版社，2022 年。

（4）中国医疗保险研究会工伤保险专业委员会：《中国工伤保险理论研究与实践探索——2018 年全国工伤保险研究优秀论文集》，中国劳动社会保障出版社，2020 年。

（5）沈建峰：《捆绑、分离抑或第三条道路——论劳动关系与社会保险的关系》，《法学评论》2022 年第 5 期。

（6）胡京：《工伤认定的法律逻辑——法教义学的观察》，《西南民族大学学报（人文社会科学版）》2021 年第 8 期。

（7）杜强强：《论合宪性解释的法律对话功能——以工伤认定为中心》，《法商研究》2018 年第 1 期。

市场机制中的诚信与自由

案例 10：新疆某大学诉谢某人事争议案

⚠ 一、知识点提要

本案涉及劳动法的概念和调整对象、劳动合同的概念和特点、劳动合同的生效、劳动合同的履行原则、劳动人事争议仲裁前置程序、劳动人事争议仲裁时效等基本知识点。

（一）劳动法的概念和调整对象

1. 劳动法的概念

劳动法是调整劳动关系及与劳动关系有密切联系的其他社会关系的法律规范的总称。

2. 劳动法的调整对象

劳动法的调整对象准确划定了劳动法律制度发生作用的边界。劳动法调整的对象包括两类社会关系：一是劳动关系，二是与劳动关系有密切联系的其他社会关系。

根据《中华人民共和国劳动合同法》（以下简称《劳动合同法》）第九十六条之规定，在法律、行政法规或者国务院未作另有规定时，事业单位与实行聘用制的工作人员之间有关订立、履行、变更、解除或者终止劳动合同方面的社会关系也适用劳动法调整。因此劳动法的调整对象包括人事关系。

（二）劳动合同的概念和特点

1. 劳动合同的概念

劳动合同是劳动者与用人单位确立从属劳动关系、明确双方权利义务的协议。

2. 劳动合同的特点

与一般民事合同相比，劳动合同具有如下特点：（1）从属性合同。劳动关系是一种从属性关系，劳动者虽然有选择用人单位和缔约与否的自由，但劳动合同的内容和履行体现为劳动者在人格上、组织上和经济上相对于用人单位的从属性地位。（2）继续性合同。劳动合同约定的权利义务在劳动关系存续期间持续性存在，合同目的不能通过当事人之间的一次性履行来实现。（3）不完全合同。合同内容能否完全，取决于缔约时当事人双方对合同未来运行期间可能发生的与合同运行有关的各种情况能否完全预期。劳动合同属于不完全合同。（4）关系性合同。在劳动合同的两个层次的功能中，确立劳动关系的功能处于优先地位。这是因为作为继续性合同，劳动合同运行是一个动态的过程，合同内容相对于未来合同运行全过程的劳动关系内容而言不可能具有完全性，故当事人双方在缔约时合意的重点，一般放在是否与对方建立劳动关系、确定劳动关系的期限和形式等劳动关系的运行规则上，而不会放在劳动关系的具体内容上。（5）附合合同。劳动合同就其合意形式和过程而言，属于附合合同。其附合性通常表现为：一是缔约附合性，即劳动者对用人单位提出的劳动合同条款往往只可表示接受或不接受；二是劳动条件附合性，即劳动者在缔约时往往只能接受用人单位现有的劳动条件，几乎没有讨价还价的机会；三是劳动规章制度附合性，即用人单位已制定的劳动规章制度，在劳动合同订立后就当然成为劳动合同的附件，劳动者在缔约时无权提出修改。劳动合同之所以有很强的附合性，既是基于劳动者的弱势地位，也是基于用人单位节约缔约成本的需要。事业单位与其聘用制工作人员之间订立的聘用合同也具备以上特点。

（三）劳动合同的生效

合同生效即发生当事人所预期的法律效果，表明合同对当事人具有约束力，双方当事人应当履行合同约定的相关义务。劳动合同的生效必须符合法定有效要件，具体包括如下三要件：

1. 劳动合同当事人适格

劳动合同当事人适格要求用人单位和劳动者应当具备法定的主体资格。

2. 劳动合同当事人意思表示真实

意思表示是指行为人将其产生、变更民事权利和民事义务的意思表示于外部的行为。意思表示真实是指表意人的表示行为真实地反映其内心的效果意思。换言之，表示行为应当与效果意思相互一致。意思表示真实是合同生效的重要构成要件。劳动合同的生效要件也包括当事人意思表示真实。

3. 劳动合同内容合法

劳动合同内容合法是指劳动合同内容符合法律、行政法规强制性规定的要求，不违反社会公共利益、社会公德，符合劳动条件基准法、集体合同的规定。

（四）劳动合同的履行原则

1. 全面履行原则

《劳动合同法》第二十九条规定："用人单位与劳动者应当按照劳动合同的约定，全面履行各自的义务。"此即劳动合同的全面履行原则。劳动合同的内容是一个整体，合同条款之间的内在联系不能割裂。全面履行原则要求合同当事人必须适当地履行合同的全部条款和各自承担的全部义务，既要按照合同约定的标的及其种类、数量和质量履行，又要按照合同约定的时间、地点和方式履行，即履行无瑕疵。

2. 诚实信用原则

诚实信用要求人们讲信用、诚实不欺，在不损害他人利益和社会利益的前提下追求自己的利益。诚实信用原则在民法领域被称为"帝王条款"。在劳动与社会保障法领域，诚实信用原则要求劳动合同双方当事人在行使权利、履行义务的时候诚实信用。在劳动法律中引入诚实信用原则，倡导诚信缔约、诚信履行，对于维护正常的劳动用工秩序、推动社会经济秩序健康有序发展有着重要的意义。

（五）劳动人事争议仲裁前置程序

我国劳动人事争议仲裁兼具行政性和准司法性。一方面，我国劳动人事争议仲裁委员会按"三方原则"组建，劳动人事争议仲裁机构属于半官方性质。另一方面，劳动人事争议仲裁委员会也有准司法性，劳动人事争议仲裁机构虽然不是司法机关的组成部分，但劳动人事争议仲裁是劳动人事争议案件进入司法审理的前提和必经程序，不经劳动人事争议仲裁不能向人民法院提起诉讼。

（六）劳动人事争议仲裁时效

劳动争议申请仲裁的时效期间为1年，从当事人知道或者应当知道其权利被侵害之日起计算。劳动关系存续期间因拖欠劳动报酬发生争议的，劳动者申请仲裁不受前述仲裁时效期间的限制；但是，劳动关系终止的，应当自劳动关系终止之日起一年内提出。

劳动仲裁时效属于可变期间，根据《中华人民共和国劳动争议调解仲裁法》第二十七条规定，劳动仲裁诉讼时效期间在遇到特定的情形时，可以发生中止、中断的法律效果。劳动仲裁时效中断事由为：第一，当事人一方向对方当事人主张权利；第二，向有关部门请求权利救济；第三，对方当事人同意履行义务。劳动仲裁中止的事由为不可抗力或者有其他正当理由。

根据最高人民法院《关于人民法院审理事业单位人事争议案件若干问题的规定》（法释〔2003〕13号）等相关规定，人事争议仲裁时效期间与劳动争议仲裁时效期间相同。

二、案例介绍

2005年7月，谢某硕士研究生毕业后被作为人才引进到新疆某大学担任讲师。2011年5月，谢某享受国家对口支援政策，由新疆某大学推荐到浙江某大学攻读博士学位。浙江某大学、新疆某大学、谢某签订三方协议《对口支援高等学校定向培养攻读博士学位研究生协议书》，约定浙江某大学依据2010年《教育部办公厅关于对口支援高校申请定向培养博士、硕士研究生单独招生指标办法等有关工作的通知》为新疆某大学定向培养相关人才，谢某毕业后须回新疆某大学工作，服务期8年。2011年8月，谢某与新疆某大学签订《新疆某大学在职人员攻读博士学位研究生协议书》，约定谢某的学习期限为4年（2011年6月至2015年7月），毕业后回新疆某大学工作不少于8年；如违约则需支付违约金。谢某读博期间，新疆某大学仍向其发放基本工资。

2015年6月，谢某顺利取得浙江某大学博士毕业证、学位证。2017年

3月，谢某博士毕业1年多后即向新疆某大学提出辞职（尚有6年多服务期待履行），新疆某大学以服务期尚未履行完毕拒绝。2017年5月，谢某到四川某大学任教。

2019年11月，新疆某大学向第一师阿拉尔市劳动人事争议仲裁院提交《仲裁申请书》，请求谢某承担提前离职的违约金291245.1元。第一师阿拉尔市劳动人事争议仲裁委员会于2019年11月7日作出师市劳人仲不字〔2019〕12号《不予受理通知书》：对新疆某大学提起的仲裁申请不予受理。

2019年11月20日，新疆某大学向新疆生产建设兵团阿拉尔垦区人民法院提起诉讼，请求谢某承担提前离职的违约金291245.1元。针对新疆某大学的诉讼请求，谢某答辩意见如下：第一，本案已超过仲裁时效；第二，《对口支援高等学校定向培养攻读博士学位研究生协议书》和《新疆某大学在职人员攻读博士学位研究生协议书》中约定的违约金计算公式和依据违反劳动法；第三，新疆某大学主张的29万余元的违约金中，大都属于工资和福利津贴，新疆某大学以违约金形式要求返回的主张违反劳动法的规定。此外，谢某在答辩期内提起反诉，请求新疆某大学赔偿因人事档案未能及时转入新入职高校四川某大学而造成其直接经济损失27万元及住房补偿8万元、2016年全年的科研奖励及绩效共5万元、博士毕业后的住房补贴1.5万元，合计41.5万元。

新疆生产建设兵团阿拉尔垦区人民法院于2020年4月2日作出（2019）兵0103民初2156号民事判决：第一，谢某向新疆某大学赔偿各项费用291245.1元；第二，驳回谢某的反诉。

谢某不服（2019）兵0103民初2156号民事判决，向新疆生产建设兵团第一师中级人民法院提起上诉。新疆生产建设兵团第一师中级人民法院于2020年9月27日作出（2020）兵01民终135号民事判决：驳回上诉，维持原判。即谢某应当向新疆某大学支付服务期违约金291245.1元。

三、案例分析

本案主要争议焦点：第一，本案仲裁时效应当如何认定；第二，本案《对口支援高等学校定向培养攻读博士学位研究生协议书》和《新疆某大学在职人员攻读博士学位研究生协议书》中的违约金条款效力应当如何认定；第三，谢某要求新疆某大学赔偿其经济损失的请求是否应得到支持。

（一）本案仲裁时效的认定

法院生效裁判认为，本案关联案例"谢某诉新疆某大学劳动合同纠纷案"中，一审法院查明谢某在新疆某大学的服务期虽然尚未届期，但该一审法院根据谢某已经入职四川某大学的既成事实，于 2019 年 2 月 28 日判决确认谢某与新疆某大学之间的人事聘用合同关系得以解除；新疆某大学提出上诉，二审法院于 2019 年 9 月 23 日作出判决维持原判。① 因此，新疆某大学要求谢某支付提前离职违约金的仲裁时效，应当从该二审判决送达新疆某大学之日的次日起算。

本案中，新疆某大学要求谢某赔偿服务期未满导致的违约金的仲裁申请时间为 2019 年 11 月 4 日，距离仲裁时效起算之日仅 1 个月余，尚在法定 1 年的仲裁时效期间内。因此，谢某答辩称新疆某大学主张的违约金请求已经超过时效不成立。

（二）案涉违约金条款效力的认定

案涉违约金条款符合劳动合同的生效要件，具体体现为订约主体适格、双方意思表示真实、内容合法。

法院生效裁判认为，本案《对口支援高等学校定向培养攻读博士学位研究生协议书》和《新疆某大学在职人员攻读博士学位研究生协议书》中的违约金条款，系浙江某大学、新疆某大学依照教育部文件，为对口支援高校单独招生、定向培养人才的同时，与培养对象就最低服务期条款作出的具体约定，该协议内容与我国现行法律法规并不相悖，故两份协议书依法有效。

谢某到浙江某大学读取博士，并非其通过正常的高校录取博士研究生途径考取，而是利用国家对西部的倾斜照顾政策由新疆某大学推荐录取。谢某应当受读博前所签协议规定的最低服务期及违约后经济赔偿的约束；其违反约定未履行服务期 8 年，应当按照协议的约定承担违约责任。读博前的谢某硕士研究生毕业，应当具有一定的法律认知，如果其认为该协议最低服务期及其他内容违法，完全可以不签协议不去（违法）读博，从而避免将来受他人"违法约束"。《劳动合同法》第二十二条对服务期作出了规定："用人单

---

① 参见（2020）兵 01 民终 135 号民事判决书、（2018）兵 0103 民初 1114 号民事判决书、（2019）兵 01 民终 291 号民事判决书。

位为劳动者提供专项培训费用，对其进行专业技术培训的，可以与该劳动者订立协议，约定服务期。劳动者违反服务期约定的，应当按照约定向用人单位支付违约金。违约金的数额不得超过用人单位提供的培训费用。用人单位要求劳动者支付的违约金不得超过服务期尚未履行部分所应分摊的培训费用。用人单位与劳动者约定服务期的，不影响按照正常的工资调整机制提高劳动者在服务期期间的劳动报酬。"

本案中，双方协议书中并未约定具体的培养费用（包括政策倾斜给培养对象带来的隐形红利等），在国家大力扶持西部偏远、落后、民族地区高校的政策背景下，谢某利用处在祖国西部民族地区新疆某大学的资源，就读对口支援名校取得博士学位证、毕业证后毁约的行为，会带来后续不良的示范作用，确实给新疆某大学造成了一定的损失。对于西部院校而言，内地高校对口支援定向培养博士的名额属稀缺资源，谢某占用名额完成博士学业后，不履行双方有关服务期的约定，且谢某尚未与新疆某大学解除劳动合同时就与其他单位建立劳动关系，违反了诚实信用原则，给新疆某大学造成了实际损失和读博专项指标名额被占用等隐性损失，因此新疆某大学在谢某违约后，有权依据相关协议中的违约金条款要求谢某承担损失赔偿责任。

（三）关于谢某要求新疆某大学赔偿其经济损失的请求是否应得到支持的问题

1. 谢某反诉请求新疆某大学发放 2016 年科研津贴及绩效，违反一事不再理原则

本案关联案例"谢某诉新疆某大学劳动合同纠纷案"中，谢某已经就2016 年科研津贴及绩效提出诉讼请求，新疆生产建设兵团第一师中级人民法院于 2019 年 9 月 23 日依法作出（2019）兵 01 民终 291 号民事判决书，对谢某主张的该项请求作出了终审裁判。现谢某再次提出该请求，违反一事不再理原则。

2. 有关谢某反诉请求未及时转移人事档案造成其直接经济损失及住房补贴、住房补偿的问题

本案中，谢某作为劳动合同一方当事人，应当按约履行合同义务，因谢某不履行劳动合同单方违约而造成的损失，应当由谢某自行承担，而不应要求守约方新疆某大学承担违约方的损失。

有关谢某主张博士毕业后的 1.5 万元住房补贴、8 万元住房补偿的诉讼

请求，因谢某未就该问题提起劳动人事争议仲裁，不符合劳动人事争议仲裁前置程序。

 四、课程思政解读

本案至少涉及 4 个课程思政元素：一是诚信劳动价值观；二是国家保护劳动者享有劳动自由；三是"和谐"劳动关系需要劳动者和用人单位共同加以构建；四是理解民族平等、民族团结、各民族共同繁荣的国家政策。

（一）诚信劳动价值观

诚信劳动价值观要求劳动者和用人单位订立、履行劳动合同应当诚实、守信用，正当行使权利和履行义务。在订立劳动合同时，不得有欺诈行为，双方均应如实告知对方基本情况。如用人单位应当告知劳动者工作内容、工作条件、工作地点、职业危害、安全生产状况、劳动报酬，以及劳动者要求了解的其他情况；劳动者应当告知用人单位健康状况、知识技能、学历、职业资格、工作经历及部分与工作有关的劳动者个人情况。在履行劳动合同时，要守信用、按照劳动合同约定条款自觉全面履行义务。

本案中，谢某到浙江某大学读取博士，并非其通过正常的高校录取博士研究生途径考取，而是利用国家对西部的倾斜照顾政策由新疆某大学推荐录取。按照教育部、国家发展改革委、国家民委、财政部、人事部《关于大力培养少数民族高层次骨干人才的意见》《培养少数民族高层次骨干人才计划的实施方案》等相关规定，谢某博士学籍是按照"定向招生、定向培养、定向就业"的要求，采取"自愿报考、统一考试、适当降分、单独统一划线"等特殊措施获得的。国家规定该类拟录取考生在录取之前均需签订定向培养和就业协议。毕业生一律按定向培养和就业协议到定向地区和单位就业，硕士服务期限为 5 年，博士为 8 年。毕业生不能按约就业者，要向培养单位和定向地区、单位支付违约金。

《对口支援高等学校定向培养攻读博士学位研究生协议书》是新疆某大学（定向单位）、谢某与浙江某大学（博士培养学校）按照国家政策签订的三方协议，《新疆某大学在职人员攻读博士学位研究生协议书》是新疆某大学（定向单位）与谢某按照国家政策签订的双方协议。谢某在签订上述协议后享受了国家对西部的倾斜照顾政策红利读取博士，应当按照诚实信用原则履行毕业后在新疆某大学工作 8 年的服务期约定。但谢某违背诚信原则拒绝履行 8 年服务期，理应按照协议约定向新疆某大学赔偿损失。

(二) 国家保护劳动者享有劳动自由

劳动自由是社会主义核心价值观中的"自由"价值观在劳动法领域的具体体现。人的自由全面发展是社会发展与进步的基本标志，也是马克思主义对理想社会的追求。社会发展的实质是人的发展。人的发展只能建立在劳动实践活动的基础之上，而能够促进人的发展的劳动，又只能是人的自由劳动。因此，劳动自由是人的自由发展的基础，只有赋予劳动者劳动自由权，才能实现劳动者所从事的劳动与其特长、兴趣、爱好的结合，才能激发劳动者的劳动热情、激情和创造力，营造出活力竞相迸发的劳动环境，进而使劳动者步入一种将劳动视为快乐生活的精神境界。因此，劳动自由是劳动幸福的本质属性。

本案中，国家政策规定谢某应当按照协议履行毕业后在新疆某大学工作 8 年的服务期约定，但因谢某享有劳动自由，无法通过强迫劳动的方式使其履行 8 年服务期的约定。本案关联案例"谢某诉新疆某大学劳动合同纠纷案"，法院认为谢某在服务期内虽不享有预告解除权，但根据谢某已经辞职的既成事实——已入职新高校四川某大学 2 年有余，双方之间的人事关系无法继续履行，在关联案例判决双方人事关系得以解除的前提下，引发本案争议。① 在关联案例允许谢某享有劳动自由得以解除人事关系的前提下，本案判决谢某因违反诚信原则需按协议约定向新疆某大学赔偿各项损失。

(三) "和谐"劳动关系

劳动关系是否和谐，事关广大职工和企业的切身利益，事关经济发展与社会和谐。党和国家历来高度重视构建和谐劳动关系，制定了一系列法律法规和政策措施并作出工作部署。进入新时代以来，习近平总书记立足于新的历史条件下我国劳动关系所面临的新情况新形势新任务，提出了关于构建和谐劳动关系的一系列重要论述，体现了我们党与时俱进的理论品格，反映出中国共产党人推进劳动关系高质量发展的战略性谋划和系统性思考，是马克思主义劳动关系思想中国化、时代化的最新理论成果。各级党委和政府认真

---

① 参见新疆生产建设兵团第一师中级人民法院（2020）兵 01 民终 135 号民事判决书。

贯彻落实党中央和国务院的决策部署，取得了积极成效，总体保持了全国劳动关系和谐稳定。

和谐人事关系属于和谐劳动关系的范畴，和谐劳动人事关系需要劳动人事关系双方共建。用人单位（聘用单位）作为劳动人事关系中处于相对强势地位的主体，在构建并完善和谐劳动关系中起主要带头作用，同时，劳动者（事业单位受聘人员）也是构建和谐劳动关系的重要力量。

本案中，新疆某大学相关部门应当高度重视并切实保障教师切实利益，强调人文关怀的潜移默化作用，以推动构建和谐的劳动人事关系。学校为教师提供真心与人文关怀时，教师会从心底里加深对学校的认同感和工作参与感，加大工作投入，关注学校的发展，从而形成良性循环，为构建和谐劳动人事关系提供持续的动力与源泉。

谢某作为和谐劳动人事关系的另一方主体，在享受国家对西部的倾斜照顾政策红利后，理应依法依规依政策要求在新疆某大学履行8年服务期。但谢某却违背诚信原则，在博士毕业后不久即要求解除人事关系，这是引起本案纠纷的主要原因，不利于劳动人事关系的和谐稳定。因此，根据生效的法院判决，谢某应当按照双方协议约定，承担违反服务期条款的违约责任，即按新疆某大学向其发放费用的150%承担违约金责任。

（四）民族平等、民族团结、各民族共同繁荣

自中华人民共和国成立以来，党中央、国务院十分关心和重视少数民族人才的培养和使用工作，采取一系列特殊措施培养了一大批少数民族党政干部和各类专业人才。特别是党的十一届三中全会以来，国家在大力扶持少数民族地区发展教育事业的同时，加大了为少数民族地区培养各类人才的工作力度。从20世纪80年代开始，在全国部分重点高校和有关省、自治区的高校开办高校民族班、预科班；从1984年起在内地举办西藏班（校）；从1987年起举办内地高校新疆民族班、预科班；从2000年起举办内地新疆高中班；等等。这些特殊的政策和措施极大地促进了少数民族地区的经济发展、社会进步，增进了各民族的大团结和凝聚力，促进了民族平等、民族团结、各民族共同繁荣，保障了国家安全与边防稳固，体现了我国社会主义制度的优越性，在国内外产生了广泛而深远的影响。

由于社会、历史、自然等原因，与沿海和内地发达地区相比，少数民族地区的社会经济、科技教育和文化等各项事业的发展还有较大的差距，社会

发展仍然比较缓慢，生产力发展水平还比较低，劳动者素质亟待提高，特别是博士、硕士毕业的高层次骨干人才严重匮乏，成为制约当地经济建设和社会发展的重要因素。因此，大力培养少数民族高层次骨干人才是贯彻落实国家西部大开发战略和全面建设小康社会的迫切需要，是贯彻党的民族政策、增强民族团结、维护祖国统一的现实需要，是国家以科教兴国战略推进西部大开发战略的重大举措，是内地高校责无旁贷的政治任务。大力实施西部大开发战略是当前和今后相当一个时期我国经济和社会发展的战略重点。

本案谢某正是在享受了国家对西部的倾斜照顾政策红利后获得了博士录取资格。所以谢某除应赔偿新疆某大学在读博期间向其发放的工资外，还应以该读博期间发放工资的 50% 向新疆某大学赔偿因占用读博指标等政策红利所造成的隐性损失。一审二审法院确定谢某应当承担的违约损失赔偿责任金额虽然完全一致，但一审法院确定谢某承担读博期间发放工资的 50% 的违约金属于违反诚实信用原则的惩罚性违约金，二审法院则确定该读博期间发放工资的 50% 的违约金仍然属于补偿性违约金范畴。二审法院的补偿性违约金定性阐释了国家对少数民族地区的特殊倾斜政策，该政策的目标在于促进"民族平等、民族团结、各民族共同繁荣"。

 五、问题拓展讨论

(一) 延伸阅读

"新疆某大学诉谢某人事争议案"入选最高人民法院"第二批人民法院大力弘扬社会主义核心价值观典型民事案例"，是劳动合同履行诚信原则方面的代表性案例。此外，北京市高级人民法院（以下简称北京高院）于2017年再审判决的"北京阿里巴巴云计算技术有限公司与丁某劳动争议案"，亦是劳动合同履行诚信原则方面的典型案例。

"北京阿里巴巴云计算技术有限公司与丁某劳动争议案"基本案情：

北京阿里巴巴云计算技术有限公司（以下简称阿里巴巴公司）资深经理丁某于2013年1月28日入职，月工资为36000元。

2013年4月19日，丁某通过电子邮件向公司请病假两周，并提交4月18日就诊于北京某医院的诊断证明书、病历手册、医疗费等，北京某医院诊断及建议为：颈椎病，建议休两周。阿里巴巴公司予以批准。

丁某于 2013 年 4 月 19 日前往巴西，阿里巴巴公司发现丁某在微信"朋友圈"中发布和更新了其在巴西游玩的照片。

2013 年 5 月 16 日，阿里巴巴公司以丁某提出两周病假全休申请后当日即赴巴西出境旅游，属提供虚假申请信息并恶意欺骗公司，严重违反公司规章制度，决定立即解除劳动合同。

丁某认为其请病假两周已获得批准，因北京的空气污染比较严重，故出国去巴西休养，要求阿里巴巴公司撤销对其作出的解除劳动合同决定、继续履行劳动合同。

仲裁委员会裁决，阿里巴巴公司作出的解除劳动合同的决定不能成立，双方应继续履行劳动合同。阿里巴巴公司对此裁决持有异议，遂向法院提起诉讼。

法院生效裁判认为，依法保护劳动者合法权益的前提条件是劳动者与用人单位在法律上的平等和相互尊重。劳动者严重违反用人单位的劳动纪律和规章制度，有悖相互尊重和信任，导致劳动合同失去继续履行的基础，按照相关法律规定，用人单位可以解除劳动合同。虽然司法实践中倡导用人单位制定明确的规章制度和劳动纪律，但是不能苛求其对劳动者的日常行为事无巨细地作出规制。对于劳动纪律和规章制度中没有具体涉及的情形，应当遵循民法基本原则加以理解适用，诚实信用原则不但是劳动者应当恪守的社会公德，更是用人单位与劳动者依法建立和履行劳动关系的基石。本案中，丁某于 2013 年 4 月 18 日前往医院就诊，19 日就以自己患有严重颈椎病、医生建议休息为由，向阿里巴巴公司请病假两周，并于当日启程前往巴西。丁某回国后，阿里巴巴公司的工作人员与其谈话时，丁某回避休假地点，仅强调事先已请假，且以公司规章制度没有对员工的休假地点作出限制为由辩解。本案再审庭审中，丁某对于前往巴西期间的行程及是否遵医嘱接受适当的治疗或疗养等问题均予以回避。根据上述事实，法院生效裁判认为，用人单位的规章制度虽然未对劳动者休假地点作出限定，但是劳动者休假期间的行为应当与其请假事由相符。按照一般生活常识判断，阿里巴巴公司有理由质疑丁某请病假的目的并非休养或治疗，丁某在阿里巴巴公司向其了解情况时拒绝提供真实信息，违背诚信原则和企业规章制度，对用人单位的工作秩序和经营管理造成恶劣影响，故阿里巴巴公司以丁某严重违反企业规章制度为由决定与其解除劳动合同合法有效。

北京高院于 2017 年 11 月 22 日作出（2017）京民再 65 号民事判决：

（1）撤销北京市第一中级人民法院（2015）一中民终字第 650 号民事判决及北京市海淀区人民法院（2013）海民初字第 26371 号民事判决；（2）确认阿里巴巴公司与丁某之间的劳动合同于 2013 年 5 月 16 日解除。

（二）延伸思考

（1）在劳动合同履行阶段，诚信原则对劳动合同双方当事人有何意义？

（2）诚信原则在劳动合同订立阶段有何具体体现？

（3）在促进民族平等、民族团结、各民族共同繁荣方面，你还知道哪些具体规定？

（4）"新疆某大学诉谢某人事争议案"中，生效的二审裁判维持原判，即谢某应按新疆某大学发放费用的 150% 承担违约金责任。但在裁判说理方面，一审将谢某承担的违约金定性为惩罚性违约金（按新疆某大学发放费用的 50% 承担违约金责任部分），二审则将其定性为补偿性违约金（按新疆某大学发放费用的 150% 承担的违约金皆属于补偿性违约金），最高人民法院在公布《第二批人民法院大力弘扬社会主义核心价值观典型民事案例》时，未对违约金属性明确定性，请结合劳动合同法相关知识，谈谈你的观点。

👍 六、阅读文献推荐

（1）冯彦君、张帆：《诚实信用基本原则在劳动法上的确立——以实现劳动法法典化为目标》，《吉林大学社会科学学报》2023 年第 5 期。

（2）沈建峰：《论社会主义核心价值观融入劳动争议裁判的路径与方法——以核心价值观入宪为背景》，《苏州大学学报（法学版）》2022 年第 1 期。

（3）李芳、周维浩：《〈劳动合同法〉对社会主义核心价值观的彰显——以诚信观为例》，《广西社会科学》2019 年第 7 期。

（4）问清泓：《民法诚信原则与劳动法适用之博弈论纲——以"奋斗者协议"和"自愿弃保"为例》，《河北法学》2022 年第 2 期。

（5）问清泓：《用人单位劳动规章制度原则新论》，《法治研究》2003 年第 2 期。

共同富裕的司法表达

案例 11：刘某泉等与兴安电业局退休待遇纠纷案

！一、知识点提要

本案例系涉及劳动争议案件受理范围的案件。在对案例展开深入阅读之前，应对与我国的劳动争议处理程序有关的知识点有所了解，特别是劳动争议受案范围的相关规定。除了法律规定之外，还要掌握相关的司法解释规定。

（一）掌握劳动争议的受案范围

准确理解《中华人民共和国劳动争议调解仲裁法》与《最高人民法院关于审理劳动争议案件适用法律问题的解释（一）》关于劳动争议受案范围的规定。

（二）劳动争议的定义

劳动争议又称劳动纠纷，有广义与狭义的区别。广义的劳动争议是指劳动者或用人单位因劳动关系所发生的一切争议。狭义的劳动争议是指劳动者个人与用人单位之间或劳动者团体与用人单位团体之间因劳动权利和劳动义务所发生的争议。

（三）劳动争议的特征

劳动争议主体特定性：现实中往往是一方为劳动者或其团体，另一方为用人单位。

劳动争议内容的多样性：争议内容可能涉及劳动合同的履行、变更、解除和终止，以及工作时间、社会保险、劳动报酬、工伤医疗费等内容。

劳动争议影响的社会性：劳动争议往往涉及劳动者的生存与发展，群体性劳动争议还涉及重大民生问题，处理不好容易引发社会事件。

（四）关于劳动争议受案范围的规定

《中华人民共和国劳动争议调解仲裁法》第二条："中华人民共和国境内的用人单位与劳动者发生的下列劳动争议，适用本法：

（一）因确认劳动关系发生的争议；

（二）因订立、履行、变更、解除和终止劳动合同发生的争议；

（三）因除名、辞退和辞职、离职发生的争议；

（四）因工作时间、休息休假、社会保险、福利、培训以及劳动保护发生的争议；

（五）因劳动报酬、工伤医疗费、经济补偿或者赔偿金等发生的争议；

（六）法律、法规规定的其他劳动争议。"

《最高人民法院关于审理劳动争议案件适用法律问题的解释（一）》法释〔2020〕26 号第一条："劳动者与用人单位之间发生的下列纠纷，属于劳动争议，当事人不服劳动争议仲裁机构作出的裁决，依法提起诉讼的，人民法院应予受理：

（一）劳动者与用人单位在履行劳动合同过程中发生的纠纷；

（二）劳动者与用人单位之间没有订立书面劳动合同，但已形成劳动关系后发生的纠纷；

（三）劳动者与用人单位因劳动关系是否已经解除或者终止，以及应否支付解除或者终止劳动关系经济补偿金发生的纠纷；

（四）劳动者与用人单位解除或者终止劳动关系后，请求用人单位返还其收取的劳动合同定金、保证金、抵押金、抵押物发生的纠纷，或者办理劳动者的人事档案、社会保险关系等移转手续发生的纠纷；

（五）劳动者以用人单位未为其办理社会保险手续，且社会保险经办机构不能补办导致其无法享受社会保险待遇为由，要求用人单位赔偿损失发生的纠纷；

（六）劳动者退休后，与尚未参加社会保险统筹的原用人单位因追索养老金、医疗费、工伤保险待遇和其他社会保险待遇而发生的纠纷；

（七）劳动者因为工伤、职业病，请求用人单位依法给予工伤保险待遇发生的纠纷；

（八）劳动者依据劳动合同法第八十五条规定，要求用人单位支付加付赔偿金发生的纠纷；

（九）因企业自主进行改制发生的纠纷。"

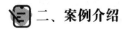二、案例介绍

（一）案件摘要

　　本案例以离岗退养职工的权益保护为切入点，通过保护其劳动报酬权，体现共同富裕是社会主义的本质要求。我国社会主义市场经济发展过程中，国务院制定的重要改革措施需要严格执行。离岗退养协议中就有贯彻执行国有企业改革政策性质的内容，这些方面的问题确实需要由有关部门按照企业改制的政策统筹解决；但协议中也有用人单位和劳动者之间通过协议确定工资待遇的内容，如离岗退养职工享受普调性工资待遇的约定。工资是劳动合同的重要组成部分，确定工资标准的内容具有劳动合同的性质，当事人与用人单位关于是否按照劳动合同约定支付了工资发生争议，经过法定程序起诉之后，人民法院应当受理。

（二）案件背景

　　1993 年国务院制定《国有企业富余职工安置规定》，国有企业开始安置富余职工。2000 年至 2003 年，兴安电业局与刘某泉等 11 名职工签订了《兴安电业局职工离岗退养协议》（以下简称《离岗退养协议》），约定：职工办理离岗退养手续后不得再回工作岗位，属于在册职工，单位发给生活费；离岗退养期间，浮动工资、奖金取消，除享受普调性工资待遇外，不再享受其他增资项目的工资政策，福利按 50% 执行；养老、医疗、住房、失业等待遇按所在单位的在册职工对待，工龄连续计算，达到法定退休年龄办理正式退休手续。兴安电业局改制后走出困境，为在岗职工调整了工资结构、提高了工资数额。刘某泉等 11 人认为他们应当按照《离岗退养协议》的约定，即享受该单位在岗职工的普调性工资待遇，由于工资结构等已经变化，因此在岗职工增长的工资均应视为普调性工资待遇，遂向人民法院提起诉讼，请求判令兴安电业局补发年功工资、效益工资、岗位效益工资、岗位基数工资、

岗位级差工资、岗位工资，共计 601500 元。

（三）基本案情

1993 年国务院颁布的《国有企业富余职工安置规定》中规定：职工距退休年龄不到 5 年的，经本人申请，企业领导批准，可以退出工作岗位休养；职工退出工作岗位休养期间，由企业发给生活费，生活费在企业工资基金中列支。2000 年 3 月 9 日，兴安电业局根据内蒙古电力有限责任公司（以下简称内蒙古电力公司）下发的内电劳〔2000〕8 号《关于职工离岗退养有关问题的通知》（依照《国有企业富余职工安置规定》精神制定），作出兴电人劳〔2000〕6 号《兴安电业局关于职工离岗退养有关问题的通知》：男职工连续工龄满 30 年、女职工连续工龄满 25 年，且属体弱多病不能坚持正常工作或长期待岗的人员，由本人提出申请、单位批准并与本人签订离岗退养协议；离岗退养人员属在册职工，在离岗期间发给生活费，办理离岗退养手续后不得再回工作岗位，到达退休年龄办理正式退休手续。

刘某泉等 11 人于 2000 年至 2003 年陆续与兴安电业局签订了《离岗退养协议》，约定：（1）离岗退养人员在离岗退养期间属在册职工，单位在离岗退养期间发给生活费（具体数额不等），不含三项补贴；（2）三项补贴根据上级规定，按比例代扣代缴，职工离岗退养期间需按规定继续上缴养老金，缴费基数随职工每年收入做相应调整；（3）职工在离岗退养期间涉及的养老、医疗、住房、失业等待遇按所在单位的在册职工对待并进行管理，离岗退养期间工龄连续计算，待达到法定退休年龄办理正式退休手续时，按新办法计算养老金；（4）离岗退养期间，浮动工资、奖金取消，除享受普调性工资待遇外，不再享受其他增资项目的工资政策，福利按 50% 执行；（5）职工办理离岗退养手续后不得再回工作岗位。

内蒙古电力公司分别于 2001 年 3 月 27 日、2002 年 4 月 3 日发出文件，对在职在岗职工的工资结构和数额进行了上调。因离岗退养后的工资待遇问题，刘某泉等 11 人与单位发生争议，多次协商，未达成一致意见。刘某泉等 14 人（包括本案中刘某泉、朱某林等 11 人）于 2006 年 11 月 16 日向兴安盟劳动争议仲裁委员会提出仲裁申请，兴安盟劳动争议仲裁委员会于 2006 年 12 月 21 日作出兴劳仲裁字〔2006〕13 号仲裁裁决书，驳回了申请人的申请要求。

刘某泉等 11 人向人民法院提起诉讼，认为自己已经按照《离岗退养协议》约定退出了工作岗位，《离岗退养协议》明确了退养职工仍为在册职工，就应当享受协议中免除条款之外的同一单位职工共同享受的普调待遇；《离岗退养协议》签订时构成生活费的工资结构经过多次改革已经面目全非，在此情况下，在岗职工增长的工资就应当视为普调性工资待遇，离岗退养职工也应按照在岗职工的标准增加生活费，而兴安电力公司没有按照《离岗退养协议》足额发给工资。请求判令：（1）兴安电业局向刘某泉等11人补发：2006年年末之前应补发的年功工资72180元，2006年年末之前应发的效益工资12600元，2006年年末之前的岗位效益工资99840元，2006年年末之前的岗位基数工资78480元，2006年年末之前的岗位级差工资21960元，2006年年末之前的改革后的岗位工资316440元，共计601500元；（2）兴安电业局将刘某泉等11人养老金、医疗补贴、住房公积金补齐，增补工资记入档案。

内蒙古自治区乌兰浩特市人民法院一审认为，刘某泉等11人与兴安电业局签订了《离岗退养协议》，系双方当事人真实意思表示，应认定为合法有效。11名职工离岗后的工资待遇，应按协议履行并区别于在岗职工。除岗位工资、达标工资、浮动工资等以外的其他工资待遇，应与在岗职工保持基本一致，以保证离岗退养人员家庭的正常生活。11名职工离岗以后，兴安电业局对在岗职工的工资进行了上调，应当视为系统内工资的普调。11名职工虽签订《离岗退养协议》，但并未达到法定退休年龄，未办理正式退休手续，应当享受其部分待遇，以保证11名职工离岗退养后的合法权益。兴安电业局于2006年已经对11名职工岗位工资按照上级机关文件进行上调和补发，故该项诉请不予支持。离岗退养期间只发生活费，当时生活费的工资构成在改革前包括技能工资、岗位工资、年功工资和效益工资4部分，后经工资改革，技能工资与效益工资合并为技能工资。《离岗退养协议》未对除生活费外的其他工资进行特别约定，故11名职工请求补发岗位效益工资、岗位级差工资、岗位基数工资的诉讼请求不当，不予支持。岗位效益工资属于奖励工资性质，不能作为离岗退养人员生活费的基数依据。11名职工未到法定退休年龄，应将增加后的养老金、住院补贴、医疗补贴、住房公积金、增加工资计入个人的工资档案，待正式退休时作为确定退休后工资的依据，以保护11名职工的合法权益，且该补贴系国家强制规定对职工工资的补助待遇。兴安电业局虽对11名职工离岗退养后的工资进行部分上调，但与上级主管部门的文件精神有一定差距，年功工资在工资制度改革后虽改为技能补偿工资，但其实质为工龄工资，对该项诉请予以支持。对 11 名职工关于效益工资的诉讼请求也予以支持。依据《中华人民共和国劳动法》（以下简称《劳动法》）第三条、第七十八条规定，于 2007 年 6 月 8 日作出〔2007〕乌民初字第 175 号民事判决：（1）兴安电业局给付刘某泉等 11 人年功工资共计72180 元，其中刘某泉 6480 元、朱某林 7380 元、刘某林 7200 元、刘某发6480 元、朴某俊 7200 元、刘某如 6840 元、张某铎 7020 元、王某敏 6300元、赵某田 6120 元、乔某峰 5400 元、胡某智 5760 元；（2）兴安电业局给付 9 人效益工资 12600 元，其中刘某泉、朱某林、朴某俊、刘某如、张某铎、王某敏各 1500 元，赵某田、乔某峰、胡某智各 1200 元（刘某发、刘某林已给付）；（3）兴安电业局将 11 名职工养老金、医疗补贴、住院补贴补齐，增补工资计入档案；（4）驳回刘某泉等 11 人其他诉讼请求。案件受理费 50 元，其他诉讼费 25 元，由兴安电业局承担。

刘某泉等 11 人与兴安电业局均不服，提出上诉。

内蒙古自治区兴安盟中级人民法院二审认为，企业内部退养是国家在国有企业改制时允许企业按照国家有关法规对老职工的照顾而制定的相关政策。1993 年国务院颁布的《国有企业富余职工安置规定》（国务院令第 111号令）是国有企业实行内部职工离岗退养的政策依据。根据《劳动法》第四十七条规定："用人单位根据本单位的生产经营特点和经济效益，依法自主确定本单位的工资分配方式和工资水平。"兴安电业局与刘某泉等 11 人签订的《离岗退养协议》是双方当事人的真实意思表示，但是，兴安电业局的工资项目和标准均由内蒙古电力公司进行确定，兴安电业局无权自行确定，只能执行内蒙古电力公司的相关规定。且根据《国有企业富余职工安置规定》和《劳动法》的规定，在不低于当地最低工资标准的情况下，企业有权根据本单位的生产经营特点和经济效益，依法自主确定本单位的工资分配方式和工资水平。经查，刘某泉等 11 人的工资并没有低于内蒙古自治区的最低生活费标准，即并没有违反国务院《国有企业富余职工安置规定》及《劳动法》的规定，故人民法院对此不宜进行干涉，应由企业自主决定。刘某泉等 11 人主张养老金、医疗补贴、住房公积金补贴、增补工资计入档案，因兴安电业局已经按照规定均计入其个人档案，刘某泉等 11 人也没有提供证据证明兴安电业局没有将养老金、医疗补贴、住房公积金补贴、增补工资计入档案的事实，故刘某泉等 11 人此项请求也无实质意义。本案不属于人民法院民事案件主管范围，刘某泉等 11 人的上诉理由不能成立，兴安电业局的上诉主张有充分证据证实，一审适用法律有误，应予纠正。经审判委员会讨论决定，于2007年11月13日作出（2007）兴民终字第386号民事裁定：（1）撤销乌兰浩特市人民法院（2007）乌民初字第175号民事判决；（2）驳回刘某泉等11人的起诉。一、二审案件受理费115元，一审其他诉讼费25元，由刘某泉等11人负担。

刘某泉等11人申请再审。

内蒙古自治区兴安盟中级人民法院再审认为，兴安电业局隶属于内蒙古电力公司，无权对本单位职工工资进行调整。依据《劳动法》第四十七条的规定，内蒙古电力公司自主确定本单位职工的工资分配方式并不违反法律规定，对职工工资分配执行上级精神并无不当。本案不属于人民法院民事案件主管范围，二审认定事实清楚，适用法律正确。内蒙古自治区兴安盟中级人民法院于2008年5月15日作出（2008）兴中法民再字第29号民事裁定：维持（2007）兴民终字第386号民事裁定。再审案件受理费10元，由刘某泉等11人负担。

刘某泉等11人向内蒙古自治区检察机关申诉。内蒙古自治区人民检察院向内蒙古自治区高级人民法院提出抗诉。

内蒙古自治区高级人民法院再审认为，1993年国务院颁布《国有企业富余职工安置规定》，允许国有企业按照国家有关政策分流企业富余职工。离岗退养就是企业为分流企业下岗人员而采取的企业内部安置形式，是企业制度改革和劳动用工制度改革中出现的特殊现象。兴安电业局与刘某泉等11人签订了《离岗退养协议》，由此引发的纠纷不属于履行劳动合同中的问题，应当由有关部门按照企业改制的政策规定统筹解决，不属于人民法院应当受理的劳动争议案件。刘某泉等11人的诉讼请求实质是要求按照在职在岗职工的工资水平调整其工资档次和工资水平。根据《劳动法》第四十七条"用人单位根据本单位的生产经营特点和经济效益，依法自主确定本单位的工资分配方式和工资水平"的规定，内蒙古电力公司依据法律赋予的权利，自主确定本系统各类职工的工资分配方式和工资水平，并不违反法律法规的规定。兴安电业局隶属于内蒙古电力公司，执行上级文件精神对其职工工资进行调整并无不当。刘某泉等11人的实发工资并没有低于内蒙古自治区的最低生活费标准，在此基础上调整工资水平及工资分配方式，属于企业自主决定的事项，人民法院不应进行干预。刘某泉等11人请求比照本单位在职在岗人员的工资调整政策调整其工资水平，即属于企业内部自主决定事项，不属于人民法院民事案件主管范围，刘某泉等 11 人的申诉理由不能成立。原审裁定认定事实清楚，适用法律正确。内蒙古自治区高级人民法院于 2009 年 8 月 20 日作出（2009）内民提字第 84 号民事裁定：维持内蒙古自治区兴安盟中级人民法院（2008）兴中法民再字第 29 号民事裁定。

刘某泉等 11 人仍不服，向最高人民检察院申诉。

最高人民检察院向最高人民法院提出抗诉，认为：内蒙古自治区高级人民法院作出的（2009）内民提字第 84 号民事裁定适用法律错误。本案讼争双方签订的《兴安电业局职工退养协议》是企业与劳动者关于退养后工资等待遇问题的约定，属于劳动合同性质。依照《中华人民共和国劳动争议处理条例》第二条、第六条的规定，刘某泉等 11 人以兴安电业局未履行《离岗退养协议》为由申请仲裁，在申请被仲裁机构驳回后向人民法院提起诉讼。根据《劳动法》第七十九条、《中华人民共和国企业劳动争议处理条例》第六条和《最高人民法院关于审理劳动争议案件适用法律若干问题的解释》第一条规定，劳动者与用人单位在履行劳动合同过程中发生的纠纷，当事人不服劳动争议仲裁委员会作出的裁决，依法向人民法院起诉的，人民法院应当受理。原审裁定适用《劳动法》第四十七条规定驳回刘某泉等 11 人的起诉，剥夺了刘某泉等 11 人的诉权，属适用法律错误。

兴安电业局答辩称，公司已经按照《离岗退养协议》认真履行完毕，不存在所谓的各项工资补发问题。对于在岗职工出台的工资政策，并不适用于离岗退养人员。离岗退养职工工资按照档案工资管理，必须依据上级单位的文件精神办理，本公司无权进行调整。企业调整工资应由企业自主进行，不属于人民法院受理范围。

最高人民法院认为：本案是在我国国有企业制度改革和劳动用工制度改革过程中出现的，1993 年国务院颁布了《国有企业富余职工安置规定》，目的在于既要通过改革增强企业活力，提高企业经济效益，又要妥善安置国有企业富余职工，保障富余职工的基本生活。《国有企业富余职工安置规定》第九条、第十一条对于退出工作岗位休养的条件、程序、生活费等内容作出了原则规定，刘某泉等 11 人与兴安电业局签订《离岗退养协议》，具有落实上述改革措施的性质。但同时，兴安电业局又在《离岗退养协议》中作出了离岗退养人员享受普调性工资待遇等方面的具体承诺，体现了劳动者与用人单位之间的通过平等协商一致的真实意思表示。该承诺与《劳动法》第四十七条规定的"用人单位根据本单位的生产经营特点和经济效益，依法自主确定本单位的工资分配方式和工资水平"精神并不矛盾，属于用人单位确定工资分配方式和工资水平的一种具体形式。现刘某泉等 11 人与兴安电业局之间就用人单位是否按照双方关于工资待遇等问题的具体约定履行《离岗退养协议》发生争议，属于劳动者与用人单位发生的劳动争议。刘某泉等 11 人不服劳动争议仲裁委员会作出的裁决，依法向人民法院起诉，人民法院应当受理，最高人民检察院抗诉理由成立。原审裁定驳回刘某泉等 11 人的起诉，适用法律不当，本院予以纠正。

《离岗退养协议》系刘某泉等 11 人与兴安电业局之间的真实意思表示，内容不违反法律规定，是有效合同，双方当事人应当按照协议约定履行。岗位效益工资属于奖金性质，按照《离岗退养协议》第四条约定的内容，离岗退养人员的奖金应当取消，故刘某泉等 11 人的该项诉讼请求不予支持。因为《离岗退养协议》中既约定了职工在离岗退养期间发给生活费，又约定了离岗退养人员享受普调性工资待遇，所以除协议明确约定取消的浮动工资和奖金外，其余兴安电业局对在岗职工工资进行改革和调整的部分，应当视为系统内工资的普调。刘某泉等 11 人对于年功工资、效益工资、岗位基数工资、岗位级差工资和岗位工资的诉讼请求，符合《离岗退养协议》关于享受普调性工资待遇的约定，本院均予以支持。一审判决支持刘某泉等 11 人关于年功工资和效益工资诉讼请求的部分，认定事实清楚，适用法律正确，本院予以维持；对生活费以外其他工资（包括岗位基数工资、岗位级差工资）认定事实错误，本院依法进行改判；兴安电业局已经对刘某泉等 11 人岗位工资进行了上调和补发，但未按照《离岗退养协议》的约定进行，本院根据查清的事实作出判决。同时，兴安电业局应当将刘某泉等 11 人的养老金、医疗补贴、住房公积金补齐，将增补工资记入档案。最高人民法院依照《民事诉讼法》第二百零七条第一款，第一百七十条第一款第（一）、（二）、（三）项的规定，判决：

（1）撤销内蒙古自治区高级人民法院（2009）内民提字第 84 号民事裁定，内蒙古自治区兴安盟中级人民法院（2008）兴中法民再字第 29 号民事裁定，内蒙古自治区兴安盟中级人民法院（2007）兴民终字第 386 号民事裁定；

（2）维持内蒙古自治区乌兰浩特市人民法院（2007）乌民初字第 175 号民事判决第一项、第二项、第四项；

（3）变更内蒙古自治区乌兰浩特市人民法院（2007）乌民初字第 175 号

民事判决第三项为：兴安电业局将刘某泉、朱某林、刘某林、刘某发、朴某俊、刘某儒、张某铎、王某敏、赵某田、乔某峰、胡某智的养老金、医疗补贴、住房公积金补齐，增补工资记入档案；

（4）兴安电业局给付刘某泉、朱某林、刘某林、刘某发、朴某俊、刘某儒、张某铎、王某敏、赵某田、乔某峰、胡某智岗位基数工资 78480 元，其中刘某泉、朱某林、刘某林、刘某发、朴某俊、刘某儒、张某铎、王某敏各 7920 元，赵某田、乔某峰、胡某智各 5040 元；

（5）兴安电业局给付刘某泉、朱某林、刘某林、刘某发、朴某俊、刘某儒、张某铎、王某敏、赵某田、乔某峰、胡某智岗位级差工资 21960 元，其中刘某泉、朱某林、刘某林、刘某发、朴某俊、刘某儒、张某铎、王某敏、赵某田、乔某峰各 2040 元，胡某智 1560 元；

（6）兴安电业局给付刘某泉、朱某林、刘某林、刘某发、朴某俊、刘某儒、张某铎、王某敏、赵某田、乔某峰、胡某智岗位工资 316440 元，其中朱某林、张某铎、乔某峰各 15300 元，刘某泉 30420 元，刘某林 43020 元，刘某发 32400 元，朴某俊 38880 元，刘某儒 36360 元，王某敏 23940 元，赵某田 27000 元，胡某智 38520 元。

三、案例分析

本案最终系最高人民检察院向最高人民法院抗诉得以解决。一方面，这对履行改制协议的纠纷是否属于劳动争议案件受案范围有典型意义；另一方面，也对用人单位自主管理权的行使边界具有典型意义。

（一）企业与劳动者关于退养后工资等待遇约定的性质

兴安电业局与原告在《离岗退养协议》中作出了离岗退养人员享受普调性工资待遇等方面的具体承诺，这是劳动者与用人单位之间的通过平等协商一致的真实意思表示，属于劳动合同性质，并不是不具有拘束力的单方意思表示。

（二）离岗退养协议履行纠纷是否属于人民法院受案范围

企业自主改制引发的纠纷属于人民法院受案范围，政府主导的企业改制则不属于人民法院受案范围。但改制过程中签订的涉及劳动权利义务的协议是否属于人民法院受案范围，实践中并不统一。本案例中，最高人民法院明确了这类协议与企业改制是两种不同的行为，协议规定了劳动者与用人单位的权利义务，具备可履行性，这类纠纷属于劳动者与用人单位在履行劳动合同过程中发生的纠纷，当事人不服劳动争议仲裁委员会作出的裁决，依法向人民法院起诉的，人民法院应当受理。

（三）上述约定是否限制了企业自主权

《离岗退养协议》中，刘某泉等11人享受普调性工资待遇的条款，虽未标注明确的工资数额，却是双方当事人通过协商确定下来的工资标准，这同样是单位确定工资的一种具体方式，也符合《劳动法》关于用人单位有权自主确定职工工资的精神，其实两者并不矛盾。工资标准确定了，在没有约定或者法律规定可以改变的情形发生时，就必须按照约定的工资标准履行。刘某泉等11人为使国有企业减轻负担、增加活力，顾全大局，以离岗退养的方式为企业的发展做出了奉献和牺牲。他们在离岗退养之后长期领取基本生活费，生活存在困难，诉讼请求中大部分仅仅是协议中所约定的工资内容。在企业经营转好的情况下，应当使这些依法主张权利的职工与在岗职工共同分享改革成果，除了协议中明确约定不能享有的工资待遇外，应当满足其合理要求。

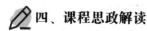

四、课程思政解读

（一）共同富裕是社会主义的本质要求

习近平总书记指出，"实现共同富裕不仅是经济问题，而且是关系党的执政基础的重大政治问题。我们决不能允许贫富差距越来越大、穷者愈穷富者愈富，决不能在富的人和穷的人之间出现一道不可逾越的鸿沟"。党的十八大以来，以习近平同志为核心的党中央"把增进人民福祉、促进人的全面发展、朝着共同富裕方向稳步前进作为经济发展的出发点和落脚点"。可以说国富民强是社会主义现代化国家经济建设的应然状态，是中华民族梦寐以求的美好夙愿，也是国家繁荣昌盛、人民幸福安康的物质基础。本案例中，内蒙古东部电力有限公司兴安电业局经过改制效益变好、利润增加，在对成果进行分配的时候，不仅要考虑到在职职工，还要考虑到离岗退养职工，应当使这些依法主张权利的职工与在岗职工共同分享改革成果，这样一方面可以降低制度性贫富差距，另一方面也能筑牢党的执政基础。本案中，刘某泉等 11 人与兴安电业局签订了《离岗退养协议》，刘某泉等人根据协议有权享受普调性增资。内蒙古电力公司经过改制取得成绩后，分别于 2001 年 3 月 27 日、2002 年 4 月 3 日发出文件，对于在职在岗职工的工资结构和数额进行了上调。那么，刘某泉等人的离岗退养工资亦应当随之上调。最高法最终判决体现了社会主义经济发展要实现共同富裕的宏伟目标。

(二) 诚信是社会主义核心价值观的基础

习近平总书记在党的二十大报告中指出："社会主义核心价值观是凝聚人心、汇聚民力的强大力量。"这一重要论断，深刻阐明了社会主义核心价值观的重要地位和重大意义。诚实信用是立身之本、立国之本，只有全国人民、团体、企事业单位、政府机关等所有主体遵守诚信，整个社会才会进步，民族才有希望，生活才能幸福。本案例中，兴安电业局刘某泉等 11 名职工签订的《离岗退养协议》第四条规定：离岗退养期间，浮动工资、奖金取消，除享受普调性工资待遇外，不再享受其他增资项目的工资政策，福利按 50% 执行。也就是说，兴安电业局承诺了刘某泉等职工在离岗期间可以享受普调性工资待遇。事实上，兴安电业局改制后走出困境，对在岗职工的工资调整了结构、提高了数额，刘某泉等人有权按照协议获得普调工资待遇。兴安电业局应当履行其承诺，最高法的这一判决，充分体现了社会主义核心价值观中的诚信要求，兴安电业局既然已经作出承诺就应当履行，而不是以企业用工自主权等理由抗辩。诚信是社会各方主体都应当遵守的价值观，而不是某部分群体应当遵守的价值观。在劳动争议领域，用人单位和劳动者都应当遵守，只有这样，才能构建一个公正的社会。

五、问题拓展讨论

(1) 劳动法如何贯彻落实共同富裕这一社会主义本质要求？

(2) 现行劳动争议受案范围有哪些不足？

(3) 企业改制过程中的劳动争议如何妥善解决？

👍 六、阅读文献推荐

（1）马克思：《资本论：节选本》，中共中央马克思恩格斯列宁斯大林著作编译局编译，人民出版社，2018年。

（2）林嘉：《劳动法的原理、体系与问题》，法律出版社，2016年。

（3）秦国荣，等：《当代中国劳资伦理法律规制问题研究》，商务印书馆，2021年。

（4）多伊普勒：《数字化与劳动法：互联网、劳动4.0和众包工作》（第6版），王建斌、娄宁、赵为等译，中国政法大学出版社，2022年。

（5）王全兴：《我国〈劳动法典〉编纂若干基本问题的初步思考》，《北方法学》2022年第6期。

"文明"元素的人格尊严表达

案例 12：叶某某与中山顺丰公司解除劳动合同纠纷案

一、知识点提要

本案例涉及解除劳动合同合法性的问题，用人单位依据规章制度解除与劳动者的劳动合同，应当符合法律规定，特别是不能侵犯劳动者人格尊严。在对案例展开分析之前，在宏观层面应对我国劳动合同终止与解除制度有所了解；在微观层面应对具体事由有所知晓。

（一）劳动合同解除的概念

劳动合同解除，是指劳动合同当事人提前消灭劳动合同关系，或者说阻却劳动合同存续的法律行为，其法律后果是使已经生效或成立的劳动合同在劳动合同期限届满之前或当事人丧失主体资格之前失去效力。

（二）劳动合同终止与解除的关系

劳动合同终止与解除是劳动关系消灭的两种事由，二者发生任何一个，用人单位与劳动者的劳动关系消灭。劳动合同终止与解除的不同点：（1）劳动合同的解除是指劳动合同当事人在劳动合同约定的履行期满前，提前终止劳动合同法律效力的行为；劳动合同终止一般是合同期满、目的实现或当事人资格丧失而消灭劳动关系。（2）解除须当事人依法作出提前消灭劳动合同关系的意思表示，即须经当事人双方协商一致或一方当事人依法行使解除权；终止则一般是在一定法律事实出现后无须当事人双方合意或任何一方专门作出终止劳动合同的意思表示。

（三）劳动合同解除的特点

（1）解除是劳动合同的提前终止，即在劳动合同约定的期限届满前终止。

（2）解除必须要有劳动合同当事人依法作出提前终止的意思表示。即便满足解除条件，但解除还必须由享有解除权的一方向对方作出解除的意思表示才发生效力。

（3）解除事由是法定的。劳动合同在哪些情况下可以解除，必须符合法律规定。

（四）用人单位可以解除劳动合同的部分规定

《劳动合同法》第三十九条规定："劳动者有下列情形之一的，用人单位可以解除劳动合同：

（一）在试用期间被证明不符合录用条件的；

（二）严重违反用人单位的规章制度的；

（三）严重失职，营私舞弊，给用人单位造成重大损害的；

（四）劳动者同时与其他用人单位建立劳动关系，对完成本单位的工作任务造成严重影响，或者经用人单位提出，拒不改正的；

（五）因本法第二十六条第一款第一项规定的情形致使劳动合同无效的；

（六）被依法追究刑事责任的。"

《中华人民共和国劳动合同法实施条例》第十九条规定："有下列情形之一的，依照劳动合同法规定的条件、程序，用人单位可以与劳动者解除固定期限劳动合同、无固定期限劳动合同或者以完成一定工作任务为期限的劳动合同：

（一）用人单位与劳动者协商一致的；

（二）劳动者在试用期间被证明不符合录用条件的；

（三）劳动者严重违反用人单位的规章制度的；

（四）劳动者严重失职，营私舞弊，给用人单位造成重大损害的；

（五）劳动者同时与其他用人单位建立劳动关系，对完成本单位的工作任务造成严重影响，或者经用人单位提出，拒不改正的；

（六）劳动者以欺诈、胁迫的手段或者乘人之危，使用人单位在违背真实意思的情况下订立或者变更劳动合同的；

（七）劳动者被依法追究刑事责任的；

（八）劳动者患病或者非因工负伤，在规定的医疗期满后不能从事原工作，也不能从事由用人单位另行安排的工作的；

（九）劳动者不能胜任工作，经过培训或者调整工作岗位，仍不能胜任工作的；

（十）劳动合同订立时所依据的客观情况发生重大变化，致使劳动合同无法履行，经用人单位与劳动者协商，未能就变更劳动合同内容达成协议的；

（十一）用人单位依照企业破产法规定进行重整的；

（十二）用人单位生产经营发生严重困难的；

（十三）企业转产、重大技术革新或者经营方式调整，经变更劳动合同后，仍需裁减人员的；

（十四）其他因劳动合同订立时所依据的客观经济情况发生重大变化，致使劳动合同无法履行的。"

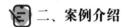 **二、案例介绍**

（一）案件摘要

叶某某在中山顺丰速运有限公司（以下简称中山顺丰公司）任职热线客服。2019年12月22日，叶某某在处理客户投诉时遭到客户多次辱骂她已故母亲，情绪被激起的叶某某以"你可以骂我，你骂我妈干吗""那你就要先死"等语句回应。之后，公司以叶某某服务态度恶劣为由，解除了双方的劳动合同关系。公民享有人格尊严，企业员工个人人格尊严亦受法律保护。本案中，中山顺丰公司本可通过批评教育、扣发工资待遇甚至停职调岗等方式对叶某某犯下的过错进行处理，却采取单方解除劳动合同关系的做法。这种不够正当、合理的做法同时也不符合法律规定的基本原则和社会价值取向。该公司因此构成违法解除劳动合同关系，应承担相应的赔偿责任。

（二）基本案情

叶某某于2003年5月8日入职中山顺丰公司处，任职客服，平均工资为9620元/月，双方已签订自2011年7月1日起的无固定期限劳动合同，叶某某在中山顺丰公司处最后工作至 2020 年 1 月 8 日。叶某某与中山顺丰公司签订的《劳动合同书》中"四、劳动报酬"约定：（一）乙方正常工作时间的工资为 1500 元/月，乙方加班费的计算基数为正常工作时间的工资。甲方每月支付给乙方的工资包括：正常工作时间工资、加班工资和绩效奖金三部分。甲方可按依法制定或集体合同约定的工资分配制度调整乙方工资。但甲方支付给乙方的工资不得低于当地政府公布的当年度最低工资标准。"七、劳动纪律"约定：（一）乙方应遵守甲方依法制定的各项规章制度。甲方实行计算机联网自动化办公，甲方的所有规章制度均在办公自动化系统（KOA）上发布和公示。乙方有义务及时登录办公自动化系统，认真阅读有关规章制度。……（六）乙方违反劳动纪律的，甲方可根据规章制度及有关规定进行处理，直至解除劳动合同。

中山顺丰公司提交工资明细表，显示叶某某的工资构成为岗位工资 1720 元+固定休息日加班工资 316.32 元+继续服务奖 500 元+效率奖金（不固定）+鼓励奖（不固定）+年休假工资（不固定）+过渡期补贴（不固定）+等级津贴 350 元+休息日加班工资（不固定）+节假日加班工资（不固定）+值班补贴（不固定），叶某某 2019 年 11 月、2019 年 12 月、2020 年 1 月的发放工资分别为 5458.66 元、7804.15 元、2942.47 元。前述工资中山顺丰公司已经通过银行转账方式发放给叶某某。叶某某主张 2019 年 11 月的工作量提成应该是 10000 元，中山顺丰公司直接按考核系数 0.5 计算，相当于直接打 5 折计算，实际发放 5458.66 元，约扣除 4500 元；2019 年 12 月的实际工资是 9853 元，离职后实际发放 7804.15 元，存在 2048.85 元的差额；2020 年 1 月出勤 8 天，有 1 天法定节假日加班，绩效工资为 6221 元（根据工作量及绩效考核计算，之前每月会发工作量及考核得分的明细），实际发放是 2942.47 元，工资差额为 3278.53 元，叶某某提交其"丰声"聊天记录，证明其曾向上级管理人员反映按 0.5 的系数发放工资不合理。中山顺丰公司认为叶某某的计算方法错误，并提交《粤西区客服二线岗位薪酬方案》、2019 年二线薪酬培训方案、考勤记录，拟证明叶某某知悉工资发放方案、未就工资金额提出过异议、中山顺丰公司已经足额发放工资。叶某某对前述证据均不予确认，认为不能证实自己工资计件数，也不能证明自己符合按 0.5 系数标准发放工资。

2019 年 12 月 22 日，叶某某通过电话处理单号为 262233781747 的客户关于投递迟延的投诉。中山顺丰公司提交通话录音，显示：该客户反映因为投递迟延赶不上调试，叶某某询问其"需不需要先派过来给你""现在这个件还需不需要派"时，该客户开始情绪激动，多次质疑"顺丰收费为什么那么高"并带有辱骂性语言，叶某某在回复中有"我妈已经死了，你不用骂我妈""你说＊我妈＊，那你就要先死了才能＊她""犯错的是我们公司，跟我们有什么关系，跟我妈有什么关系""你可以骂我，你骂我妈干吗"等内容。

2020年1月8日，中山顺丰公司向叶某某出具《解除劳动合同通知书》，载明："因单号262233781747客户投诉客服类问题，核查通知结果属客服服务意识差，客服（叶某某）与收方客户沟通过程中未积极解决客户问题，导致客户情绪激动，过程中还与客户发生争执，并出现辱骂性语言等服务态度恶劣的情况，根据《奖励与处罚管理规定》第二部分第五条（一）【劳动纪律】（10）不论何种理由，辱骂客户的，为五类责任。公司决定与你解除劳动合同。特此通知！请你签名确认。"叶某某未签名。2020年1月9日，顺丰速运有限公司工会委员会出具《关于解除与叶某某的劳动合同的答复函》，显示其同意公司解除与叶某某之间的劳动合同的意见。

中山顺丰公司提交《奖励与处罚管理规定V4.0》，其中第五条载明：不论何种理由辱骂客户的，为五类责任，扣20分，公司将予以解除劳动合同，永不录用。中山顺丰公司还提交《奖励与处罚管理规定》签收凭证、证人证言、顺丰速运有限公司工会文件等证据，拟证明该规章制度经过民主程序且叶某某知悉并同意遵守。叶某某确认《奖励与处罚管理规定》签收凭证系其签名，但不确认收到《奖励与处罚管理规定V4.0》，认为该规定制定程序和内容违法，损害劳动者利益，自己只是态度不好，并未严重违反公司的规章制度，中山顺丰公司在解除劳动合同后才通知工会的做法存在程序错误。

2020年2月28日，中山市劳动人事争议仲裁委员会受理叶某某的劳动仲裁申请，叶某某请求裁决中山顺丰公司支付：（1）2019年11月工资差额、2019年12月及2020年1月工资20574元；（2）2018年度及2019年度未休年休假工资18347元；（3）违法解除劳动关系赔偿金315296元。同年4月16日，中山市劳动人事争议仲裁委员会作出中劳人仲案字〔2020〕860号仲裁裁决，裁决中山顺丰公司支付叶某某2019年应休未休带薪年休假工资1067.59元；驳回叶某某的其余仲裁请求。叶某某不服该仲裁裁决，于2020年6月1日诉至法院。叶某某确认中山顺丰公司已支付仲裁裁决的2019年应休未休带薪年休假工资1067.59元，并撤回2018年度及2019年度未休年休假工资 18347 元的诉求。

法院认为，双方签订的《劳动合同书》及中山顺丰公司提交的工资明细表、《粤西区客服二线岗位薪酬方案》均显示叶某某的工资构成包含绩效奖金，但中山顺丰公司未提交绩效奖金的核算依据及核算结果，应当承担举证不利的法律后果，故法院根据公平合理原则，结合双方确认的月平均工资及实发工资，认定中山顺丰公司尚分别欠叶某某 2019 年 11 月、2019 年 12 月的工资差额 4161.34 元（9620 元－5458.66 元）和 1815.85 元（9620 元－7804.15 元），合计 5977.19 元；2020 年 1 月的应发工资为 9620 元/月÷30 天×9 天＝2860 元，实发工资 2942.47 元，已足额支付。

虽然《奖励与处罚管理规定 V4.0》约定劳动者不论何种理由辱骂客户的，用人单位都可以解除劳动合同，但通话录音显示叶某某在处理客户投诉时，由于客户多次辱骂其已故直系亲属，产生"你要先去死"等不当用语，属于事出有因，尚不违反职业道德和严重违反劳动纪律，中山顺丰公司适用前述约定认定叶某某辱骂客户并解除劳动合同，缺乏合理性依据，故一审法院认定中山顺丰公司违法解除劳动合同。叶某某于 2003 年 5 月 8 日入职，最后工作至 2020 年 1 月 8 日，平均工资 9620 元/月，中山顺丰公司应支付叶某某违法解除劳动合同的赔偿金 307840 元（9620 元/月×16 个月×2，应计算 17 个月，叶某某主张 16 个月，按其主张）。依照《劳动合同法》第三条、第三十条、第四十七条、第四十八条、第八十七条及《中华人民共和国劳动争议调解仲裁法》第六条规定，判决：（1）被告中山顺丰速运有限公司于本判决生效之日起 3 日内支付原告叶某某 2019 年 11 月、2019 年 12 月工资差额 5977.19 元；（2）被告中山顺丰速运有限公司于本判决生效之日起 3 日内支付原告叶某某违法解除劳动合同的赔偿金 307840 元；（3）驳回原告叶某某的其他诉讼请求。

中山顺丰公司上诉请求：撤销一审判决，依法改判。事实和理由：（1）一审法院认定"被上诉人在处理客户投诉时，客户多次辱骂其已故直系亲属"是认定事实错误。① 不是客户首先辱骂上诉人，上诉人提交的录音证据中，被上诉人是代表"顺丰"与客户对话，被上诉人与客户打招呼的第一句话是"你好，顺丰快递"，说明被上诉人是代表"顺丰"，是履行职务行为，客户第一次骂脏话是在骂顺丰、骂快递延误，客户在随后的对话里明确向被上诉人解释说明。结合整句话的语境，"＊你妈＊呀，我问你为什么收费那么高"第二个"你"可以明确看出指代的是顺丰，收费的是顺丰，不是被上诉人个人，从而可以确信客户的解释是真实的。② 客户并没有构成多次辱骂，整段录音客户有两次骂脏话，客户第一次骂脏话后已经向被上诉人解释是在骂快递、骂顺丰，在客户骂出第一句到客户解释说明之间，客户没有辱骂言辞，反观被上诉人言辞，从客户第一句辱骂言辞开始，被上诉人不依不饶，固执己见地认为客户在骂其个人已故直系亲属，使用诅咒意思明显的语言辱骂客户7次，并且反复质问客户，最终激怒客户，转而把矛头指向被上诉人，骂出了第二句。辱骂用语的数量2：7，客户占2，被上诉人占7。③ 客户已经多次提醒被上诉人"你是在处理公事"，被上诉人公私不分，在工作岗位上处理公务时言行失当，反复质问、辱骂客户，给顺丰品牌形象造成极坏影响，整段录音证据中，客户并不是一开始就出言辱骂顺丰，而是在与被上诉人交谈一段时间后，被激怒，才出言辱骂，客户骂出脏话只是在宣泄其快递被延误的愤怒情绪，客户与被上诉人并不相识，无冤无仇，骂脏话不可能直接指向被上诉人个人，当被上诉人说出"你好，我是顺丰快递"时，客户的直接反映就是其所面对的是顺丰，客户在骂第一句脏话后，多次尝试向被上诉人解释，被上诉人在听到客户的解释时，不但没有顺势婉转话题，反而固执地认定客户在骂她不是骂顺丰，反复质问客户并使用诅咒意思明显的语言辱骂客户，完全不顾及自己是在工作岗位，代表"顺丰快递"执行工作任务。(2) 被上诉人在同类事件上屡次违反公司规章制度，屡教不改，一审法院在查明的事实中遗漏了被上诉人屡教不改的事实，弱化了被上诉人违反规章制度的严重性。被上诉人曾因违反规章制度被约谈多次，其本人也曾书面承诺：遇到客户情绪激动的时候会换位思考，以婉转的态度和客户沟通，杜绝再被客户投诉态度不好。然而，从录音证据显示的对话内容来看，被上诉人并没有按照承诺改正其言行。当客户遭遇到顺丰快递错投致使重要测试被延误时，被上诉人作为顺丰代表电话联络客户，不但没有代表顺丰向客户致歉，反而态度生硬，激怒客户后，又多次使用诅咒意思明显的语言辱骂客户。鉴于被上诉人近两年来的工作表现，结合此次事件中被上诉人公私不分、置公司制度于不顾、屡教不改的情况，上诉人决定解除与被上诉人的劳动合同并无不妥。(3) 员工的行为是否严重违反劳动制度，应当结合其就职公司所属行业，根据行业规则综合考量。上诉人所属行业是服务行业，服务质量是企业的生命线，服务质量依赖于每一位员工对规则的遵守，依赖于每一位员工对公司文化和公司价值观的认同，有规则才得以成方圆。快递服务行业是劳动密集型行业，人员的管理尤为重要，若快递企业的每位员工都不遵守或企图逃避规章制度约束，企业将成一盘散沙，无服务质量可言。因此，为了维护"顺丰"的服务质量，上诉人一直坚持对一线员工进行服务培训，教导并敦促员工遵守公司规章制度，为客户提供优质的服务。为了维护顺丰品牌信誉，上诉人必须采取措施，以儆效尤，不可能放任员工随意与客户争吵。恳请法庭审理时，注意到服务行业企业为维护优质服务付出的努力，保护公司的自治权。（4）一审法院在审理工资差额时，存在事实不清，采纳证据不符合证据规则，被上诉人要求补足差额的请求不应当被支持。① 被上诉人提交的所谓"丰声"聊天记录，没有原件，也不是直接来源于电子数据的打印件，按照证据规则不应予以采纳，并且该聊天记录并没有明确的意思表示出被上诉人对工资持有异议；② 被上诉人的工资是浮动工资，这是双方当事人均认同的事实，一审法院按照固定工资金额计算差额，使得被上诉人的工资由浮动工资变为固定工资，与事实不相符，判决显失公平；③ 上诉人提交的证据显示，被上诉人知悉其本人的工资结构和计算方法，当被上诉人声称工资发放不足时，应当提交其计算方法，本案中，上诉人已经向一审法院提交了工资表明细、被上诉人知悉薪酬结构的证明、绩效工资计发方案，一审法院不应无限扩大被上诉人的举证责任；④ 被上诉人解除劳动合同前 12 个月平均工资 9620 元，是按照应发工资计算得出的金额，应发工资包含了社保个人负担部分、个税、通信费，应发工资与实发工资之间的差额 294.95 元（社保个人负担部分）＋30 元（通信费）＋个税（11 月 54.29 元、12 月 87.65 元）应当由员工个人负担，即便一审法院认为须补足被上诉人的工资差额，也应当用 9620 元减去应发工资，即 11 月 3782.1 元（9620 元－5837.90 元），12 月 1403.25 元（9620 元－8216.75 元），否则，按照一审法院的计算方法，员工的社保和个税等变成由公司负担，不符合法律规定。

被上诉人叶某某辩称，一审处理正确，请求驳回上诉，维持原判。（1）上诉人称客户并不是骂被上诉人完全是歪曲事实，客户的粗口带有辱骂性质，上诉人作为公司并不存在被辱骂直系亲属；（2）被上诉人只是态度不好，不存在辱骂对方的语言，上诉人统计的辱骂数量为 2∶7 完全是从其自身角度统计的虚假数据，事实上被上诉人多次被爆粗口的客户骂哭；（3）关于公司损失的问题上诉人的主张歪曲事实，被上诉人即使被客户辱骂仍然如实记录，且安排了免费派送，最后操作指令也解决了客户的问题，客户也没有因此针对电话客服另行投诉，且该客户之前的投诉也只是因顺丰公司将原本在湛江的快递送到阳江,且后续没有交付到客户手中导致;(4)被上诉人并未严重违反公司规章制度,实际上是上诉人过度行使内部的管理权限,将工作已有16年的被上诉人辞退,此举既无事实依据亦无法律支撑,上诉人两个版本的奖励与处罚规定相关处理方式完全不同,前一个版本只是警告,后一个版本是无条件辞退。被上诉人存在辱骂行为,但公司并没有规定何种情节将直接导致无条件解除劳动关系,这实际上给了上诉人无限解除劳动合同的权利。

二审法院认为,本案是劳动合同纠纷,现就上诉人中山顺丰公司的上诉请求分析如下:

(1)关于一审法院认定本案上诉人中山顺丰公司构成违法解除与被上诉人叶某某的劳动合同是否妥当的问题。本院认为,国家公民享有人格尊严,即使如被上诉人在上诉人公司中的热线客服岗位工作也有保有个人人格尊严的底线,企业员工个人人格尊严的价值并不低于企业形象价值和经营盈亏价值。本案被上诉人在服务过程中被客户辱骂至亲导致情绪激动,确实存在一些不当和不规范言语,但并没有与客户对骂,其言行尚未超出一个公民和一个公司员工被辱骂之后正常的应激反应。上诉人本可通过批评教育、停职待岗甚至降低工资待遇等方式对被上诉人进行处理,但其采取了单方解除与被上诉人的劳动合同的做法,缺乏足够的正当性和合理性。一审法院的处理符合我国法律的基本原则和社会价值取向,处理妥当,本院予以维持。上诉人一审时提交了事发过程的录音资料,上诉人上诉所称客户不是骂被上诉人、双方辱骂用语数量是2:7等的上诉内容均与录音资料反映的事实不符,本院不予采信。

(2)关于一审法院判决上诉人应补足工资差额的处理是否妥当的问题。本院认为,一审时上诉人未提交相关绩效奖金核算依据及核算结果,一审法院据此认定上诉人应当承担举证不利的法律后果,作出上诉人应补足相应工资差额的认定,一审举证责任分配和处理结果正确,本院予以维持。至于上诉人提出相关税费未扣除的问题,本院认为,一审法院判决上诉人支付的尚欠应付工资确应理解为扣除代缴税费后的工资,但一审法院是在上诉人未提交相关绩效奖金核算依据及核算结果的情况下根据以往工资状况酌情认定,在没有上诉人提交的绩效奖金核算依据及核算结果印证的情况下不足以认定一审法院的计算方式存在实质上构成损害上诉人权益的情况,此亦属上诉人应承担的举证不利的法律后果的范畴,一审处理并无不当,本院予以维持。

　　顺丰公司不服终审判决向高级人民法院申请再审称：（1）叶某某作为入职已久的客服人员，应以专业素养应对客户，而非比客户更加情绪化地进行对骂、哭闹，在对话过程中，叶某某也明显以其消极、不耐烦的情绪在应付客户，客户在原本就气愤的情况下激发出辱骂语言；（2）叶某某因服务态度问题多次被客户投诉，本次的情况并非单一事件，顺丰公司已经给予叶某某改正机会，但是叶某某未能予以改正；（3）顺丰公司的规章制度已经明确，不论何种理由，辱骂客户的都以解除劳动合同处理，该规定并未违法，且属于企业针对自身服务性质设立的规定，作为客服人员的叶某某已经签收该规定，应受该规定管理；（4）当顺丰公司存在过错时，客服人员应第一时间代表公司表示歉意，而非追问客户激化矛盾；（5）顺丰公司已经支付完毕叶某某在职期间的所有工资，且叶某某也没有在收到工资时提出异议，不应判令顺丰公司补足工资差额。故据此申请立案再审。

　　终审法院认为：

　　（1）关于顺丰公司是否违法解除叶某某劳动关系的问题。顺丰公司系以叶某某违反公司规章制度辱骂客户为由解除双方的劳动关系。虽然用人单位可以根据自身特点制定相应的公司规章制度，但是因用人单位的规章制度不仅是用人单位行使用工管理权的制度依据，亦关系到劳动者的切身利益，故用人单位所制定的公司规章制度在不违反法律强制性规定的基础上，还应不违反常理常情。尤其是对于解除劳动合同等针对劳动者最严厉的惩罚措施，应该区分不同情形、不同行为，以及不同程度，谨慎对待。根据本案的特殊情况，叶某某系作为客服面对顾客辱骂其直系亲属时，产生了情绪波动并作出了一定的应激反应。结合涉案当时的录音情况，叶某某虽然有使用不规范语言，但尚属于针对辱骂语言的一般应对，尚未超出一般公民，以及公司员工被辱骂后所作出的正常反应范围。故一、二审法院认定叶某某的行为尚未达到可以解除劳动合同的程度，并判令顺丰公司向叶某某支付违法解除劳动合同的赔偿金，并无不当，本院予以确认。

　　（2）关于工资差额问题。用人单位对于减少劳动者报酬应当负相应的举证责任。由于叶某某2019年11月、12月的工资相对于平时工资标准存在较大幅度的下降，而顺丰公司未能对此进行合理的解释，以及提交充分的证据证明计算绩效奖金的核算依据及结果，故一、二审法院判令顺丰公司补足相应的工资差额，并无不当，本院亦予以确认。顺丰公司的再审申请不符合《民事诉讼法》第二百条规定的情形，应当予以驳回。

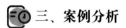 **三、案例分析**

(一) 顺丰公司解除与叶某某的劳动关系是否违法

顺丰公司基于叶某某违反公司规章制度，即辱骂客户的行为，解除了双方的劳动关系。尽管用人单位可以根据自身特点制定相应的公司规章制度，但此类规章制度不仅仅是用人单位行使用工管理权的制度依据，更关系到劳动者的切身利益，因此，用人单位所制定的公司规章制度在不违反法律强制性规定的基础上，还应不违反常理常情。特别是对于解除劳动合同等针对劳动者最严厉的惩罚措施，应该区分不同情形、不同行为，以及不同程度，谨慎对待。就本案而言，叶某某作为客服，在面对顾客辱骂其直系亲属时，情绪产生了波动并作出了一定的应激反应。根据涉案当时的录音情况，叶某某虽然有使用不规范语言，但尚属于针对辱骂语言的一般应对，并未超出一般公民及公司员工被辱骂后所作出的正常反应范围。据此，顺丰公司解除与叶某某的劳动关系的行为是违法行为。

(二) 用人单位可以采取哪些合法措施处理该问题

用人单位规章制度是指用人单位制定的，在企业内部实施的，组织劳动过程和进行劳动管理的规则和制度，也称为企业内部劳动规则。其内容包括劳动合同、工资、社会保险、福利待遇、工时休假、职工奖惩等用人单位经营管理的各个方面。但规章制度的内容应该是法律法规的具体细化，不能与法律相抵触，更不能违法，损害劳动者的合法权益。同样，用人单位对劳动者违反规章制度的处罚既要合法也要合理。对于劳动者的不当行为，用人单位可以采取与其行为相适应的方法处理。一般来说，需要考虑：(1) 主观过错程度，系故意还是过失，是一般过失还是重大过失；(2) 劳动者违章行为的性质、违章的次数，例如手段、实施工具、场合等；(3) 是否"罚过相当"，用人单位对劳动者的惩罚是否畸轻畸重。应以一般社会公众的认知标准加以评判，参照诚实信用、职业操守等，符合大多数人具有共识的价值判断，从事情的起因、行为人的主观过错、行为情节、危害后果等方面综合考量。本案中，顺丰公司可以在查明事实的基础上，在考虑劳动者正常应激反应的基础上，通过教育、培训或者降低部分奖金等方式对劳动者进行处理，而不是直接采取单方解除的方式终止与劳动者的劳动合同，这种做法缺乏足够的正当性和合理性。

四、课程思政解读

（一）维护尊严是文明社会的底线

文明是社会主义核心价值观之一。法学家庞德认为，文明是各门社会科学的出发点，文明是人类力量不断地更加完善的发展，是人类对外在的或物质自然界和对人类目前能加以控制的内在的或人类本性的最大限度的控制。维护人格尊严是文明社会的重要内容之一。人格尊严是指公民作为平等的人的资格和权利，应该受到国家的承认和尊重，包括与公民人身存在密切联系的名誉、姓名、肖像等不容侵犯的权利。人格尊严的法律表现是公民的人格权。公民享有人格尊严，企业员工个人人格尊严亦受法律保护。国家公民享有人格尊严，本案中，叶某某在顺丰公司的热线客服岗位工作也有保有个人人格尊严的底线，企业员工个人人格尊严的价值并不低于企业形象价值和经营盈亏价值，叶某某在服务过程中被客户辱骂至亲导致情绪激动，确实存在一些不当和不规范言语，但并没有与客户对骂，其言行尚未超出一个公民和一个公司员工被辱骂之后正常的应激反应，顺丰公司本可通过批评教育、停职待岗甚至降低工资待遇等方式对叶某某进行处理，但其采取了单方解除劳动合同的做法，缺乏足够的正当性和合理性。该案例充分体现了对劳动者个人尊严的保护。

（二）倾斜保护是构建和谐劳动关系的必然要求

有学者指出，劳动法是保护劳工之法，确保劳动者在劳动关系中的权利与人格实现，是现代劳动法的神圣使命。的确，我国《劳动法》第一条清楚地表明该法的宗旨：为了保护劳动者的合法权益，调整劳动关系，促进社会进步与经济发展。《劳动合同法》第一条亦明确指出，制定本法是"为了完善劳动合同制度，明确劳动合同双方当事人的权利和义务，保护劳动者的合法权益"。劳动关系中，由于双方力量不均衡，劳动者应当获得法律的倾斜保护，从而不至于让劳动者遭受不公正待遇。本案中，叶某某2019年11月、12月的工资相对于平时工资标准存在较大幅度的下降，在这种反常事实面前，法院并没有机械司法，直接让劳动者承担举证责任，而是让顺丰公司对此进行合理解释，因为对于工资的发放，发放主体更能说明清楚发放的计算方式，相关司法解释亦规定用人单位对于减少劳动者报酬应当负相应的举证责任。而顺丰公司未能对此进行合理的解释，以及提交充分的证据证明计算绩效奖金的核算依据及结果，故法院判令顺丰公司补足相应的工资差额，维护了劳动者合法权益。

五、问题拓展讨论

（1）劳动法应如何保护劳动者尊严？

（2）企业在同时扮演消费者权益保护法中对消费者负有较多义务的经营者角色和劳动法中对劳动者负有较多义务的用人单位角色时，应如何协调才能既保护消费者又保护劳动者？

（3）用人单位的自主管理权应受哪些限制？

六、阅读文献推荐

（1）常凯：《劳动法》，高等教育出版社，2011年。

（2）秦国荣，等：《当代中国劳资伦理法律规制问题研究》，商务印书馆，2021年。

（3）彭小坤：《劳动合同单方解除制度研究》，法律出版社，2009年。

（4）霍耐特：《为承认而斗争》，胡继华译，上海人民出版社，2005年。

宏观调控法篇

A Course on Ideological and
Political Cases in Economic Law

市场经济中的"诚信"

案例 13：中国平安财产保险股份有限公司大庆支公司诉七台河市天宇选煤有限责任公司财产损失保险合同纠纷案

⚠ 一、知识点提要

本案是一起典型的保险合同纠纷案，因此在对案件进行解读分析之前，需要对案涉《中华人民共和国保险法》（以下简称《保险法》）中有关保险合同的基本知识点有所了解。

（一）保险合同的概念和特征

1. 保险合同的概念

保险合同作为合同中的一种，是投保人与保险人约定保险权利义务关系的协议。依据保险合同，投保人应向保险人支付约定的保险费用，保险人则应在约定的保险事故发生或在约定人身保险事件出现或期限届满时，履行赔付保险金的义务。保险合同的核心内容是投保人承担支付保险费的义务，享受保险金的请求权；保险人享有收取保险费的权利，承担赔偿或者给付保险金的义务。

2. 保险合同的特征

保险合同除了具有合同的一般特征外，还具有以下特征：

（1）双务性。双务合同是指合同双方当事人都负有一定的义务。在保险合同中，投保人负有交付保险费的义务；保险人的主要义务是提供保险保障的承诺，即在保险事故发生后支付保险金。

（2）有偿性。有偿合同是指合同的当事人要就其所享有的权利支付对价，保险合同为有偿合同。对于投保人而言，投保人通过订立保险合同来转移和分散风险，要求保险人承担保险责任，应当按照约定向保险人支付保险费。保险费为保险人承担保险责任的对价。对保险人而言，保险人向投保人收取保险费，承担保险责任。可见，投保人和保险人依据保险合同享有权利，都存在一定的对价。

（3）射幸性。射幸合同是指在合同成立时，当事人应为的给付，取决于合同成立后偶然事件的发生。保险合同是射幸合同，是指保险合同约定的保险事故是否发生或何时发生是不确定的事件。投保人向保险人交付保险费用后，能否获得补偿或给付，具有偶然性：如果保险事故在保险期限内发生，被保险人可以获得保险金；如果没有发生保险事故，则被保险人不能获得保险金。对于保险人而言，如果保险事故没有发生，保险人可以获得投保人交付的保险费而无须付出任何对价；如果发生保险事故，保险人则必须向被保险人支付大于其获得的保险费的保险金。需要注意的是，保险合同以保险利益的存在为生效要件，这就使保险合同区别于赌博行为。

（4）附合性。附合合同是指合同的内容不是由双方当事人协商确定的，而是由一方当事人预先拟定，另一方当事人作出是否同意的意思表示。由于保险行为的行业垄断性和技术性，保险合同的内容多由保险人先行确定，一般的投保人只能依据保险人所确定的保险条款订立合同。投保人只有是否订立合同的自由，而无对其内容进行实质性磋商的自由。

（5）最大诚信性。合同的订立都要求当事人诚实和守信用，保险合同也不例外。《保险法》第五条规定，保险活动当事人行使权利、履行义务应当遵循诚实信用原则。保险合同更加严格地要求合同当事人遵循诚实信用原则，原因在于保险合同是射幸合同，保险危险是不确定的。保险人主要依据投保人对保险标的告知和保证来决定是否承保及保险费的多少。如果投保人欺诈或隐瞒，就会使保险沦为赌博。因此，法律对保险合同的诚信要求特别高。在保险立法中，最大诚信性的具体表现是投保人的如实告知义务和保险人的说明义务。

（6）非要式性。合同的非要式性是指合同只需要当事人意思表示一致即可成立，无须具备一定的方式。《民法典》第四百七十一条规定："当事人订立合同，可以采取要约、承诺方式或者其他方式。"第四百八十三条规定："承诺生效时合同成立，但是法律另有规定或者当事人另有约定的除外。"《保险法》第十三条规定："投保人提出保险要求，经保险人同意承保，保险合同成立。保险人应当及时向投保人签发保险单或者其他保险凭证。保险单或者其他保险凭证应当载明当事人双方约定的合同内容。当事人也可以约定采用其他书面形式载明合同内容。"出具保险单是法律规定的保险人的义务，是保险合同的证明。

（二）格式合同和免责条款

格式合同，是指当事人一方预先拟定合同条款，对方只能表示全部同意或者不同意的合同。正是由于保险合同具有附合性的特点，所以保险合同是一种格式合同。格式合同具有节省交易成本、增进交易安全、提高交易效率等显著优势。随着社会主义市场经济持续发展与完善，格式合同得到更加广泛的使用，比普通合同更有效地促进经济、生产的发展。但同时它的弊端也很明显，因此立法对格式合同的适用进行了诸多规范。

免责条款，是指当事人在合同或者格式合同中事先约定的，旨在限制或免除其未来的责任的条款。它具有以下特征：（1）免责条款是一种合同条款，是合同的组成部分；（2）免责条款是当事人事先约定的，只有在责任发生以前由当事人约定且生效的免责条款，才能导致当事人责任的减轻或免除；（3）免责条款旨在免除或限制当事人未来所应负的责任。免责条款的设定有助于控制未来风险、合理规避风险、降低交易成本，从而有利于鼓励各类交易，促进交易的发展，也有利于及时解决纠纷。只要免责条款不损害国家、社会公共利益和第三人利益，不违反法律、行政法规的强制性规定，国家都不会对其进行干预。

（三）违约责任

违约，是指违反合同义务。违约责任，即违反合同的民事责任，也就是合同当事人因违反合同义务所应承担的责任。一般认为，成立违约责任需要满足以下条件。第一，要求合同义务有效存在。不以合同义务的存在为前提所产生的民事责任，不是违约责任。第二，要求债务人不履行合同义务或者履行合同义务不符合合同约定。这包括了履行不能、履行迟延和不完全履行等，还包括瑕疵担保、违反附随义务和债权人受领迟延等可能与合同不履行发生关联的制度。第三，不存在法定或约定的免责事由。通常来说，不履行合同义务行为有两种。一是预期违约，即在履行期限届满之前，当事人一方明确表示或者用自己的行为表示不履行合同债务，其不享有履行抗辩权等正当理由；二是届期违约，是指违约行为发生在履行期限届满之后的一种违约状态，包括不履行合同义务和履行合同义务不符合约定。

二、案例介绍

2017 年 10 月 30 日 14 时 40 分，七台河市天宇公司名下由司机王某杰驾驶的黑 K1 号重型仓栅式货车，沿新兴区 S308 省道由西向东行驶，当车行驶至太河秤附近路段准备穿越道路中间绿化隔离带掉头时，与同方向后方行驶的黑 K2 号重型自卸货车相撞，造成黑 K2 号重型自卸货车乘车人受伤、双方车辆受损的道路交通事故。后由七台河市公安局交通警察支队新兴大队出具七公交【新】认字（2017）第 2029 号《道路交通事故认定书》，认定王某杰承担事故的全部责任，其他人员无责任。事故发生后，因天宇公司在中国平安财产保险股份有限公司大庆支公司（以下简称平安保险大庆支公司）处投保交强险和商业险，多次催促平安保险大庆支公司对黑 K1 号重型仓栅式货车核定损失进行维修，但平安保险大庆支公司拖延定损，致使天宇公司黑 K1 号重型仓栅式货车延期定损超过约定 30 日，共计 58 天才定损。维修时间为 2017 年 12 月 28 日到 2018 年 2 月 7 日，平安保险大庆支公司于 2018 年 3 月 12 日支付维修款，使天宇公司车辆停运 32 天属实。经七台河市旭太价格评估有限责任公司司法鉴定，鉴定意见书意见：经鉴定，黑 K1 号重型仓栅式货车日停运损失为 790.00 元。

天宇公司和平安保险大庆支公司就理赔产生争议。天宇公司将平安保险大庆支公司诉至法院，天宇公司向一审法院提起诉讼请求：（1）平安保险大庆支公司支付其按照 10% 免赔额计算的未支付的车辆维修费用 18000.00 元；（2）支付 2017 年 10 月 30 日至 2018 年 3 月 12 日期间停运 28 天的损失费 790.00 元 × 28 天 = 22120.00 元；（3）逾期支付维修款停运 32 天损失费 790.00 元 × 32 天 = 25280.00 元；（4）救援费 3000.00 元。以上共计 68400.00 元。

一审法院认为，天宇公司为黑 K1 号车在平安保险大庆支公司投保了交强险和商业险，系合法有效的合同，双方均应按照保险合同的约定行使权利和履行义务。2017 年 10 月 30 日黑 K1 号车与黑 K2 号车发生碰撞，发生交通事故，造成该车损坏。事故发生后天宇公司及时向平安保险大庆支公司报案申请理赔，而平安保险大庆支公司于 2017 年 12 月 28 日才对事故车辆损失进行核定，中间相差 58 天，根据《保险法》规定，自接到天宇公司请求后，平安保险大庆支公司应在最长不得超过一个月内作出核定损失的结论，但其在此期间怠于履行法定定损、理赔的义务，应当承担违约责任，故法院对天宇公司的超期定损的主张予以支持。关于天宇公司的逾期支付维修款停运损失的主张，平安保险大庆支公司为天宇公司车辆定损后，应当在车辆维修完毕后将维修款及时打入维修场所的账户内，而其怠于履行职责，造成天宇公司车辆一直无法取回，产生停运 32 天的损失。天宇公司车辆系营运车辆，平安保险大庆支公司应当预料到迟延定损、理赔会造成停运损失，故应对天宇公司停运的损失承担违约责任。法院对该主张予以支持。

对于天宇公司 10% 绝对免赔的主张，被保险车辆已投保商业险不计免赔险，根据《保险法》第十七条规定，对免责条款，保险人应向投保人以书面或者口头形式作出明确说明，未作提示或者明确说明的，该条款不产生效力。且双方并未对载物超重有明确约定，平安保险大庆支公司事先对免责条款也未向天宇公司进行明确说明。故法院对该主张予以支持。

涉案车辆经鉴定机构评估鉴定日停运损失为 790.00 元，双方均未对鉴定意见提出异议且均未申请重新鉴定，故法院对该意见确定的数额予以确认。关于天宇公司救援费的主张，有正规票据及说明，该费用系发生事故后所产生的必要费用，系属实际损失，故法院对该主张予以支持。

一审法院判决如下：依据《中华人民共和国合同法》第一百三十一条及《保险法》第十七条、第二十三条、第三十条之规定，判决：平安保险大庆支公司支付天宇公司以下费用：免赔比例 10% 扣除的天宇公司的黑 K1 号货车车辆维修费用 18000.00 元；超期定损停运损失 22120.00 元（28 天，日停损 790.00 元）；逾期支付维修款停运损失 25280.00 元（32 天，日停损 790.00 元）；救援费 3000.00 元，以上共计 68400.00 元。平安保险大庆支公司于判决生效后 10 日内支付。如果未在本判决指定的期间内履行给付金钱义务，应当依照《民事诉讼法》第二百五十三条之规定，加倍支付迟延履行期间的债务利息。案件受理费 1510.00 元减半收取 755.00 元，由平安保险大庆支公司承担。鉴定费 4200.00 元由平安保险大庆支公司承担。

平安保险大庆支公司不服一审法院的判决，向二审法院提出上诉。平安保险大庆支公司上述请求：（1）撤销一审民事判决；（2）改判不赔偿天宇公司损失 68400.00 元；（3）一、二审诉讼费用由天宇公司承担。

二审法院开庭审理后，判定一审判决事实认定清楚，适用法律正确，应予维持。因此判决：（1）驳回上诉，维持原判；（2）二审案件受理费由上诉人平安保险大庆支公司负担。

三、案例分析

本案是为车辆超速行驶出现保险事故，保险公司拖延定损致使投保人扩大损失而引起的保险赔偿纠纷。保险合同是一种格式合同，合同中的条款几乎全部为保险人预先拟定，投保人可参与和修改的内容很少，法律允许保险合同采取格式合同这种特殊的合同形式，必然导致在保险交易中保险人占据优势地位。保险人在发生保险事故后会出现不愿承担或少承担保险责任的情况，保险合同中的具体条款就是其进行抗辩的依据，因此保险人对投保人就合同条款（尤其是免责条款）所作的说明就具有极其重要的作用。保险人有必要对自己制定的合同进行细致明确地讲解，使投保人达到事实上真正理解的程度。

本案的争议焦点之一就是免责条款是否生效，即保险公司关于违反安全装载规定的实行 10% 的绝对免赔率对于投保人是否生效，其实质就是看保险公司对免责条款是否履行了说明义务。《保险法》第十七条规定："订立保险合同，采用保险人提供的格式条款的，保险人向投保人提供的投保单应当附格式条款，保险人应当向投保人说明合同的内容。对保险合同中免除保险人责任的条款，保险人在订立合同时应当在投保单、保险单或者其他保险凭证上作出足以引起投保人注意的提示，并对该条款的内容以书面或者口头形式向投保人作出明确说明；未作提示或者明确说明的，该条款不产生效力。"经查明，在本案中保险公司事先对免责条款未向投保人进行明确说明，故 10% 的绝对免赔率免责条款对投保人不发生法律效力。

在司法实践中，法院对保险人是否履行说明义务会采取两种不同的标准。一种是形式上的判断标准：在特定地方"签字、盖章"，如投保人在投保人声明中签字或盖章，或者投保人在理解保险合同内容的投保人声明处进行了签字，又或者保险人对免责条款的字体进行加粗或框画等事实，即认定保险人已经尽到说明义务。二是实质性的判断标准：结合案件的实际情况判断保险人履行明确说明义务是否真正达到了能够使投保人作为常人能够理解的程度。司法裁判中的这些争议容易导致同类案件不同判的结果。为保证保险人说明义务制度真正能够发挥效力，实现立法目的，有效保护处于弱势地位一方的利益，平衡双方合法权益，促进保险业健康发展，应对保险人说明义务的制度进行进一步完善。

本案的争议焦点之二，保险公司在接到投保人报案申请理赔后，怠于履行法定定损、理赔的义务，是否因此承担违约责任。我国《保险法》第二十三条规定："保险人收到被保险人或者受益人的赔偿或者给付保险金的请求后，应当及时作出核定；情形复杂的，应当在三十日内作出核定，但合同另有约定的除外。保险人应当将核定结果通知被保险人或者受益人；对属于保险责任的，在与被保险人或者受益人达成赔偿或者给付保险金的协议后十日内，履行赔偿或者给付保险金义务。保险合同对赔偿或者给付保险金的期限有约定的，保险人应当按照约定履行赔偿或者给付保险金义务。保险人未及时履行前款规定义务的，除支付保险金外，应当赔偿被保险人或者受益人因此受到的损失。任何单位和个人不得非法干预保险人履行赔偿或者给付保险金的义务，也不得限制被保险人或者受益人取得保险金的权利。"本案中平安保险大庆支公司自接到天宇公司请求后，应在最长不得超过 30 天内作出核定损失的结论，但其在此期间怠于履行法定定损、理赔的义务，没有履行其应尽之义务，违反了合同的内容，属于届期违约行为，并且不存在任何法定或者约定的免责事由，所以应当向天宇公司承担超期定损和逾期支付维修款造成车辆停运的损失。

四、课程思政解读

诚信作为商业关系中一种最基本的道德标准和规范要素，从一开始就不仅仅是一种主观理念、商业规则，更是一种法律规范和法律原则，被称为"帝王规则"。诚实信用原则是民事活动的基本原则，也是民商事立法需要遵循的基本原则。在我国，诚实信用原则是社会主义核心价值观在法律上的反映。所谓诚信，是指民事主体在从事民事活动、行使民事权利和履行民事义务时，应本着善意诚实的态度，即讲究信誉、恪守信用、意思表示真实、行为合法、不规避法律和曲解合同条款。

我国《民法典》第七条规定："民事主体从事民事活动，应当遵循诚信原则，秉持诚实，恪守承诺。"保险合同亦不例外，尤重善意与诚信。保险合同被称为"最大诚信合同"。这里的"最大"不是指其效力位阶最高，而是在保险合同当事人与关系人的义务方面，其要求比其他民商法更为严格。

保险人免责条款的提示说明义务和及时理赔义务均体现了诚实信用原则在保险法领域的具体适用。商业保险合同中保险公司的义务，既包括保险合同中约定的义务，也包括法定义务。为了防止保险人滥用格式条款，任意免除理赔责任，"淡化"其及时理赔义务，从而侵犯被保险人的合法利益，《保险法》第十七条规定保险人没有尽到提示说明义务则该免责条款不发生效力，第二十三条则规定了保险人最长的法定核定期间、核定结果通知义务、支付保险金的最长期间及违反该义务的法定责任。

保险人对免责条款的提示说明义务和及时理赔义务的确立，具有以下意义：一是避免保险人滥用合适条款，随意免除理赔责任。保险人随意免除理赔责任，不仅会损害投保人或者受益人的合法利益，也会降低保险人的商业信誉，牺牲保险人的长远利益。二是有利于引导保险人诚实履约，保险标的遭受意外事故后，应及时主动核定、通知与支付保险金，杜绝拖延理赔。如保险人不及时主动理赔甚至拒绝理赔，将会增加保险纠纷的产生，增加社会运行成本，影响社会和谐。三是充分发挥保险在分散被保险人风险、恢复其生产经营或者为其提供生活保障方面的积极作用，充分发挥保险经济助推器和社会稳定器的作用。

市场经济是法治经济，也是信用经济。民、商事活动要顺利进行，要求参与活动的主体必须讲诚实、守信用。这样有助于增进人与人之间的信赖，营造和谐的社会关系；有助于培育良好的市场信用，构建诚信营商环境，维护交易安全，降低交易费用，从而推动市民社会的良性运转，以及市场经济的良性发展。

五、问题拓展讨论

（1）在司法实践中如何认定免责条款？

（2）保险合同的性质有哪些？

（3）保险合同的基本原则有哪些？

（4）结合《保险法》第十七条的规定，保险人说明义务的履行标准有哪些？

（5）法律要求保险人对免责条款承担说明义务的目的何在？

👍 六、阅读文献推荐

（1）贺辉、张鹏：《保险合同免责条款及保险人说明义务问题研究》，《法律适用（司法案例）》2018 年第 8 期。

（2）武亦文：《保险法上约定行为义务违反的法律后果——以保险人免责和解除保险合同为中心》，《南大法学》2022 年第 3 期。

（3）潘红艳：《〈民法典〉与我国〈保险法〉中投保人如实告知义务的解释和适用》，《中国保险》2020 年第 12 期。

（4）王玉芳：《保险伦理分析之一——最大诚信原则的伦理学分析》，《财会研究》2019 年第 9 期。

（5）史博学：《最大诚信原则的解释论》，《法律方法》2018 年第 2 期。

金融安全的价值意蕴

案例 14：康美药业证券虚假陈述责任纠纷案

⚠ 一、知识点提要

本案是一起证券虚假陈述特别代表人诉讼案件，该案是《中华人民共和国证券法》（2019 年修订，以下简称《证券法》）确立中国特色证券特别代表人诉讼制度后的首单案件。因此，在对案例进行深度阅读和分析前，应对具有中国特色证券特别代表人诉讼制度的相关知识有所了解。

（一）虚假陈述的概念

虚假陈述，即证券市场虚假陈述，也称不实陈述，是指信息披露义务人违反证券法规定，在证券发行或者交易过程中，对重大事件作出违背事实真相的虚假记载、误导性陈述，或者在披露信息时发生重大遗漏、不正当披露行为。

虚假陈述是特定义务主体实施的行为。所谓特定义务主体，是指依照信息披露制度承担信息披露义务的机构和个人，包括发行股票或公司债券的公司、负责证券承销业务的证券公司，以及为证券发行出具专业文件的中介机构。

虚假陈述存在于信息披露文件。对于与证券发行交易有关的事实，信息披露义务人应及时地按规定的文件和格式向社会公众进行披露。无论是招股说明书或专业机构出具的专业报告，还是年度报告、中期报告或临时报告，均属于信息披露的法定文件。在这些法定文件中作出虚假记载、误导性陈述或遗漏的，即构成虚假陈述。

（二）证券特别代表人诉讼制度概述

我国在 1991 年的《民事诉讼法》中便规定了代表人诉讼制度，但因为该制度并不能很好地适应现实需求，在司法实践中适用率极低，在证券侵权领域更是因为政策限制而被排除适用。2019 年 12 月全国人大常委会审议通过《证券法》，其中第九十五条借助《民事诉讼法》关于代表人诉讼制度的形式，创造性地规定了符合我国国情和证券市场司法需求的证券纠纷代表人诉讼制度。第一款和第二款沿袭了《民事诉讼法》第五十三条、五十四条的内容，规定了证券普通代表人诉讼制度，第三款则创设了证券特别代表人诉讼制度。

1. 代表人诉讼制度

代表人诉讼制度，是指依据《民事诉讼法》的相关规定，在民事诉讼中同一类型的诉讼标的且一方当事人的人数众多，一般在 10 人以上的，可以由当事人选出其中的一些作为代表人，这些代表人将代表其他的当事人参加诉讼程序并通过诉讼主张自己的权利，其他当事人虽然不参加诉讼程序，但诉讼结果会对其产生约束效果。代表人诉讼制度中，必须由诉讼当事人实际参与到诉讼之中。在我国，代表人诉讼制度的设立目的在于减少相同情况重复审理的问题，提高诉讼效率。[①]

2. 证券特别代表人诉讼制度的概念

证券特别代表人诉讼制度，是指针对诉讼标的是同一种类且当事人一方人数众多的证券民事赔偿诉讼，投资者保护机构（以下简称"投保机构"）受到 50 名以上投资者委托，可作为代表人参加诉讼，但投资者明示退出的除外。这与以往证券领域纠纷相关诉讼制度有着巨大的差别。

3. 证券特别代表人诉讼制度的特征

（1）诉讼启动模式为"法院发动，投保机构选择"的递进式模式

当法院决定启动证券普通代表人诉讼并发布权利登记公告后，如果投保机构在公告期间受到 50 名以上投资者的委托，即可决定将证券普通代表人诉讼案件转为证券特别代表人诉讼。投保机构拥有选择案件的权利，若投保机构放弃加入诉讼中，证券特别代表人诉讼便无法启动。而一旦证券特别代表人诉

---

① 张莹、冀宗儒：《民事诉讼代表人制度中诉讼当事人制度论》，《河北法学》，2020 年第 5 期。

讼顺利启动，证券普通代表人诉讼将被吸收而让位于证券特别代表人诉讼。①

（2）原告的认定采用"默示加入、明示退出"的规则

"默示加入、明示退出"的含义是除非投资者明确告知人民法院，表示其不参与到诉讼之中，否则只要投资者在证券登记结算机构确认的名单中并且已经启动了证券特别代表人诉讼程序，这些投资者都会成为案件的原告，受到诉讼判决的约束。这种诉讼参加方式有利于将人数众多的诉讼案件通过一个诉讼程序解决，极大提升了诉讼效率，有效节约了司法资源。由于证券特别代表人诉讼这一类型的案件原告人数众多，赔偿数额巨大，这无疑会增加违法企业或者个人违法的成本，从而对侵犯投资者合法权益的违法行为产生巨大的威慑力。

（3）特别代表人的唯一性

《证券法》直接赋予了投保机构诉讼代表人的法律地位。一般来说，投保机构主要包括中证中小投资者服务中心有限责任公司（以下简称投服中心）和中国证券投资者保护基金公司（以下简称投保基金），其中接受投资者的特别授权作为特别代表人参加诉讼的一般为投服中心。在证券特别代表人诉讼中，投保机构的主要职责就是通过接受投资者的特别授权作为特别代表人参加诉讼、维护投资者的合法权益。投保机构会在证券特别代表人诉讼中发挥其自身所具有的专业性，始终坚持维护其所代表的投资者的合法权益，并尽可能实现利益的最大化。

4. 证券特别代表人诉讼制度的意义

（1）降低诉讼成本，平衡诉讼实力

在群体性证券纠纷诉讼中，合法权益受到侵犯的投资者一般以中小投资者为主，一方面，这些投资者通常不具有证券纠纷诉讼的相关专业知识，在考虑到诉讼成本与胜诉获得赔偿的金额不相匹配等因素后，就放弃了诉讼的维权方式。证券特别代表人诉讼中，作为特别代表人的投保机构因其具备证券相关的专业知识，并在参与诉讼过程中秉持公益性原则，除必要费用外不收取投资者任何费用，这将会极大地降低投资者的诉讼成本，有利于提高投资者参加诉讼的积极性。另一方面，中小投资者因信息不对称、专业知识缺乏等原因在诉讼中长期处于弱势地位，难以与侵权人形成对抗，投保机构长期立足于投资者保护，具有专业性和权威性，在诉讼中能够通过发挥职能优

---

① 汤维建：《中国式证券集团诉讼研究》，《法学杂志》2020 年第 12 期。

势，改变双方地位不平等的现状，缩小双方实力差距，提高诉讼对抗性。

（2）提高诉讼效率，节约司法资源

群体性证券侵权纠纷的投资者具有人数众多且分散、个人损失金额有限等特点。要将所有受损投资者召集在一起展开诉讼并非易事。因此，各地法院往往需要花费大量的人力成本和时间成本，对同类型的案件分别审理或分批审理，导致司法资源的极大浪费。加上各地法院缺乏有效的信息沟通机制，无法形成统一的案件裁判标准，使得判决结果参差不齐。证券特别代表人诉讼制度通过"默示加入、明示退出"规则将各地投资者纳入同一诉讼程序，打破了投资者人数和分布空间上的限制，实现了法院的集约化审理，有利于节约司法资源。同时，案件裁判效力直接扩张至所有登记的权利人，法院免去了逐个核对每个原告事实情况与证据情况的负累，避免了共同诉讼和单独诉讼的弊端，极大提高了审判效率。

（3）遏制违法行为，形成市场威慑

证券侵权诉讼一直存在赔偿金额低、威慑力不足的问题。而确立证券特别代表人诉讼制度后，投资者除非明示退出，否则视为参加诉讼，这最大限度地扩大了受损投资者的数量，大幅提高了侵权人的违法成本。当累计赔偿数额超过侵权人所获利益时，会对侵权人或潜在侵权人形成强大的威慑。其所产生的赔偿效应能够对证券违法违规的行为形成强大的威慑力及高压态势，从而有效遏制我国证券市场频频发生的大规模侵权行为，保障证券市场健康稳定发展。

二、案例介绍

康美药业股份有限公司（以下简称康美药业）成立于 1997 年，2001 年 3 月 19 日在上海证券交易所主板上市，证券代码 600518。公司在国家振兴中医药事业战略的指引下，全面打造"大健康+大平台+大数据+大服务"体系，成为中医药全产业链精准服务型"智慧+"大健康产业上市企业。上市期间康美药业累计募资额达 964.97 亿元。案发前，康美药业的市值超过千亿，营业收入在医药上市公司里一度排名前五，还曾获誉"诚信示范企业"。

2017 年 4 月 20 日、2018 年 4 月 26 日、2018 年 8 月 29 日，康美药业在上海证券交易所网站、巨潮资讯网及中国证监会指定报纸上先后披露了《2016 年年度报告》《2017 年年度报告》《2018 年半年度报告》。2018 年 10

月 15 日晚，互联网上出现自媒体文章，质疑康美药业披露的上述报告存在财务造假，引起强烈反响。康美药业股票 10 月 16 日盘中一度触及跌停，收盘跌幅 5.97%，此后连续 3 日以跌停价收盘，而同期（2018 年 10 月 16 日—19 日）上证指数跌幅为 0.69%，医药生物（申万）指数跌幅为 4.01%。同时，以"康美药业"为关键词的百度搜索指数、百度资讯指数、各类媒体转载指数在 2018 年 10 月 16 日之后均呈现爆炸性增长。康美药业发布会计差错更正说明，称 2018 年以前营业收入、营业成本、费用及款项收付方面存在账实不符的情况，其中货币资金多计 299.44 亿元，营业收入多计 88.98 亿元，营业成本多计 76.62 亿元。公司大股东兼董事长马某田发了一封致全体股东的公开信，将这个严重错误归因于经济转型阵痛、内部控制不严与财务管理不完善，并非财务造假。2019 年 4 月 30 日，康美药业发布了 2018 年年报和 2019 年一季报，广东正中珠江会计师事务所（特殊普通合伙）为康美药业出具了保留意见的审计报告。

2020 年 5 月，中国证监会认定康美药业《2016 年年度报告》《2017 年年度报告》《2018 年半年度报告》存在虚假记载和重大遗漏，财务造假性质、类型与前述自媒体文章中所言基本相同。康美药业、负责康美药业财务审计的广东正中珠江会计师事务所（以下简称正中珠江）及相关责任人均受到行政处罚。证监会处罚公告发布后网友一片哗然，纷纷表示"处罚太轻了"。

2020 年 12 月，顾华骏等 11 名投资者起诉康美药业、马某田等证券虚假陈述责任纠纷一案在广东省广州市中级人民法院（以下简称广州中院）立案。2021 年 4 月，投服中心接受 56 名投资者的特别授权，向广州中院申请作为代表人参加诉讼，代表 5.5 万余名投资者请求判令康美药业、马某田等赔偿投资损失，康美药业与公司董事、监事、高管及正中珠江及其合伙人等承担连带赔偿责任。经最高人民法院指定管辖，广州中院适用特别代表人诉讼程序审理此案。

三、案例分析

本案为证券虚假陈述责任纠纷。投保机构投服中心在权利登记公告期间受 50 名以上权利人的特别授权，作为代表人参加诉讼。根据《证券法》第九十五条第三款和《最高人民法院关于证券纠纷代表人诉讼若干问题的规定》第三十二条第一款的规定，本案为特别代表人诉讼案件。

本案的争议焦点在于：（1）案涉虚假陈述行为的认定；（2）原告投资损失与案涉虚假陈述行为之间有无因果关系；（3）各被告赔偿责任的认定。

（一）案涉虚假陈述行为的认定

《最高人民法院关于审理证券市场因虚假陈述引发的民事赔偿案件的若干规定》（以下简称《虚假陈述若干规定》）第十七条第一款规定："证券市场虚假陈述，是指信息披露义务人违反证券法律规定，在证券发行或者交易过程中，对重大事件作出违背事实真相的虚假记载、误导性陈述，或者在披露信息时发生重大遗漏、不正当披露信息的行为。"

中国证监会作出的《行政处罚决定书》（〔2020〕24号）查明，康美药业披露的《2016年年度报告》《2017年年度报告》《2018年半年度报告》中，存在虚增营业收入、利息收入及营业利润，虚增货币资金和未按规定披露控股股东及其关联方非经营性占用资金的关联交易情况，属于对重大事件作出违背事实真相的虚假记载和披露信息时发生重大遗漏的行为；《行政处罚决定书》（〔2021〕11号）查明，正中珠江出具的康美药业2016年、2017年财务报表审计报告存在虚假记载。康美药业、正中珠江等被告对上述《行政处罚决定书》查明的事实未予否认，且未提交相反证据，故法院对康美药业披露的《2016年年度报告》《2017年年度报告》《2018年半年度报告》，以及正中珠江出具的康美药业2016年、2017年财务报表审计报告存在虚假记载和重大遗漏的事实予以确认，并认定本案存在证券虚假陈述行为。

关于案涉虚假陈述行为的实施日问题。2017年4月20日，康美药业披露存在虚假记载和重大遗漏的《2016年年度报告》，此日期应当被认定为虚假陈述行为的实施日。

关于案涉虚假陈述行为的揭露日问题。虚假陈述的揭露和更正，是指虚假陈述被市场知悉、了解，不要求达到全面、完整、准确的程度，只要交易市场对揭露文章存在明显的反应，即可认定市场知悉虚假陈述行为。法院认为，应以自媒体质疑康美药业财务造假的2018年10月16日为案涉虚假陈述行为的揭露日。理由：一是自媒体质疑报道的主要内容，与中国证监会行政处罚认定的财务造假性质、类型基本相同，特别是质疑报道中关于康美药业在货币资金等科目存在较大造假的猜测，在之后中国证监会作出的行政处罚决定中得到了证实，满足揭露行为的一致性要件；二是自媒体揭露内容引发了巨大的市场反应，康美药业股价在被自媒体质疑后短期内急速下挫，走势与上证指数、行业指数的走势存在较大背离，可以认定市场对于自媒体的揭露行为作出了强烈反应，说明自媒体揭露行为对市场显现出很强的警示作用，满足揭露行为的警示性要件；三是虽然揭露文章仅是首发在自媒体而非官方媒体，但在移动互联网蓬勃兴起的当今，发表在自媒体的文章亦有可能迅速引起较多媒体关注和转载，从本案来看，相关文章确实被多家媒体转载，并直接导致康美药业的百度搜索指数和资讯指数暴增，成为舆论关注重心，满足揭露行为的广泛性要求，达到了揭露效果。

关于基准日和基准价问题。根据《虚假陈述若干规定》第三十三条关于"投资差额损失计算的基准日，是指虚假陈述揭露或者更正后，为将投资人应获赔偿限定在虚假陈述所造成的损失范围内，确定损失计算的合理期间而规定的截止日期。基准日分别按下列情况确定：（一）揭露日或者更正日起，至被虚假陈述影响的证券累计成交量达到其可流通部分100%之日。但通过大宗交易协议转让的证券成交量不予计算"的规定，本案投资差额损失计算的基准日为康美药业上市可流通股票换手率达到100%的2018年12月4日，基准价为12.7元。

（二）原告投资损失与案涉虚假陈述行为之间有无因果关系

本案争议焦点涉及的因果关系包括原告的交易行为与案涉虚假陈述行为之间是否存在因果关系，以及原告的投资损失与案涉虚假陈述行为之间是否存在因果关系，即交易因果关系与损失因果关系。

1. 交易因果关系

《虚假陈述若干规定》第十八条规定："投资人具有以下情形的，人民法院应当认定虚假陈述与损害结果之间存在因果关系；（一）投资人所投资的是与虚假陈述直接关联的证券；（二）投资人在虚假陈述实施日及以后，至揭露日或者更正日之前买入该证券；（三）投资人在虚假陈述揭露日或者更正日及以后，因卖出该证券发生亏损，或者因持续持有该证券而产生亏损。"按照该司法解释之规定，符合条件的投资者的交易行为与被告虚假陈述行为之间应被推定认为存在交易因果关系。

基于此，根据前述关于实施日、揭露日的分析，以及法院2021年2月10日作出的（2020）粤01民初2171号民事裁定，本案权利人范围为自2017年4月20日（含）起至2018年10月15日（含）期间以公开竞价方式买入，并于 2018 年 10 月 15 日闭市后仍持有康美药业股票（证券代码：600518），且与本案具有相同种类诉讼请求的投资者，但具有《虚假陈述若干规定》第十九条规定的虚假陈述与损害结果之间不存在因果关系情形的除外。法院按照前述范围确定投资者名单，调取了相关投资者交易数据，并委托投保基金对投资者的损失情况进行了核算。

法院调取相关投资者数据时已限定为以公开竞价方式买入的投资者的数据，实质上已将通过大宗交易等非竞价交易方式买入的投资者排除。虽然部分被告对此提出异议，但均未能举证证明仍有此类投资者作为原告，故法院对该异议不予支持。因此，法院认为，本案原告的交易行为均与被告虚假陈述行为之间存在交易因果关系。

2. 损失因果关系

关于原告的损失与被告虚假陈述行为是否具有损失因果关系。

首先，原告投资损失金额的认定问题。投保基金计算投资者损失时使用的是移动加权平均法的计算方法，康美药业等部分被告提出异议，认为应当使用先进先出加权平均法。但法院认为，使用移动加权平均法计算时，针对投资者每次买入股票测算一次买入成本，卖出股票的成本以前一次的买入均价为计价依据，即买入均价等于本次购入的股票金额加上本次购入前的持股成本的和，除以本次购入股票的数量加上本次购入前股票的数量的和。这个方法实际上考虑了从实施日到揭露日整个期间，投资者每次买入股票的价格和数量，同时也剔除了因为卖出证券导致的盈亏。因此，该方法更为符合实际情况，对从实施日到揭露日期间多次进行交易的投资者的成本认定更合理，故法院对投保基金采用的移动加权平均法表示认可。

其次，关于本案系统风险扣除的问题。《虚假陈述若干规定》第十九条规定："被告举证证明原告具有以下情形的，人民法院应当认定虚假陈述与损害结果之间不存在因果关系：（一）在虚假陈述揭露日或者更正日之前已经卖出证券；（二）在虚假陈述揭露日或者更正日及以后进行的投资；（三）明知虚假陈述存在而进行的投资；（四）损失或者部分损失是由证券市场系统风险等其他因素所导致；（五）属于恶意投资、操纵证券价格的。"本案中，案涉虚假陈述行为从实施日到揭露日时间较长，在此期间，证券市场走势波动亦较大。投资者的损失中，部分损失系证券市场系统因素造成，该部分损失应予剔除。至于扣除方式，投保基金选取医药生物（申万）指数作为比对指数，并采用"个体相对比例法"测算投资者证券市场系统风险扣除比例。法院认为申万行业指数编制较早，且在证券市场具有较大影响力，可以被选取作为比对指数。而在测算时，投保基金采用"个体相对比例法"测算投资者证券市场系统风险扣除比例，即从投资者第一笔有效买入开始，假设投资者买卖案涉股票时，同时买入卖出相同数量的医药生物（申万）指数，每一笔交易均同步对应指数的买入卖出，并将每个投资者持股期间的指数加权平均跌幅与个股加权平均跌幅进行对比，扣除证券市场系统风险的影响。投保基金具体所采用的计算公式：市场系统风险扣除比例=证券买入与卖出期间指数加权平均跌幅/证券买入与卖出期间个股加权平均跌幅；指数加权平均跌幅＝（指数卖出损失+指数持有损失）／（有效索赔股数×指数买入均价）；个股加权平均跌幅＝（个股卖出损失+个股持有损失）／（有效索赔股数×个股买入均价）。法院认为该测算方法可以更合理地计算不同时期买入康美药业股票的各投资者因市场系统风险受到的损失，投保基金以此方法测算系统风险扣除比例，并无不妥。根据测算情况，除去损失金额在扣除系统风险后为0或者负数的3289名投资者后，共计52037名投资者遭受损失。

最后，关于本案是否还应当扣除非系统风险所导致的投资者损失问题。法院认为，一方面，按照《虚假陈述若干规定》第十九条之规定，缺乏扣除非系统风险导致的损失的法律依据；另一方面，部分被告提出了诸如经营不善、实际控制人曾行贿等应当扣除非系统风险的理由，但未举证证明何种事件应当作为非系统风险，也未证明该等事件独立于虚假陈述行为对康美药业股价产生消极影响。故本案缺乏扣除非系统风险的依据，法院对于部分被告扣除非系统风险的主张不予支持。

此外，经法院核实，投保基金测算的投资者佣金、印花税及利息损失结果均无误，故应予采信。

综上，经投保基金测算，案涉虚假陈述行为所导致的52037名投资者的损失为2458928544元，法院对投资者的该部分赔偿主张予以支持。52037名投资者所主张的超出上述金额之外的损失，以及损失金额在扣除系统风险后为0或者负数的3289名投资者所主张的损失，与案涉虚假陈述行为之间不具有因果关系，法院对该赔偿请求不予支持。

（三）各被告赔偿责任的认定

1. 康美药业及其实际控制人、董事、监事、高级管理人员的赔偿责任

《证券法》（2014年修正）第六十九条规定："发行人、上市公司公告的

招股说明书、公司债券募集办法、财务会计报告、上市报告文件、年度报告、中期报告、临时报告以及其他信息披露资料，有虚假记载、误导性陈述或者重大遗漏，致使投资者在证券交易中遭受损失的，发行人、上市公司应当承担赔偿责任；发行人、上市公司的董事、监事、高级管理人员和其他直接责任人员以及保荐人、承销的证券公司，应当与发行人、上市公司承担连带赔偿责任，但是能够证明自己没有过错的除外；发行人、上市公司的控股股东、实际控制人有过错的，应当与发行人、上市公司承担连带赔偿责任。"

康美药业作为上市公司，披露的《2016 年年度报告》《2017 年年度报告》《2018 年半年度报告》中存在虚假记载，虚增营业收入、利息收入及营业利润，虚增货币资金；披露的《2016 年年度报告》《2017 年年度报告》中存在重大遗漏，未按规定披露控股股东及其关联方非经营性占用资金的关联交易情况，依据《证券法》（2014 年修正）第六十九条之规定，康美药业对案涉投资者损失承担赔偿责任。

马某田作为康美药业董事长、总经理和实际控制人，组织安排相关人员将上市公司资金转移到其控制的关联方，且未在定期报告中披露相关情况；为掩盖上市公司资金被关联方长期占用、虚构公司经营业绩等违法事实，组织策划康美药业相关人员通过虚增营业收入、虚增货币资金等方式实施财务造假。许某瑾作为康美药业副董事长、副总经理和实际控制人，是主管会计工作的负责人，与马某田共同组织安排相关人员将上市公司资金转移到其控制的关联方，且知悉马某田组织相关人员实施财务造假。此外，马某田、许某瑾明知康美药业《2016 年年度报告》《2017 年年度报告》《2018 年半年度报告》披露数据存在虚假，仍然作为董事签字并承诺保证相关文件真实、准确、完整。马某田、许某瑾的行为直接导致康美药业披露的定期报告存在虚假陈述，是应当对康美药业信息披露违法行为直接负责的人员。依据《证券法》（2014 年修正）第六十九条之规定，马某田、许某瑾应当承担连带赔偿责任。

邱某锡作为康美药业董事、副总经理、董事会秘书，主管公司信息披露事务，对公司定期报告的真实性、完整性、准确性承担主要责任，却根据马某田的授意安排，组织相关人员将上市公司资金转移至控股股东及其关联方，组织策划公司相关人员实施并亲自参与实施财务造假行为。庄某清为康美药业财务负责人，参与实施财务造假行为。温某生协助董事会秘书和财务负责人分管财务工作，根据马某田、邱某锡的授意安排，组织相关人员将上市公司资金转移至控股股东及其关联方，组织协调公司相关人员实施财务造假及信息披露违法行为。马某洲担任财务部总监助理，分管出纳工作，根据马某田等人安排，参与财务造假工作。此外，邱某锡、庄某清、温某生、马某洲明知康美药业《2016年年度报告》《2017年年度报告》《2018年半年度报告》披露数据存在虚假，仍然作为董事、监事或高级管理人员签字并承诺保证相关文件真实、准确、完整。邱某锡、庄某清、温某生、马某洲的行为直接导致康美药业披露的定期报告存在虚假陈述，也是应当对康美药业信息披露违法行为直接负责的人员。依据《证券法》（2014年修正）第六十九条之规定，邱某锡、庄某清、温某生、马某洲应当承担连带赔偿责任。

马某耀、林某浩、李某、江某平、李某安、罗某谦、林某雄、李某华、韩某伟、王某、张某甲、郭某慧、张某乙等被告，虽然并非具体分管康美药业财务工作，但康美药业公司财务造假持续时间长，涉及会计科目众多，金额巨大，前述被告作为董事、监事或高级管理人员如尽勤勉义务，即使仅分管部分业务，也不可能完全不发现端倪。因此，虽然前述被告作为董事、监事或高级管理人员并未直接参与财务造假，却未勤勉尽责，存在较大过失，且均在案涉定期财务报告中签字，保证财务报告真实、准确、完整，所以前述被告是康美药业信息披露违法行为的其他直接责任人员。故依据《证券法》（2014年修正）第六十九条之规定，马某耀、林某浩等被告应当承担与其过错程度相适应的赔偿责任。其中，马某耀、林某浩、李某、罗某谦、林某雄、李某华、韩某伟、王某均非财务工作负责人，过失相对较小，法院酌情判令其在投资者损失的20%范围内承担连带赔偿责任；江某平、李某安、张某甲为兼职的独立董事，不参与康美药业日常经营管理，过失相对较小，法院酌情判令其在投资者损失的10%范围内承担连带赔偿责任；郭某慧、张某乙为兼职的独立董事，过失相对较小，且仅在《2018年半年度报告》中签字，法院酌情判令其在投资者损失的5%范围内承担连带赔偿责任。

唐某、陈某未以董事、监事、高级管理人员的身份签名确认《2016年年度报告》《2017年年度报告》《2018年半年度报告》内容的真实、准确、完整，不存在虚假记载、误导性陈述或重大遗漏，不属于案涉虚假陈述行为人，不应当对投资者损失承担赔偿责任。

2. 正中珠江及其工作人员的赔偿责任

《证券法》（2014年修正）第一百七十三条规定："证券服务机构为证券的发行、上市、交易等证券业务活动制作、出具审计报告、资产评估报告、财务顾问报告、资信评级报告或者法律意见书等文件，应当勤勉尽责，对所依据的文件资料内容的真实性、准确性、完整性进行核查和验证。其制作、出具的文件有虚假记载、误导性陈述或者重大遗漏，给他人造成损失的，应当与发行人、上市公司承担连带赔偿责任，但是能够证明自己没有过错的除外。"

根据中国证监会《行政处罚决定书》（〔2021〕11号）认定的事实，康美药业2016年、2017年、2018年年度报告存在虚增收入、虚增货币资金等虚假记载行为。正中珠江为上述年度报告提供审计服务，其中为2016年、2017年财务报表出具了标准无保留意见的审计意见，为2018年财务报表出具了保留意见。在2016年和2017年年报审计期间，正中珠江相关审计人员了解捷科系统为康美药业的业务管理信息系统、金蝶EAS系统为康美药业的财务处理信息系统，但未关注两套系统是否存在差异，未实施必要的审计程序。正中珠江对于货币资金科目和营业收入科目的风险应对措施方面存在重大缺陷，包括未对现金对账执行内部控制测试程序、未关注明显异常或相互矛盾的审计证据、函证回函率较低时未实施替代性程序、审计底稿"加塞"函证交易数据，以及项目经理苏某升严重违反独立性要求等。正中珠江上述未实施基本的审计程序的行为，严重违反《中国注册会计师审计准则》和《中国注册会计师职业道德守则》等规定，导致康美药业严重财务造假未被审计发现，影响极其恶劣，故法院认为正中珠江应当承担连带赔偿责任。

杨某蔚作为正中珠江合伙人和2016年、2017年康美药业审计项目的签字注册会计师，在执业活动中因重大过失造成正中珠江需承担赔偿责任。根据《中华人民共和国合伙企业法》第五十七条第一款关于"一个合伙人或者数个合伙人在执业活动中因故意或者重大过失造成合伙企业债务的，应当承担无限责任或者无限连带责任，其他合伙人以其在合伙企业中的财产份额为限承担责任"之规定，杨某蔚应当在正中珠江承责范围内承担连带赔偿责任。

刘某并非康美药业2016年、2017年审计项目的签字注册会计师，不是案涉虚假陈述行为人，故不应对投资者损失承担赔偿责任。

虽然张某璃作为案涉审计报告签字注册会计师，苏某升作为审计项目经理，均存在过错，但规定中介机构直接责任人承担赔偿责任的《虚假陈述若干规定》第二十四条所依据的《证券法》（1999年施行）第一百六十一条已经被修正，而行为发生时施行的《证券法》（2014年修正）第一百七十三条已无中介机构直接责任人承担赔偿责任的规定。根据新法优于旧法的法律适用原则，张某璃、苏某升作为正中珠江的员工，不应因其职务行为直接对投资者承担赔偿责任。

综上，法院认为，康美药业应对投资者损失共计 2458928544 元承担赔偿责任；马某田、许某瑾、邱某锡、庄某清、温某生、马某洲与康美药业承担连带赔偿责任；马某耀、林某浩、李某、罗某谦、林某雄、李某华、韩某伟、王某在康美药业赔偿责任 20%范围内承担连带赔偿责任；江某平、李某安、张某甲在 10%范围内承担连带赔偿责任；郭某慧、张某乙在 5%范围内承担连带赔偿责任；正中珠江与康美药业承担连带赔偿责任；杨某蔚在正中珠江承责范围内承担连带赔偿责任；唐某、陈某、张某璃、刘某、苏某升在本案中不承担民事赔偿责任。

四、课程思政解读

习近平总书记在 2017 年 7 月 14 日的全国金融工作会议上发表重要讲话，指出金融是国家重要的核心竞争力，金融安全是国家安全的重要组成部分，金融制度是经济社会发展中重要的基础性制度。必须加强党对金融工作的领导，坚持稳中求进工作总基调，遵循金融发展规律，紧紧围绕服务实体经济、防控金融风险、深化金融改革三项任务，创新和完善金融调控，健全现代化金融企业制度，完善金融市场体系，推进构建现代金融监管框架，加快转变金融发展方式，健全金融法治，保障国家金融安全，促进经济和金融良性循环、健康发展。金融是实体经济的血脉，为实体经济服务是金融的天职，是金融的宗旨，也是防范金融风险的根本举措。要贯彻新发展理念，以质量优先、效率至上为原则，更加注重供给侧的存量重组、增量优化、动能转换。要把发展直接融资放在重要位置，形成融资功能完备、基础制度扎实、市场监管有效、投资者合法权益得到有效保护的多层次资本市场体系。

其中，建立健全资本市场的法治体系，是金融制度改革的重要目标。我国《证券法》的修订及实施，充分体现了依法治国、深化供给侧结构性改革、从保护投资者利益的角度出发建设诚信市场生态等重要的思想和理念。

(一) 强化对信息披露的监管

《证券法》设专章对信息披露进行规定。扩大了信息披露义务人的范围，完善了信息披露的内容，强调应当充分披露投资者作出价值判断和投资决策所必需的信息，规范信息披露义务人的自愿披露行为，明确上市公司收购人应当披露增持股份的资金来源，确立发行人及其控股股东、实际控制人、董事、监事、高级管理人员公开承诺的信息披露制度，等等。证券市场的信息披露制度得以进一步完备，系统性的规范和标准有利于上市公司明确自身的信息披露义务，有利于健全证券法律规范体系。前述规定有助于证券监管机构依法完善证券市场的风险防控，完善监管与执法依据，有效维护市场交易秩序，是依法治国在证券市场法治建设中的有效体现。

(二) 加强对投资者的保护

《证券法》设专章对保护投资者权利进行具体规定。《证券法》创设了适应我国国情的证券民事诉讼制度，规定投保机构可以作为诉讼代表人，按照"明示退出、默示加入"的原则，依法为受害投资者提起民事损害赔偿诉讼，切实保护投资者的合法权益。《证券法》适应社会发展，加大对证券违法行为的处罚力度，如对欺诈发行行为，由原来最高可处募集资金 5% 的罚款，提高至募集资金的一倍；对上市公司信息披露的违法行为，由原来最高可处 60 万元罚款，提高至 1000 万元。此外，《证券法》还明确了发行人的控股股东、实际控制人在欺诈发行、信息披露违法行为中适用过错推定责任、承担连带赔偿责任等。保护投资者合法权益与严惩证券违法行为相互结合，旨在打造一个规范、透明、开放、富有活力和韧性的资本市场，顺应社会主义核心价值观在新时代背景下对诚信的基本要求，建设健康良好的金融市场环境。

五、问题拓展讨论

(1) 上市公司信息披露义务人包括哪些？

(2) 如何理解证券虚假陈述的判断标准？

(3) 证券普通代表人诉讼制度和证券特别代表人诉讼制度的区别有哪些？

(4) 律师能否参与我国证券特别代表人诉讼？

(5) 需要确立哪些机制保证投保机构有效运作？

(6) 证券特别代表人诉讼这种诉讼方式是否存在弊端？

👍 六、阅读文献推荐

（1）焦津洪：《我国证券集体诉讼的制度创制与初步实践研究》，《中国法学》2023 年第 3 期。

（2）彭冰：《证券虚假陈述民事赔偿中的因果关系——司法解释的新发展评析》，《法律适用》2022 年第 5 期。

（3）刘哲玮：《证券代表人诉讼中权利人范围确定程序的检讨与展望——从康美药业案展开》，《中国法律评论》2022 年第 1 期。

（4）李曙光：《康美药业案综论》，《法律适用》2022 年第 2 期。

（5）郭文旭：《新〈证券法〉实施下特别代表人诉讼的启动程序——规则解读、制度构思和完善建议》，《南方金融》2021 年第 6 期。

（6）陈洁：《商法界论集》（第 6 卷），法律出版社，2020 年。

（7）陈洁：《证券纠纷代表人诉讼制度的立法理念与制度创新》，《人民司法（应用）》2020 年第 28 期。

（8）汤维建：《中国式证券集团诉讼研究》，《法学杂志》2020 年第 12 期。

税收中的公平正义

案例 15：主播雪某个人所得税流失案

一、知识点提要

本案是一起典型的个人所得税流失案件。故而，在对案例进行深度阅读与分析之前，应对个人所得税的相关知识有所了解。

（一）网络主播个人所得税

网络主播个人所得税是指网络主播从其活动中获取的收入所需要缴纳的税费。个人所得税适用于网络主播的各种收入，如礼物、广告代言、线下活动与商业推广活动等。主播在收入达到一定额度时需要纳税，税费根据收入额度分为不同的税率。网络主播按年或按月计算，各种所得来源获得的收入总和减去费用扣除总和，结余的部分为网络主播个人所得。应纳税额＝应纳税所得额×税率-速算扣除数。

1. 网络主播收入

网络主播收入指网络主播在日常活动中所获得的经济利益的总流入。网络主播的收入来源主要有以下 6 个部分。一是礼物与打赏，观众在直播过程中可以通过平台购买虚拟礼物赠送给主播，这些礼物通常会转化为实际收入，观众的打赏也是一种支持方式，他们可以在直播过程中通过平台进行金额赞助；二是广告与代言，随着主播知名度的提升，品牌和公司可能会邀请主播合作，代言其产品或服务，主播根据合作约定获得报酬，并在直播中介绍、展示相关产品；三是付费订阅，一些平台支持主播设立付费订阅服务，观众可以支付一定费用来获取独家内容、特殊福利或更好的互动体验，主播通过付费订阅也能获得相应的收入；四是竞赛奖金与赛事奖励，如果是游戏领域的主播，他们可能会参加各类游戏竞赛或比赛，在获得优异成绩时赢得奖金或奖励，这些奖金可以成为其收入的一部分；五是线下活动与见面会，主播可以举办线下粉丝见面会，参加演出或其他活动，通过售卖门票、周边商品等方式获得收入；六是其他创意方式，有些主播可能会探索创意的收入方式，如线上课程销售、数字商品等，以多元化的方式增加收入来源。这些不同的收入来源组合在一起，构成了网络主播的综合收入。主播可以根据自己的特点和受众群体，灵活地选择适合的收入模式，实现稳定且具多样性的收入流。

2. 网络主播的费用扣除

网络主播的费用扣除指其在日常活动中所支出的经济成本，涵盖基本减除费用、专项扣除、专项附加扣除、其他扣除及经营成本费用五大类。基本减除费用采用定额扣除方式，每人每年标准为 6 万元，旨在调节收入分配，保障低收入者经济水平；专项扣除包括养老、医疗、失业保险和住房公积金免税额；专项附加扣除涵盖婴幼儿照护、赡养老人等 7 项支出；其他扣除涵盖网络主播个人缴付的企业年金、职业年金，以及购买商业健康保险的支出；经营成本费用的扣除包括人力成本、创作费用、推广费用和自我提升费用。人力成本针对头部、腰部主播，涵盖协助完成直播所需的专业团队支出。创作费用指网络主播直播所涉及的软硬件成本。推广费用则是导流投入，根据流量和成本进行灵活调整。自我提升费用用于主播不断学习新技能，以维持核心竞争力。

3. 计税方式

① 网络主播取得综合所得，按年计算个人所得税。有扣缴义务人的，由扣缴义务人按月或者按次预扣预缴税款；需要办理汇算清缴的，应当在取得所得的次年 3 月 1 日至 6 月 30 日内办理汇算清缴。综合所得应纳税所得额＝纳税年度的综合收入额－基本费用 6 万/年－专项扣除－专项附加扣除－其他扣除。

② 网络主播成立个人工作室取得经营所得，其税务处理需根据具体情况而定。个体工商户类似企业所得税计税方法：应纳税所得额＝收入总额－成本－费用－损失－税金－其他支出－允许弥补的以前年度亏损。个人独资企业和合伙企业投资者若适用查账征收则应纳税所得额＝∑各个企业的经营所得（汇总确定税率）；若适用核定征收，包括定额征收、核定应税所得率

征收和其他合理方法，则应纳税所得额＝收入总额×应税所得率，或＝成本费用支出额÷（1–应税所得率）×应税所得率，应纳所得税额＝应纳税所得额×适用税率。

（二）税收管理

税收管理是税务机关代表国家对税收活动的全过程进行规划、组织、协调和监督的工作，旨在确保税收收入的全额及时入库，以及充分实现税收对经济的调节作用。税收管理的内涵十分广泛，涵盖了税收活动的各个环节。主要构成要素包括两个方面：首先是税收制度，即政府通过法律法规的形式制定的各种征税方法；其次是税收征管，即税务机关依据相关法律规定，统一程序和标准，进行纳税指导和管理，以确保纳税人应纳税款及时入库的行政活动。

二、案例介绍

雪某，原名朱某慧，出生于 1990 年。她的微博粉丝数高达 1506 万人，是杭州宸帆电子商务有限责任公司（以下简称宸帆电商）的成员。该公司在 2016 年创立，旨在打造一个多品牌快时尚集团，将红人和人工智能技术融合应用其中。宸帆电商经历了两轮融资，孕育出 30 多个独特的红人品牌，并与众多国际知名 IP 展开跨界合作。他们构筑了一个以"网络红人+内容培育+独特品牌+电商活动+跨界资源"为核心的网红经济生态体系。这个体系中有 350 多名红人。

天眼查 App 数据显示，雪某（曾）于 14 家企业任职，目前有 7 家企业处于存续状态，这些企业涉及舟山蕴予投资合伙企业（有限合伙）、杭州千熠企业管理有限公司等；有 7 家企业已经注销。

大数据分析显示，在 2019 年至 2020 年期间，税务部门发现雪某以设立个人独资企业为掩护，虚构业务，将个人工资薪金和劳务报酬所得转化为经营所得，逃税金额高达 3036.95 万元。在税务稽查立案后，雪某积极配合，自查并主动补缴了部分税款。根据相关法规，税务部门拟对雪某处以偷税金额 1 倍的罚款。此外，雪某关联的宸帆电商的"首席战略官"李某强也受到了怀疑，他被指控策划、实施并协助雪某逃税漏税，甚至干预了调查工作。税务机关依法对李某强的犯罪事实进行了调查，并作出了相应的处罚。

三、案例分析

(一) 网络主播个人所得税税收制度存在的问题

1. 税收结构的不合理性

税率结构的不合理性是我国个人所得税制度存在的一个问题，尤其在高收入网络主播的个人所得税领域，呈现出两方面的突出不足。

首先，综合所得边际税率过高。我国个人所得税采用超额累进税率，覆盖 7 个税率档，从 3%到 45%。税率逐步上升，高收入层面的税率明显增加，对年应纳税所得额超过 96 万元者，最高边际税率达到 45%。这使得部分高收入网络主播可能采取避税甚至逃税行为，将收入分散到多个公司或账户中以规避高额的个人所得税。这不仅损害了税收公平性，还减弱了税收制度的效益。国家虽推出多项减免政策，如提高起征点和专项附加扣除，但高收入网络主播的个人所得税仍然较高，与企业所得税 25%的税率相比，差距较大。长达 40 年未进行动态调整的高税率，加重了高收入者的纳税负担，可能对创新创业和人才引进产生负面影响。

其次，财产性收入税率过低。随着网络主播财富积累的增加，财产性收入在其收入结构中所占比例逐渐上升。然而，《中华人民共和国个人所得税法》（以下简称《个人所得税法》）对财产性收入实行分类计征，劳动收入最高税率可达 45%，但财产性收入享受较低的固定税率，仅为 20%。这种税率差异为网络主播非法转化收入性质提供了可乘之机，导致收入分配不公，即使在获得税收优惠的同时，仍可以通过财产性收入转换规避高税率。此举不仅导致国家税收流失，也减弱了税收的调节功能。

2. 征税对象的不明确性

网络直播的高度互动性使得众多直播平台引入了送礼物的功能，这种打赏收入在社交主播和内容主播的总收入中占据重要地位。然而，现行的《个人所得税法》并未明确界定打赏收入是否应该纳税，导致了不同的法律认定观点的出现。目前，对于打赏收入的法律定性主要分为以下 3 种观点：

① 赠与行为观点：认为打赏收入属于自愿赠与行为，与服务购买有所区别，不应缴纳个人所得税。这种观点强调打赏的主观性质，将其视作粉丝对主播的支持和鼓励，而非交换劳务或服务的回报。

② 消费行为观点：认为打赏收入是消费者支付虚拟货币以获得精神上

的愉悦和满足，属于网络主播提供劳务或服务的回报，应按照劳务报酬所得缴纳个人所得税。这种观点强调打赏的实质是对主播提供的内容和娱乐价值的付费。

③ 偶然所得观点：认为打赏行为具有偶然性和随机性，取决于消费者的主观意愿，因此应按照偶然所得缴纳个人所得税。这种观点强调打赏行为的随意性，难以界定其纳税义务。

我国《个人所得税法》中关于个人劳务报酬所得和经营所得的定义存在重叠。在网络直播行业，网络主播往往以个人名义开展直播活动，同时也可能成立工作室，使经营所得与劳务报酬之间的界限变得模糊。此外，《个人所得税法》的分类征税和综合与分类相结合的税制改革也为判定增加了复杂性。针对这一问题，建议税法在经营所得和劳务报酬的界定上作出更加明确的规定，考虑网络主播的实际情况，确保税收政策的公平性和准确性。

3. 税收优惠、费用扣除的不规范性

为促进直播行业蓬勃发展，国家推出了一系列税收优惠政策，其中包括各地"财政返还"等政策，这也导致了所谓"税收洼地"的形成。这些地方通常享有较低的税收税率或是通过特定的税收政策，显著减轻了网络主播个人所得税负担，从而吸引了更多的直播平台和网络主播入驻。然而，地方性税收优惠政策原本旨在促进地方经济增长并支持初创企业，但一些网络主播滥用这些政策，将其用于逃避纳税，从而导致财政收入减少并引发不公平竞争的局面。

与此同时，由于直播行业自身的管理不规范，直播活动产生的多样费用难以很好地管理。在这种情况下，一些网络主播可能没有按照规定收集和保留相关发票，给税务部门核实其开支带来了一定难度，进而影响了主播的税务申报。

此外，全国范围内的网络主播都适用统一的基本费用扣除标准，然而这些标准并未随着物价和经济的变化进行相应调整。这导致目前的个人所得税费用扣除限额无法有效缓解个人的消费压力，因为其并未能与实际情况相适应。

（二）网络主播个人所得税税收征管存在的问题

1. 网络主播纳税经验不足

长期以来，我国个人所得税的征收方式一直以源泉扣缴为主，纳税人习惯了由支付方代为缴纳税款，这导致很多纳税人缺乏自主申报的实践经验。这种征收方式的惯性思维影响了纳税人的行为，即使在个人所得税改革后，网络主播的自主申报意识仍然相对不足。与单位纳税人相比，网络主播缺乏专业的财务管理部门，又不像企业一样有拥有丰富财税知识的会计或办税员。同时，他们也缺乏科学规范的财务管理能力，缺少建账建制、保留发票凭证等良好习惯，这使得他们难以及时、准确地完成个人所得税的申报。由此可见，网络主播自主申报数据的真实性仍然需要进一步考证。

近年来，我国针对网络主播的税收征管力度逐渐加大，但是部分网络主播自主申报意识依然不强。在这种情况下，许多网络主播开始寻求税务代理的帮助，特别是那些高收入高净值的主播。个人所得税的申报要求较高，涉及的税收知识相对复杂，对于大多数普通自然人来说并非易事。税务代理不仅可以帮助客户简化申报流程，还能提供专业的纳税筹划建议，从而最大限度地保障客户的权益。

然而，目前我国的税务代理行业仍处于起步阶段，还存在一些问题。首先，一些税务代理公司的资质尚未健全，行为不够规范，甚至出现了违规的纳税筹划等问题。其次，一些网络主播个人所得税流失案件中涉及税筹中介机构，这些案件的曝光显示，不加甄别地使用税务代理可能会影响我国征管秩序的构建，甚至给国家造成经济损失。

2. 网络主播纳税意愿低

（1）网络主播素质差异明显

华南理工大学与薪宝科技零工经济研究中心联合课题组，基于一份涵盖了 347 名网络主播的调查问卷数据，深入剖析了网络主播群体的素质差异。调查结果显示，在全职主播和兼职主播中，具备本科学历的主播比例分别为42.05% 和 45.61%，网络主播的学历结构正在逐步优化。尽管主播的学历有所提升，但个人所得税业务具有一定的专业性。遗憾的是，当前税务机关的宣传手段相对单一且缺乏创新，其社会影响力有限，这在一定程度上导致网络主播对税收法律的认知不足。部分网络主播对于不断变化的个人所得税政策法规、征纳依据及征管手段缺乏深入了解。这不仅影响了税务机关的征管效率，也使得网络主播难以有效地维护自身权益。由于个人所得税作为直接税难以转嫁，因此网络主播在纳税义务方面产生了一定的抵触心理，纳税的积极性并不高。

（2）纳税心理障碍与偷逃风险

基于"理性经济人"的假设，当违法成本较小而潜在收益较大时，人们往往容易产生侥幸心理。在网络主播行业中，这种心理倾向亦可能发挥作用。网络主播面临的税务压力和征纳义务可能让一部分人试图规避纳税责任，存在故意偷逃税款的可能性。尽管个人所得税的规定并非可以随意规避，但对于那些期望以此方式获取更多收益的网络主播而言，他们可能会选择铤而走险，承担违法所带来的风险。

3. 税务执法力量薄弱

（1）内部机构设置待优化

随着我国税收征管体制改革的推进，2018 年国家税务总局发布《国家税务总局关于修改部分税务部门规章的决定》，扩大了税务机关的职权，优化了资源配置，采取了国家税务局、地方税务局合并的举措。如今，税务机关的层级结构与行政体系相称，包括中央、省、市、县和基层分局（所）五级。然而，纵向来看，各级机关从总局到省、市、县局更加突出行政职能，虽然享有较高的地位和更充足的资源，但缺少直接的纳税人管理与服务，导致统筹协调发挥不充分，征管资源分布不甚合理。特别是在网络主播税收征管中，职责下放的问题导致基层税务分局（所）在网络主播管理方面承担重要责任，然而，责任的层层下放使得征管效率受到极大制约。横向来看，现行的税务机构内设机构主要根据税种差异划分，而非根据纳税人类型划定。各部门根据不同涉税事项设立专业化办理岗位，采取各司其职、相互配合的流程性管理方式。然而，网络主播的行为多样、信息复杂，所涉税收政策零散分布，个人所得税的征管常需要多个部门协同，但部门之间缺乏充分的集成协作和管理责任交叉，这既不利于协同管理，也不利于优化服务。

（2）税务人员的专业素养亟须提升

截至 2020 年 12 月，全国税务系统在职工作人员总数达到了 708903 名。从年龄结构来看，税务人员呈现出老龄化趋势。其中，年龄在 30 岁及以下的税务工作人员共有 123655 名，占比 17.44%；年龄在 31 到 40 岁之间的税务工作人员共有 118332 名，占比 16.69%；年龄在 41 到 50 岁之间的税务工作人员共有 229147 名，占比 32.33%；而年龄在 50 岁以上的税务工作人员共有 237769 名，占比 33.54%。

在学历情况方面，税务系统的工作人员学历普遍较高，主要以本科学历为主。拥有本科学历的税务工作人员共有 497482 名，占比 70.18%；其次为大学专科学历，有 140070 名，占比 19.76%；拥有研究生学历的税务工作人员有 53309 名，占比 7.52%；中专及以下学历的税务工作人员有 18042 名，占比 2.55%。

然而，面对 1.3 亿的网络主播数量，税务征管的主体力量明显不足，承担着沉重的责任。在大数据时代，网络主播已经逐步演变为"数据人"，税收征管越来越依赖业务与技术的融合，对税务管理人员的要求变得更加严格。然而，实际情况显示，基层税务管理人员在大数据思维模式方面存在短板，未能深刻认识到"以票控税"向"以数治税"转变的重要性，无法跟上税收征管数字化转型的步伐。传统的"人管户""实地查"的税收征管理念依然占据主导地位，这导致部分税务人员出现了"不想干"的情绪。部分年龄较大的执法人员因缺乏系统的信息技术培训，数据挖掘和处理技能不足，难以适应网络主播税收征管工作的需求。年轻的税务干部则因缺乏税收征管实践经验，设计的风险指标和数据模板往往与基层需求不符，显著存在"不会干"的情况。此外，培养和引进"数据技术+业务知识"的复合型人才的机制单一，使得网络主播税收管理的专业化人才供给相对匮乏。

4. "以数治税"税源监管难

（1）管税的信息化水平低

在数据获取阶段，直播行业作为一个相对新兴的领域，其规范化程度尚不高。目前，税务登记制度仅适用于建立个人工作室的主播，对于独立主播和签约主播的税务登记，并没有明确规定，这导致了涉税账户的缺失。网络主播的个体特性使得其分布分散且流动性较高，而且直播地点与实际经营场所不一致，给税收管理带来了跨区域税源监控的难题。现有的网络主播税费数据并不足以满足精准监管的需求，无法全面反映网络主播的经济活动情况。

在数据整理阶段，网络主播的收入来源多元化，而且电子数据本身易于篡改和删除，这使得自然人电子税务局采集的数据真实性难以辨别。而在数据集成阶段，对涉税信息的深入挖掘和有效开发利用仍然处于探索阶段。对网络主播的基础信息、收入情况、投资信息及纳税信息等数据的分析目前还处于"静止"状态，未能充分利用分析工具和模型来实现动态分析的功能。由此，风险画像难以准确地将网络主播的税源经济运营和税收风险进行关联分析评估，这影响了风险识别的精准性和命中率。

（2）分级分类管理成效不足

根据艾媒咨询的报告数据，截至 2020 年上半年，中国网络主播的平均月工资约为 8330 元。其中，约有 7.1% 的主播收入处于 10000 元至 15000 元之间，3.9% 的主播收入处于 15000 元至 20000 元之间，22.3% 的主播收入在 20000 元至 30000 元之间，17.5% 的主播收入介于 30000 元至 50000 元之间，而超过 50000 元的高收入主播仅占 4.1%。这样的收入分层现象在主播群体中较为明显，低收入和高收入主播并存，造成了税收征管面临的巨大挑战。

网络主播以其多样的直播形式而闻名，监管部门需要根据不同的直播情况采取有针对性的监管手段。然而，现有的监管方式相对单一，无法充分应对各种不同的直播模式和情况。尽管对头部主播加强税收征管可能确保了部分税收的入账，但要想改善整个行业的税收合规性，从而为直播行业的长远稳定发展创造更有利的环境，就需要更加全面和综合的措施。

5. 社会协同治理缺位

（1）协同治税机制未建立

网络主播的直播行为涉及众多方面，包括直播平台、品牌方、消费者等，这就要求相关部门和企业之间建立起高效的合作机制。然而，目前协同治税的机制尚不明确，导致在税收合规方面难以形成有力的合作共识和合力。主播的收入主要来自直播平台上的直播活动和礼物赠送等，交易通常使用网上银行、微信、支付宝等电子支付方式，这种方式具有无纸化的特征和较高的隐蔽性，使得主播的收入数据分散在多个不同的企业和部门。

各部门按需独立采集和存储数据，这样的方式造成了数据的不一致性和格式的不统一性，进而形成了数据的孤岛问题。如果不能实现数据的共享和整合，就难以建立起完整的税收征管体系。一些不诚实的主播还可能通过虚构信息、现金交易等手段来规避纳税，从而增加了税务部门的执法难度。

此外，网络直播行业缺乏统一的规范和标准，缺乏行业自律和监管机制，这也给税务部门的征管工作带来了一定的难度。在这种情况下，税务部门需要积极与相关部门、企业合作，建立起协同治税的机制，共同推动直播行业税收的合法合规，从而实现直播行业更加健康、稳定的发展。

（2）信用管理体系亟待完善

从税务部门的视角来看，目前尚未形成有效的自然人纳税信用管理体系。针对网络主播纳税信用等级评价机制尚未建立的情况，相对于企业纳税人，自然人纳税信息的采集、记录、评估及公示等方面存在一些挑战。尤其在失信惩戒方面，缺乏有效手段，这可能导致一些网络主播不履行纳税义务却未受到切实的制约和惩罚。

另外，从征信体系的角度来看，尽管全社会已经建立了征信系统，但纳税信用的社会化应用范围相对较窄，还需要进一步推广和普及。同时，缺乏制度性的安排使得不同部门之间在联合运用纳税信用方面存在困难，从而影响了纳税信用的约束力。

四、课程思政解读

征收个人所得税具有多重积极作用，不仅能增加国家税收收入，更重要的是可以在社会层面进行调节，达到化解利益矛盾、促进社会公平的目的。这一税收制度不仅有助于塑造良好的社会利益格局，还能培养公民的纳税意识，在全社会营造诚信纳税的良好环境。

随着 2019 年 1 月 1 日《个人所得税法》的正式实施，个税征收管理办法发生了重要变革。然而，由于多种原因，我国个税征管仍存在一些尚需改进的地方，尤其是在涉及网络直播行业的个税征收等方面。深入探究这些问题，有望进一步完善个人所得税的理论体系，同时构建更为健全的征税信息共享机制，以更加充分地贯彻税收法定原则。

在税收领域，个人所得税的征收作用远不止于财政收入来源这一单一角色，其深远意义在于，通过税负调节，能够缓解社会收入分配不均衡现象，进而推动社会公平正义的实现。在当前的社会发展中，财富差距愈发凸显，而个人所得税正成为调整这一问题的利器。对高收入者征收相对更高的税率，能够在一定程度上平衡贫富差距，促使社会更加和谐稳定。

此外，个人所得税的征收也有助于塑造诚信纳税的社会环境。社会主义核心价值观强调诚实守信，纳税意识的培养正是这一价值观的重要体现。通过完善个税征管机制，加强税收宣传教育，能够引导更多公民自觉遵守纳税义务，形成共建共享的税收文化。

网络直播行业的兴起为个税征管带来了新的挑战。不同于传统产业，网络主播的收入来源多元，形式多样，交易透明度较低，造成个税征管难度上升。因此需要借鉴先进的技术手段，建立起更加智能化的征税信息共享平台，实现数据互通互联，有力地监管和管理个税数据。

总之，个人所得税的征收不仅仅关乎国家的财政，更涉及社会的公平正义和经济可持续发展。深入挖掘网络直播行业个税征管问题，能够进一步丰富个税理论，完善征税信息共享机制，加强纳税意识培养，从而实现税收的多重社会功能，为我国税收体系的完善发展贡献更多智慧。

五、问题拓展讨论

（1）什么是个人所得税？它在税收体系中的作用是什么？

（2）个人所得税的税基是如何计算的？请用一个例子进行说明。

（3）个人所得税通常采用分段税率，这意味着什么？举例说明一个分段税率的情况。

（4）在个人所得税征收中，什么是免税额和减免？它们的作用是什么？

（5）税前扣除是什么？举例说明几种可能的税前扣除项目。

（6）个人所得税的申报是什么意思？在什么情况下纳税人需要进行个人所得税的申报？

（7）税收扣缴是个人所得税征收的重要方式之一，它是如何运作的？支付方有什么义务？

（8）个人所得税征管涉及税务居民和非税务居民，它们之间有什么区别？

（9）个人所得税征收的目的之一是调节收入分配，如何通过税率的设置来实现这一目标？

（10）在个人所得税征收中，如何提高纳税人的合规性？你认为税收宣传和教育对此有何重要性？

六、阅读文献推荐

（1）王亚芬、肖晓飞、高铁梅：《我国收入分配差距及个人所得税调节作用的实证分析》，《财贸经济杂志》2007年第4期。

（2）贾康、梁季：《我国个人所得税改革问题研究——兼论"起征点"问题合理解决的思路》，《财政研究》2010年第4期。

（3）岳希明、徐静：《我国个人所得税的居民收入分配效应》，《经济学动态》2012年第6期。

（4）计金标、应涛、刘建梅：《提振国内居民消费、促进"双循环"的税收政策研究》,《税务研究》2020 年第 11 期。

（5）张守文:《税法原理》（第 10 版），北京大学出版社，2021 年。

（6）刘剑文:《财税法：原理、案例与材料》（第 5 版），北京大学出版社，2022 年。

（7）张兰田:《资本运作税法实务》，法律出版社，2010 年。

（8）雷霆:《国际税收实务与协定适用指南——原理、实务与疑难问题》，法律出版社，2018 年。

（9）吴健、王会、吴冠桦:《新个人所得税实务与案例》（第 3 版），中国市场出版社，2022 年。

涉外经济法篇

A Course on Ideological and
Political Cases in Economic Law

国际科技竞争力提升的法治保障

案例 16：辉瑞与弗林抗癫痫药垄断高价案

⚠ 一、知识点提要

本案是一起典型国际反垄断案件。故而，在对案例进行深度阅读与分析之前，应对国际经济法和反垄断法相关知识有所了解。

（一）反垄断法的概念与特征

1. 反垄断法的概念

反垄断法是调整因规制垄断和限制竞争行为而产生的社会关系的法律规范的总称。

2. 反垄断法的调整对象

垄断状态：经济力高度集中，使企业的资本、生产经营规模和市场占有份额大规模化，即一个企业或者少数企业在某种商品或服务领域的市场占有率达到或超过一定比例，使该领域的竞争受到限制。大多数国家认为单纯的垄断状态或市场支配地位不必然违法，只有当滥用市场支配地位的行为发生时才认定其违法，即各国反垄断法均强调对结构性垄断状态行为的规制。

垄断行为：形成垄断状态或谋求垄断状态的各种行为，以及凭借垄断状态所实施的各种限制竞争的行为。

3. 反垄断法特征

国家干预性：反垄断法的国家干预是为了排除对经济自由的不正当限制以实现自由、公平的竞争。其体现的是国家运用公权力于实质上对契约自由精神的保护，以实现实质公平与正义。

社会本位性：反垄断法对竞争关系的调整立足于社会整体利益，在任何情况下都以大多数人的意志和利益为本位。其保障的重点乃竞争机制和竞争秩序，维护广大消费者利益和社会公共利益。反垄断法同时也体现了社会整体效率的价值。其主要通过对竞争的保护，达到社会整体效率的普遍提升，以维护市场秩序，保障消费者与社会公共利益。

经济政策性：反垄断法的制定、修改本身与国家的经济政策密切相关，其执法和司法活动也带有很强的政策性。

（二）适用反垄断法的原则

1. 本身违法原则

指对市场上的某些限制竞争行为，不必考虑其具体情况和后果，即可直接认定其严重损害竞争，构成违法而进行禁止的原则。典型的本身违法行为有联合抵制行为、划分市场行为等。

2. 合理原则

某些对竞争的限制比较模糊的行为是否构成违法，必须在慎重考察企业的目的、行为、方式及后果等因素后才能作出判断，只有在企业存在谋求垄断的意图，并通过不属于"企业发展的正常方式"的手段来实现目的，造成对竞争的实质限制的情况下，其行为才构成违法，否则便是合理的行为。

3. 反垄断法的域外管辖权确定原则

（1）属地管辖；

（2）属人管辖；

（3）效果原则。

（三）垄断行为的类型

1. 垄断协议

垄断协议，德国法中称为"卡特尔"，日本法中称为"不正当交易限制"，美国法中称为"合同""联合""共谋"。我国《反垄断法》所称"垄断协议"，是指经营者为限制竞争而达成协议、决定或者其他协同一致的行为。学理上称为"联合限制竞争"，更能反映该概念的内涵和外延。

垄断协议的特征：首先，主体是经营者和经营者团体。除经营者外，各种行业协会也可能通过其决定、决议等形式限制竞争。其次，行为方式是协议、决议或其他协同一致的行为。最后，行为的目的和后果是排除或限制竞争。经营者之间虽然订立了协议，如产品购销合同，但合同的目的仅仅是彼此生产经营之所需，既无排除或限制竞争的目的，也无排除或限制竞争的后果，就不构成垄断协议行为。该后果不以实际发生为必要。在垄断协议的认定上，采取的是"效果说"而不是"目的说"，如果不具有排除、限制竞争的效果，也就不是违法行为，必须有排除、限制竞争的效果才构成垄断协议。

根据签订协议主体之间的关系，垄断协议可分为横向垄断协议和纵向垄断协议。横向垄断协议是指主体之间具有竞争关系，包括固定价格协议、限制数量协议、市场划分协议、联合抵制交易，以及限制购买新技术、新设备或限制开发新技术、新产品等。纵向垄断协议的主体之间往往是买卖关系，只对价格进行规制，包括固定向第三人转售商品的价格（固价）、限定向第三人转售商品的最低价格（限制最低价）等。在垄断协议的豁免中，有一种情形需要注意，为缓解销售量严重下降或者生产明显过剩的，要构成豁免，这种豁免要求以经济不景气为前提。

2. 滥用市场支配地位

市场支配地位，是指"经营者在相关市场内具有能够控制商品价格、数量或者其他交易条件，或者能够阻碍、影响其他经营者进入相关市场能力的市场地位"。滥用市场支配地位，则指的是这些经营者没有正当理由，利用其市场支配地位，以不公平的方式限制竞争、损害其他经营者或者消费者的利益，从而获得不正当竞争优势的行为。

对于滥用市场支配地位的规制，经历了从关注市场的结构到关注经营者的市场行为的转变。在早期，企业如果具备市场支配地位，就会被认定足以威胁市场，面临拆分危险。后期逐渐改变了仅依靠市场结构来认定垄断行为的判断方法。这种转变意味着企业拥有市场支配地位本身并不具有违法性，只有具有市场支配地位的企业实施限制竞争的滥用行为才构成违法，因此，反垄断法所规制的滥用市场支配地位必须同时具备市场支配地位和滥用行为两个条件。

市场支配地位的认定因素有很多，包括市场份额、控制供销、财力、技术、依附性、其他经营者进入相关市场的难易程度等。

基于此，针对滥用市场支配地位行为的立法包括两种模式：（1）结构主义立法：反垄断法通过控制行业集中度或规范行业集中状态，以维护竞争性的市场结构，该种立法以日本为代表；（2）行为主义立法：反垄断法通过规制具有市场支配地位的企业的市场行为，以排除或减少滥用市场支配地位行为对竞争的危害。该种立法以欧盟为代表，目前已成为反垄断法之主流。

禁止滥用市场支配地位行为的主旨是防止占有市场支配地位的企业滥用其支配权，对其他的、尚未取得支配地位的市场也进行垄断。在已存在支配地位的市场上，禁止有关企业实施滥用支配地位的行为，旨在保护与市场支配地位企业间存在交易关系的交易关系人的公平交易的权利。市场支配地位是指经营者在相关市场内具有能够控制商品价格、数量或者其他交易条件，或者能够阻碍、影响其他经营者进入相关市场能力的市场地位。

市场支配地位形态：（1）独占：一家企业作为某种特定商品或劳务的供应者或需求者，在相关市场上没有竞争者，即具有垄断地位；（2）准独占：一家企业作为某种特定商品或劳务的供应者或需求者，在相关市场上不存在实质性的竞争，即具有准垄断的地位；（3）绝对优势：企业在相关市场上虽有竞争者或实质上的竞争，但因其占有市场份额、财力、购进或销售市场的渠道及其他因素相对于其他竞争者而言具有突出的市场地位，在从事商事活动时拥有绝对的自由决策权和对其他竞争者的绝对影响；（4）寡头：两个或以上企业之间就某种商品或服务不存在实质上的竞争，并且这些企业在总体上具备了垄断、准垄断或突出的市场地位的要件。

市场支配地位的认定标准，一般是以市场份额为主，兼顾其他因素市场支配地位的认定方法。（1）相关市场的界定：相关产品市场、相关地理市场、相关时间市场；（2）企业市场支配力的确定：市场份额、新竞争者进入市场的难易程度、经营者控制销售市场或者原材料采购市场的能力、经营者的财力和技术条件。

滥用市场支配地位行为种类：（1）剥削性的滥用行为，即针对交易相对人所实施的滥用行为，也由于具有市场支配地位的企业不受竞争的限制，因此对交易相对人提出了不合理条件。（2）排挤性滥用行为，即同业竞争者所实施的滥用行为，其目的是排挤竞争对手，或者将自己的市场优势不当地拓展到本没有竞争优势的领域，最终对自由、公平竞争构成损害。（3）剥削性定价行为，即交易相对人所实施的滥用行为，其目的是获得在正常、充分的竞争环境下其无法获取的利益，包括：① 垄断性高价行为：具有市场支配地位的企业向交易相对人索取不合理的超高的销售价格的行为；② 不公平的垄断性低价购买行为：具有市场支配地位的企业为了自身利益的最大化，在进行原料及其他产品的购进活动时尽可能压低购买价格的行为。（4）掠夺性定价行为：经营者凭借市场支配地位，为了排挤竞争对手，在一定市场和一定期限内以低于成本的价格销售商品，从而消除或限制了竞争的行为。

3. 经营者集中

经营者集中是指经营者通过合并、资产购买、股份购买、合同约定（联营、合营）、人事安排、技术控制等方式取得对其他经营者的控制权或者能够对其他经营者施加决定性影响的情形。其中，合并是最重要和最常见的一种经营者集中形式。

按照当事人是否处于相同的生产阶段，可以将经营者集中分为横向经营者集中、纵向经营者集中和混合经营者集中。（1）横向经营者集中，是指在相关市场的同一生产经营阶段，从事同样生产经营活动的经营者之间的集中。换言之，横向经营者集中是指处于相同市场层次上的或者说具有竞争关系的企业之间的集中，此种类型的经营者集中最易形成垄断。（2）纵向经营者集中，是指从事同一产业、处于不同市场层次的经营者之间的集中。即同一产业中处于不同阶段而实际上相互间有买卖关系的各个经营者之间的集中，此种经营者集中对竞争影响稍小。（3）混合经营者集中，是指横向经营者集中和纵向经营者集中以外的其他经营者集中方式，是处于不同市场上的企业之间的集中，即参与集中的企业既不存在竞争关系，也不存在商品买卖关系。此种经营者集中对竞争影响稍小，但是企业做大后可能产生阻却市场的影响。

经营者集中一般是市场经济条件下市场主体的合同自由行为，经营者可以通过公平竞争、自愿联合，依法实施集中，扩大经营规模，提高市场竞争力。但由于经营者集中有可能导致排除和限制竞争，所以各国政府都对经营者集中进行政府管制，并采取事前申报的强制申报制度。经营者集中达到各国申报标准的，经营者应当事先向各国反垄断机构申报，未申报的不得实施集中。

经营者集中的主要形式包括：（1）经营者合并，主要是指法人或者其他组织之间的合并，有两种情形：一种是经营者吸收其他经营者，被吸收的经营者主体资格消灭，即吸收合并，如美国波音飞机制造公司兼并美国麦道飞机制造公司；另一种是两个以上的经营者合并后成为一个新的经营者，合并各方主体资格都不再存在。（2）经营者通过取得股权或者资产的方式取得对其他经营者的控制权。经营者通过取得其他经营者的股份（资产）进而直接或者间接地控制其他经营者的行为，这是借助了股东的地位，取得对其他经营者的控制权的行为。（3）经营者通过合同等方式取得对其他经营者的控制权或者能够对其他经营者施加决定性影响。经营结合是通过订立经营合同的方式实现对其他经营者的控制权，彼此之间形成了人力、业务、技术等的相互配合，通过经营权的制约形成了事实上的集中形态。

经营者集中的危害性：（1）经营者集中可能导致市场支配地位的形成。当少数几个大公司形成经营者集中时，他们可能会利用其市场地位来限制新的竞争对手进入市场，从而削弱市场竞争。这种垄断地位使得他们在价格、产品创新等方面有更大的话语权，对消费者权益造成潜在威胁。（2）经营者集中可能导致行业内竞争的减少。当一个公司在市场上占据主导地位时，其他小公司可能因为面临成本压力而退出市场，导致行业内的竞争减少。这不仅对小公司的生存和发展构成威胁，而且可能对整个行业的创新活力产生负面影响。（3）经营者集中可能带来效率的损失。由于集中化的经营往往需要更大的投入和更复杂的协调，因此可能会产生不必要的成本，如过度的管理费用和冗余的员工工资。这种效率的损失可能会在最终产品或服务上反映出来，对消费者造成间接损害。（4）经营者集中可能对整个经济社会的健康发展构成威胁。由于经营者集中可能导致市场力量的过度集中，进而导致市场失灵，因此政府需要采取措施来防止或减轻其危害。这不仅包括对经营者集中的规制，也包括促进市场竞争、鼓励创新等政策措施。总的来说，经营者集中可能带来的危害包括市场支配地位的形成、行业内竞争的减少、效率的损失及对经济社会发展的威胁。

二、案例介绍

2016 年 12 月 7 日，英国竞争和市场管理局（Competition and Markets Authority）宣布对辉瑞制药（Pfizer Inc.，以下简称辉瑞）和弗林制药（Flynn Pharma Ltd，以下简称弗林）分别处以 8420 万英镑和 520 万英镑的罚款。罚款的原因是辉瑞和弗林滥用市场支配地位大幅提高一种抗癫痫药（苯妥英钠）的价格。辉瑞和弗林就英国竞争和市场管理局的该处罚决定分别向英国竞争上诉法庭（Competition Appeal Tribunal，以下简称竞争上诉法庭）提起上诉。竞争上诉法庭认为虽然辉瑞和弗林在相关市场具有市场支配地位，但英国竞争和市场管理局对辉瑞和弗林滥用市场支配地位行为的认定是错误的，因此推翻了英国竞争和市场管理局对辉瑞和弗林的处罚决定。

本案涉及的产品为苯妥英钠，是一种抗癫痫的药物，主要用于治疗癫痫、脑外伤或者脑部外科手术导致的强直性阵挛和局灶性发作。2012 年 9 月之前，辉瑞生产的苯妥英钠胶囊以 "Epanutin" 作为商品名称自行销售。作为品牌处方药，辉瑞生产的苯妥英钠胶囊价格受到英国卫生部的管制。2012 年 9 月，辉瑞将苯妥英钠胶囊在英国的经销权授予弗林，而辉瑞继续生产苯妥英钠片剂、混合剂、注射剂。弗林得到授权后推出仿制版苯妥英钠胶囊，经过去品牌化（De-branded）的处理，使得仿制版胶囊的价格不再受英国卫生部管制。

自 2012 年 9 月起，辉瑞以高出之前冠名 "Epanutin" 销售的苯妥英钠胶囊 780% 至 1600% 的价格将该胶囊的经销权提供给弗林，弗林再以高出他们所支付价格 2300% 至 2600% 之间的价格，将苯妥英钠胶囊产品销售给英国批发商和药房。以 100 毫克规格的产品为例，英国国家医疗服务体系（National Health Services，以下简称 NHS）为此支付的金额从 2.83 英镑急剧增加到 67.50 英镑，从 2014 年 5 月起减少到 54.00 英镑。由于价格上涨，NHS 在苯妥英钠胶囊上的年支出从 2012 年的约 200 万英镑剧增至 2013 年的 5000 万英镑。此外，辉瑞苯妥英钠胶囊产品在英国的售价与欧洲其他国家相比也高出数倍。

英国竞争市场管理局认为，辉瑞和弗林就抗癫痫药物苯妥英钠胶囊向 NHS 收取过高、不公平的价格，违反英国 1998 年《竞争法》第二章和《欧盟运行条约》第一百零二条关于禁止滥用市场支配地位的规定。

2016 年 12 月 7 日，辉瑞发表声明，称英国竞争和市场管理局在事实和法律上的认定是错误的，并决定向竞争上诉法庭提起上诉。相应地，弗林在声明中指出，英国竞争和市场管理局对英国药品市场的理解完全错误，该决定将对英国仿制药的未来投资及市场能力产生不利影响，弗林亦提起上诉。

2018 年 6 月 7 日，竞争上诉法庭公布了对英国竞争和市场管理局不利的判决。竞争上诉法庭认为，辉瑞和弗林确实在相关市场具有市场支配地位，但英国竞争和市场管理局对其滥用行为的认定是不充分的。竞争上诉法庭认为英国竞争和市场管理局：（1）未能正确适用法律测试（Legal Test）来说明价格是"不公平的"；（2）未能正确地考虑产品的经济价值；（3）也未能充分考虑其他可比较产品（尤其是苯妥英钠片剂）的价格情况。2018 年 6 月 28 日，英国竞争和市场管理局与弗林公司均就竞争上诉法庭的判决向英国上诉法院（Court of Appeal）提出上诉。

2020 年 3 月，英国上诉法院驳回了弗林公司的全部上诉，并维持了英国竞争和市场管理局关于不公平定价的主张，并将此问题移交给英国竞争和市场管理局做进一步调查。在这之后，英国竞争和市场管理局于 2020 年 6 月重新调查该事项。

在进一步收集和分析证据后，英国竞争和市场管理局确定这些公司的行为是滥用其在各自市场的主导地位，辉瑞公司和弗林公司都对苯妥英钠胶囊收取了不公平高价。

英国竞争和市场管理局首席执行官 Andrea Castelli 表示："苯妥英钠是成千上万英国公民治疗癫痫所依赖的基本药物。这些公司非法利用其主导地位，向国家医疗服务系统收取过高的价格从而进行牟利，这意味着患者和纳税人会遭受巨额损失。这种行为是不能容忍的，这些公司现在必须面对其非法行为的后果。"英国竞争和市场管理局对辉瑞公司和弗林公司分别处以6330 万英镑和 670 万英镑的罚款。

三、案例分析

根据第一部分中的知识点，本案审理过程中需要进一步明确的问题与争议焦点主要包括以下方面。

1. 相关市场界定及支配地位的认定

根据该案公告，英国竞争和市场管理局认为，本案相关市场为英国苯妥英钠胶囊市场，辉瑞和弗林在相关市场上具有支配地位。竞争上诉法庭支持了英国竞争和市场管理局该观点。从需求替代的角度分析，患者一旦习惯使用苯妥英钠胶囊，便无法随意换药，对该药品的依赖性较强，与其他抗癫痫药几乎不存在可替代性。弗林对相关市场界定表示质疑。弗林声称英国市场上存在治疗癫痫病的替代药品，并且相对于其他抗癫痫药而言，苯妥英钠胶囊产品价格依然较低。竞争上诉法庭则认为虽然存在其他抗癫痫药，但考虑到患者的药物转换成本和其带来的当前供应商锁定效应，相关市场应界定为英国苯妥英钠胶囊市场。在认定辉瑞和弗林是否具有市场支配地位方面，竞争上诉法庭认为，即使市场上有其他可以提供苯妥英钠胶囊的经营者（如NRIM Limited 可以提供 100 毫克规格的苯妥英钠胶囊，而辉瑞授权弗林可以提供 25 毫克、50 毫克、100 毫克、300 毫克 4 种规格的苯妥英钠胶囊），但辉瑞和弗林仍可以在相当长的时间内将苯妥英钠胶囊维持高价销售，且辉瑞和弗林几乎无法受到来自相关市场或相关市场外其他潜在竞争者的竞争约束，相关市场缺乏竞争对手，客户缺乏议价能力。因此，竞争上诉法庭认为辉瑞和弗林在英国苯妥英钠胶囊市场上具有市场支配地位。

2. 双方对"不公平高价"的争议焦点

首先，值得注意的是，根据英国药品管理的相关法律，原料药在其初始的品牌化自行销售时需受价格规制，但将分销权给予仿制药企业进行去品牌化后，药品的价格将不再受到监管。因此，辉瑞在 2012 前所出售的苯妥英钠胶囊的价格因政府管控而设定在较低的水平。

辉瑞认为，在去品牌化前其一直亏损经营苯妥英钠，在弗林销售苯妥英钠后，该药品的价格仍比其他供应商提供给 NHS 的同类药物的价格低 25% 至 40%，而那些同类药物的高价恰恰是持续被监管并被英国卫生部认可的，因此苯妥英钠的溢价具有合理性。但是，英国竞争和市场管理局认为，去品牌化经营后的两个月即可弥补这种亏损，因此之后的持续溢价并不存在合理的理由；并且，尽管商业行为允许企业自主决定价格，但具有市场支配地位的企业不得滥用其市场支配力制定不公平的高价。英国竞争和市场管理局认为，从现实情况分析，鉴于苯妥英钠是一种非常老式的抗癫痫药物，在没有任何创新或研发投入的情况下，没有理由大幅度提高该药品的价格；且由于患者持续服用苯妥英钠后，从病理上构成了对苯妥英钠的依赖，一般不会冒着新药治疗失败的风险和毒性副作用而轻易转向其他药物，因此辉瑞与弗林的过高定价行为将相当程度上消耗 NHS 的经费投入，并最终减损消费者福利。

3. 英国竞争和市场管理局未能得到竞争上诉法庭的支持

英国竞争和市场管理局在认定辉瑞与弗林的溢价行为构成不公平高价时，先是考察了价格是否"过高"，接着判断该价格是否"不公平"。在判断价格是否过高时，英国竞争和市场管理局重点考察了辉瑞和弗林苯妥英钠胶囊产品的成本价格，并与他们的其他胶囊产品及受监管时期的价格的利润率作比较，以考虑其合理范围内的利润；在判断价格是否公平时，英国竞争和市场管理局评估了辉瑞和弗林药品的经济价值，以及该价格是否与其经济价值有合理联系。但是，竞争上诉法庭认为英国竞争和市场管理局的法律测试方法是错误的。

首先，在判断价格是否过高时，英国竞争和市场管理局错误地依赖了成本价格比较法。竞争上诉法庭认为成本价格比较法并不是唯一考察价格过高的方法，成本价格比较法应该用于如下情形中，即存在一个正常、充分竞争的市场中的价格基准，再考察具有市场支配地位的企业是否攫取了在正常且充分竞争的市场环境中无法获得的利润，才能采用成本价格比较法来判断。在这一点上，竞争上诉法庭支持了辉瑞和弗林的抗辩。辉瑞和弗林认为，英国竞争和市场管理局以根据 2009 年和 2014 年药品价格管制计划（Pharmaceutical Price Regulation Scheme）所作出的定价的 6% 为利润率的价格基准是错误的，这并不能反映一个正常、充分竞争市场中的价格基准。竞争上诉法庭认为，执法机构不能简单地选择对其最有利的考察方法、排除其他方法来得出对其最有利的结论。

其次，竞争上诉法庭认为，在判断价格是否公平时，英国竞争和市场管理局在重点考察价格与其产生的经济价值是否有合理联系时出现了错误。英国竞争和市场管理局更加强调苯妥英钠胶囊上市已久，比较"老旧"，但竞争上诉法庭认为药品上市时间与疗效之间并不存在必然的联系，从苯妥英钠胶囊给广大癫痫病患者带来的治疗益处中可以明显看出其经济价值。此外，竞争上诉法庭认为英国竞争和市场管理局仅关注价格与经济价值之间的合理联系，却未能将苯妥英钠胶囊与其他可比较替代品（尤其是苯妥英钠片剂）相比较，如此判断价格是否公平是失之偏颇的。未能考察其他可比较替代品的价格，也使其对价格不公平的认定缺乏合理支撑。故而，竞争上诉法庭未能支持英国竞争和市场管理局的处罚决定。

四、课程思政解读

（一）通过反垄断构建合理的国家间竞争体系

反垄断法是市场经济的基础性法律制度，在全球范围内也被誉为建设与发展市场经济的"经济宪法"，其制定和修改对于一个国家的市场经济发展秩序的维护和建设方向的明确，具有重大意义。

市场经济制度是一种竞争经济制度，竞争的作用有以下几方面：第一，优化配置资源。计划经济条件下是通过行政指令来配置资源，市场经济条件下则是通过竞争来配置资源的，它通过价格来实现。如果一个企业和部门的产品价格比较高，企业家就会向这个企业或部门进行投资，投资的结果实现供求平衡。因为投资增多，供大于求，产品价格就会下降，从而实现平衡，通过企业自由定价和开放的市场，竞争的第一个作用也是最重要的作用就得到了体现。第二，发展作用。竞争对企业既是压力又是动力，企业在竞争中会提高产品质量，会进行生产技术革新，一个企业生产率的提高会带动其他企业的提高，从而促进整个国民经济的增长，实现发展。第三，保护消费者的作用。在竞争条件下，企业会降低价格，提高产品质量，从而起到保护消费者的作用。

近年来，国际反垄断问题在经济全球化的背景下越来越受到重视。特别是跨国公司纷纷调整经营战略，跨国收购与兼并成为直接投资的主要形式。跨国公司通过"交易内部化"形成自成一体的市场，出现了跨国公司与其母国利益的背离倾向，出口卡特尔、跨国企业兼并、滥用国际市场优势等垄断行为及限制市场竞争行为在这一"背离"的趋势下游离于国家的有效控制下。因此，无论是发展中国家还是发达国家，都有对国际垄断进行管制的需要和愿望。中国作为发展中的大国，出口是我国经济发展的支柱之一，在此背景下，积极运用国际经济法所确立的国际市场反垄断规制手段来维护中国企业及中国的国家利益是非常有必要的，也是建立国家间公平竞争关系的应有之义。

(二) 反垄断立法与执法的完善是我国科技创新国家战略的支撑

经济全球化背景下各国都面临全面系统的知识体系的挑战和重构，经济社会客观发展与数字经济变革决定了中国在国际经济贸易背景下的反垄断立法与执法也必须与时俱进，应从中国自身发展的需要出发构建相关的法律体系。国际经济法框架下的反垄断应能够促进经济高质量发展、工业文明向数字文明转型的客观需要，我国应从基础国情出发推动反垄断法治的创新发展，在经济全球化日益深入、关键技术领域大国竞争愈发激烈的背景下为全球竞争治理贡献中国智慧与方案。

坚持创新在我国现代化建设全局中的核心地位，把科技自立自强作为国家发展的战略支撑。反垄断法立法目的可分为直接目的和间接目的：直接目的为保护市场竞争机制，间接目的为保护市场竞争机制带来的潜在利益。不同于知识产权法以保护激励创新，反垄断法以竞争鼓励创新：竞争一方面促使企业提高产量和降低成本，同时也为企业创新提供了强大的激励力量与动力，不思创新的市场主体终究会在激烈的市场竞争中败下阵来，为优胜劣汰的竞争机制所淘汰。过去 40 余年间，中国特色社会主义市场经济经历了高速发展，但是单纯依靠投资、出口的经济发展传统动能正在不断减弱，必须依靠创新来实现更高效率的资源配置，进而提高生产力。"鼓励创新"入法，特别是对西方部分法域一直以来秉持的反垄断立法目的一元论及其具体实践的审慎反思，是跳出西方主导竞争法治理论与学科话语束缚，构建中国自主反垄断法知识体系的重大阶段性成果。

基于此，反垄断法的体系化运用是健全统一、开放、竞争、有序的国际市场体系的重要举措，有利于保护市场公平竞争，优化营商环境，维护消费者利益，也有利于促进社会主义市场经济健康发展。在从工业经济时代的"生产大爆炸"到数字经济时代的"交易大爆炸"的转型过程中，以鼓励创新来提升反垄断法立法目的和价值体系，以监管科技强化事前事中监管范式、优化事后处罚机制，构建价格和质量并重、法律和技术共治的反垄断法体系，也是我国科技创新国家战略的重要支撑。

五、问题拓展讨论

（1）反垄断审查制度的实施与运行对于国际经济健康发展的意义何在？
（2）全球性的反垄断法律文件有哪些？
（3）WTO 框架下反垄断协调机制的基本原则有哪些？
（4）WTO 框架下反垄断协调机制的实体规范有哪些？
（5）WTO 框架下反垄断协调机制的程序规范有哪些？

六、阅读文献推荐

（1）肖小梅、杨成广：《反垄断法研究》，当代世界出版社，2022 年。
（2）叶军：《经营者集中附条件研究：欧美反垄断法律移植和中国本土化经验》，法律出版社，2022 年。
（3）郭寿康、赵秀文、韩立余：《国际经济法》（第 6 版），中国人民大学出版社，2022 年。
（4）万江：《数字经济与反垄断法：基于理论、实践与国际比较的视角》，法律出版社，2022 年。
（5）陈肖盈：《经营者集中申报标准及其新经济时代应对》，法律出版社，2022 年。

强化涉外法治人才的培养

案例 17：中国诉美国反倾销措施案

⚠ 一、知识点提要

本案乃是一起典型的国际反倾销案件。故而，在对案例进行深度阅读与分析之前，应对国际经济法相关知识有所了解。

（一）反倾销措施的概念

反倾销措施指针对导致进口国国内产业受损的倾销进口产品所采取的，旨在消除损害后果的系列举措。此类措施主要包括临时性措施、价格承诺及反倾销税三种形式。《关税及贸易总协定》（General Agreement on Tariffs and Trade，以下简称 GATT）第 6 条之规定，确立了征收反倾销税的相关规则。《关于实施 1994 年〈关税与贸易总协定〉第 6 条的协定》（简称《反倾销协定》）进一步细化了征收反倾销税的具体规定。2002 年 1 月 1 日起实施，2004 年修订的《中华人民共和国反倾销条例》是我国反倾销措施的主要法律依据。

（二）WTO 争端解决机制的特点

（1）统一的争端解决机制。与 GATT 框架下的争端解决制度不同，WTO 争端解决机制统一适用于 WTO 各项协议和规则，其内容涵盖了 WTO 协定所涉及的各个领域，包括货物贸易、服务贸易、与贸易有关的投资措施和知识产权等。根据《关于争端解决规则与程序的谅解》（Understanding on Rules and Procedures Governing the Settlement of Disputes，以下简称 DSU）第 2 条，

WTO 设立了专门的争端解决机构（Dispute Settlement Body，DSB），该机构由所有成员代表组成。DSB 负责设立专家组、上诉机构，并有权通过专家组和上诉机构的报告，监督报告的执行情况及授权成员方中止减让等。DSB 是受理所有成员关于 WTO 协定项下争议的唯一机构，在解决成员相关争端方面具有专属性和统一性。

（2）对相关争端的强制管辖权。WTO 争端解决机制对成员因 WTO 相关协定产生的争端具有强制管辖权，任何成员就此类争议只能通过 WTO 争端解决机制加以解决，无选择权和保留权。根据 DSU 规定，申诉方提出申请后，DSB 采用"反向一致"原则决定是否设立专家组，这意味着专家组的设立事实上具有"自动性"和"强制性"。同时，任何成员不得自行认定其他成员违反 WTO 义务或擅自采取报复措施，有效避免了成员之间采用单边或双边方式解决争端，特别是避免了以往较为常见的贸易战。

（3）"两级审案"的准司法体系。WTO 争端解决机制更趋司法化，构建了专家组和上诉机构的"两级审案"体系。其中"一审"为专家组程序，就争端的事实和法律问题进行审理和裁决，当事方若对专家组报告的裁决不服，可以上诉，由作为"二审"的上诉机构就法律问题再予审理和裁决。专家组和上诉机构成员均以独立身份参与案件审理，严格遵循 WTO 协定、规则和争端解决程序，任何成员不得对其施加影响，保障其客观公正地解决争端。

（4）自动的程序和决策机制。WTO 争端解决程序的启动和推进机制具有自动性，从磋商到专家组、上诉审议乃至执行程序，在各个环节中，只要申诉方发起和推动程序的进行，该程序即可有序展开，其他成员均无权阻止程序进行。根据 DSU 第 16 条第 4 款、第 17 条第 14 款和第 22 条第 6 款，专家组、上诉机构报告的通过，以及争端解决机构对中止减让和其他义务的授权均采用"反向一致"的原则，即除非全体成员一致否决，否则报告和授权即可通过，这种决策机制是一种事实上的自动通过方式，大大提高了 WTO 争端解决机制的效率和强制力。

（三）WTO 争端解决机制的程序

1. 磋商

磋商请求应采用书面形式并说明理由。磋商是 WTO 争端解决中的必经程序。被请求方自收到请求之日起，如果 10 天内未作答复，或 30 天内（或者双方约定的期限内）未进行磋商，或者 60 天内经磋商未解决争议，则提出请求的成员方可以请求设立专家组。

2. 专家组程序

专家组进行审查的期限（自专家组组成和职权范围议定之日起至最终报告提交争端各方之日）一般不应超过 6 个月，紧急案件不超过 3 个月，经延长后的总期限不应超过 9 个月。

DSB 可以在专家组报告发至各成员之日 20 天后审议通过专家组报告。除非争端一方正式通知 DSB 其上诉的决定，或者 DSB 经过协商一致决定不通过报告，否则在专家组报告散发给各成员之日起 60 天内，报告应在 DSB 会议上通过。

3. 上诉程序

争端当事方如果对专家组报告不服，可以提出上诉。

上诉机构的审查对象与专家组不同，仅审理专家组报告涉及的法律问题和专家组的法律解释，不能审查专家组报告中的事实问题，对专家组的裁决和结论可以维持、变更或者撤销。

上诉机构的报告应自提交上诉通知起 90 天内散发给各成员方，并自报告散发给各成员后 30 天内由 DSB 通过，除非 DSB 经过协商一致决定不予通过。

4. 建议和裁决的执行

（1）合理的执行期限。

（2）报复措施："平行报复"；跨部门的报复；"交叉报复"。

（3）DSB 授权中止减让或其他义务。

（4）补偿、中止减让或其他义务均为临时性措施。

（四）实施反倾销措施的构成要件

1. 在客观上，存在倾销行为

存在倾销行为是构成反倾销的首要条件。如果一国产品出口到另一国时并不存在倾销进口行为，那反倾销就无从谈起，因为倾销与反倾销是相伴产生的。

2. 在相互关系上，倾销行为和损害之间存在因果关系

对于反倾销的构成要件方面，因果关系的要求是必然的。如果一国的相关国内产业的损害不是他国出口产品所造成的，那该国就不得采用反倾销措

施，否则就是滥用了反倾销措施，构筑了新的贸易壁垒。

3. 在结果上，国内产业受到实际损害

有倾销的客观行为不一定导致一国采取反倾销措施，还要确定该倾销是否存在对该国国内产业的损害。这里所指的损害一般指三个方面，即对某国国内产业造成实质损害，或是对其造成实质性损害威胁，或是对某国国内相关产业的建立造成实质性阻碍。

（五）正常价值的确认

正常价值在反倾销立法中占有非常重要的地位和不可替代的法律意义。确认正常价值主要有出口国国内市场销售价格、第三国出口价格和出口国结构价格三种基本方法。

1. 出口国国内市场销售价格

出口国（地区）国内市场销售价格是确定正常价值的最基本方法，在一般情况下应优先适用。只有在不存在出口国国内市场销售价格时，才能考虑其他方法。《中华人民共和国反倾销条例》第四条第一款规定，进口产品的同类产品，在出口国（地区）国内市场的正常贸易过程中有可比价格的，以该可比价格为正常价值。

2. 第三国出口价格

第三国出口价格是指出口国产品出口到第三国市场销售的价格。《中华人民共和国反倾销条例》第四条第二款规定，进口产品的同类产品，在出口国（地区）国内市场的正常贸易过程中没有销售的，或者该同类产品的价格、数量不能据以进行公平比较的，以该同类产品出口到第三国（地区）的可比价格作为正常价值。但是，对第三国如何确定、第三国出口价格如何计算等问题没有规定。

3. 出口国结构价格

《中华人民共和国反倾销条例》第四条第二款规定，进口产品的同类产品，在出口国（地区）国内市场的正常贸易过程中没有销售的，或者该同类产品的价格、数量不能据以进行公平比较的，以该同类产品出口到一个适当第三国（地区）的可比价格或者以该同类产品在原产国（地区）的生产成本加合理费用、利润，为正常价值。这里的"以该同类产品在原产国（地区）的生产成本加合理费用、利润，为正常价值"就是指结构价格。

🔳 二、案例介绍

（一）案件背景

近些年，美国商务部对我国出口企业的反倾销和反补贴调查越来越严格。2006 年 10 月，美国商务部对我国铜版纸展开"双反"调查，2007 年 3 月，美国商务部对铜版纸调查结果作出初始裁决，以我国是"非市场经济国家"为由，对我国铜版纸征收了高额的反倾销税和反补贴税；2009 年 5 月，美国商务部对我国石油管材进行"双反"调查，同样以我国是"非市场经济国家"为由，对我国石油管材同时征收反倾销和反补贴税，并在初始裁决中不当适用不利可得事实推定；2011 年 5 月，美国商务部对我国高压气瓶展开反倾销调查，美国商务部运用错误的"目标倾销"计算倾销幅度，认为我国高压气瓶存在倾销，对我国企业征收了高额的反倾销税率；2014 年，在"OTR 第五次反倾销行政复审案"中，美国商务部在认定双钱公司不存在反倾销的情况下，仍以"非市场经济国家"为由，认定双钱公司受我国政府的控制，不能获得单独税率。

这些现象足以说明美国商务部为了本国企业的利益，肆无忌惮地藐视世贸规则，对我国出口企业给予高额的反倾销税率，严重损害了我国出口企业的利益。我国政府对美国商务部的做法提出异议，并于 2013 年将 13 起案件打包起诉，将美国商务部诉至 WTO 争端解决机制，经过双方最初的磋商后仍无法解决该争端。随后 WTO 成立了专家组审理此案。

（二）案情介绍

2013 年 12 月 3 日，我国商务部将中美铜版纸案、中美暖水虾案、中美钢质高压气瓶案等 13 起反倾销调查案件打包诉至 WTO 争端解决机制（DS471 案）。我国认为，美国商务部在对我国出口企业进行反倾销调查和复审的过程中，适用目标倾销中加权平均对逐笔交易法计算倾销幅度、在加权平均对逐笔交易法中使用归零法，以"非市场经济国家"为由拒绝给予我国企业单独税率，以及不当适用不利可得事实推定等一系列做法，违反了 WTO 的相关法律规则。本案涉及美国对我国铜版纸、暖水虾等出口产品采取的 13 项反倾销调查措施。

2016 年 10 月 19 日，专家组发布裁决报告。专家组认为：美国商务部在计算目标倾销幅度时适用加权平均对逐笔交易法（以下简称 W-T 比较法）及将 W-T 比较法应用于全部出口交易的做法违反了《反倾销协定》第 2.4.2 条的规定；美国商务部适用 W-T 比较法使用"归零法"的做法也违反了《反倾销协定》第 2.4.2 条的规定。美国商务部在公布的 38 项对中国出口产品征收反倾销税的决定中，直接推定中国为"非市场经济国家"，并以此为由对出口企业适用统一的反倾销税率，专家组认为美国商务部的做法违反了《反倾销协定》第 6.10 条、第 9.2 条及第 9.4 条。但专家组不支持中国关于美国适用不利可得事实推定违反 WTO 世贸规则的说法，并根据司法经济原则驳回了中国根据《反倾销协定》第 6.8 条和附件二第 7 条对不利可得事实推定提起的法的本身之诉和法的适用之诉，理由是认为没有裁决的必要。

2016 年 12 月，我国针对专家组的部分裁决提出上诉。美国商务部根据《反倾销协定》第 2.4.2 条将 W-T 比较法应用于该争端涉及的 3 项反倾销调查中的做法提出了上诉。中国认为美国商务部在确定价格是否存在"显著"差异时考虑了某些定性因素，基于平均数据确定了一个"模式"。关于不利可得事实推定，我国商务部对专家组的以下调查结果提起上诉，即专家组认为"中国未能证明不利可得事实推定构成了一般性和前瞻性的适用"。因此，我国商务部要求上诉机构完成有关法律分析，并得出"被诉不利可得事实规则构成了一般和前瞻性适用"的认定，可以向 WTO 争端解决机制提出法的本身之诉；同时要求上诉机构得出不利可得事实推定与《反倾销协定》第 6.8 条和附件二第 7 条不符的认定。

2017 年 5 月 22 日，上诉机构作出裁决，在目标倾销问题上推翻了专家组的裁决；在不利可得事实推定的法的本身之诉上，上诉机构推翻了专家组的裁决，认为美国的做法构成了"适用于所有一般和前瞻性适用的措施"，中国可以对其提起法的本身之诉；由于专家组是否进行了详细的分析，缺少事实，上诉机构没有完成对条约适用的法律分析，即在法的适用之诉上，上诉机构不支持中国的观点。

（三）本案裁决简述

本案专家组、上诉机构在对双方的争议点进行分析认定后，作出如下裁决：

第一，美国商务部在计算目标倾销时适用 W-T 比较法违反了《反倾销协定》第 2.4.2 条的有关规定。美国商务部是基于这样一个事实来认定使用

W-T 比较法符合世贸规则，即美国商务部分别使用 W-T 比较法和加权平均对加权平均法（以下简称 W-W 比较法）的计算方法计算出倾销幅度，使用前者计算时运用归零法，使用后者计算时未进行归零，美国商务部认为这些差异利润表明使用 W-W 比较法的计算方法存在掩盖目标倾销的行为。专家组认为美国商务部此种行为是"基于错误的法律依据"，与《反倾销协定》第 2.4.2 条不一致。此外，美国在解释的过程中，只解释了"为什么不能适当地运用加权平均对加权平均方法对重大差异进行考虑"，而没有解释"为什么可以运用加权平均对逐笔交易法对重大差异进行考虑"，与《反倾销协定》第 2.4.2 条规定不相符。

第二，美国商务部将 W-T 比较法适用所有出口交易违反《反倾销协定》。专家组认为 W-T 比较法仅适用于能够证明其运用具有正当性的交易，也就是构成相关"模式"的交易。"W-T 比较法仅适用于构成了'不同购买者、地区或时期内有显著差异的出口价格模式'的交易。"因此专家组认为将 W-T 比较法适用于所有出口交易违反了《反倾销协定》第 2.4.2 条。

第三，美国商务部在使用 W-T 比较法时使用归零法违反《反倾销协定》。专家组认为尽管第 2.4.2 条的第二句话允许调查机关在根据 W-T 比较法确定倾销和倾销幅度时集中于"模式交易"，且禁止考虑"非模式交易"，但是该句文本并不允许调查机关排除模式内某些特定交易的比较结果。专家组因此裁定美国商务部在 W-T 比较法下运用归零法与《反倾销协定》第 2.4.2 条不一致。

第四，美国商务部在发起的 38 项反倾销调查中所适用的"非市场经济国家单一税率推定"方法违反《反倾销协定》第 6.10 条、第 9.2 条和第 9.4 条的规定。在单一税率推定是否可以提起法的本身之诉的问题上，根据第 6.10 条规定，给予出口企业单独待遇是基本原则，抽样方法是例外情况。美国商务部的做法违反了《反倾销协定》的规定，专家组认为可以提起法的本身之诉。根据《中国加入世贸组织议定书》第 15 条规定，美国商务部声称的"中国在入世时承诺非市场经济地位"这一说法及建立在这一基础上的单一税率推定缺乏依据，该做法违反了 WTO 基本原则中的"非歧视性待遇原则"。

第五，美国商务部适用不利可得事实推定的做法违反《反倾销协定》第 6.8 条和附件二的有关规定。首先，专家组认为可得不利事实推定构成"范式"必须符合 3 个条件：（1）所谓的"规则"或"范式"是由被申诉国家引起的；（2）"范式"有具体的内容或者条款，即"范式"是强制性的法律规定；（3）具有一般和前瞻性适用。专家组根据中国提交的证据认为，中国提交的证据并不能够证明可得不利事实具有普遍性，中国不能在争端解决机制上提出挑战。上诉机构驳回了专家组的意见，认为法的本身之诉构成可以被挑战的范式。

三、案例分析

根据第一部分中的知识点，本案审理过程中需要进一步明确的问题与争议焦点主要包括以下方面。

1. 目标倾销中 W-T 比较法是否违反《反倾销协定》第 2.4.2 条

中国认为，美国商务部在 3 次反倾销调查中，适用 W-T 比较法计算倾销幅度违反了《反倾销协定》第 2.4.2 条的规定。美国的行为与第 2.4.2 条的"模式条款"和"解释条款"不一致，美国商务部未能正确发现不同购买者或不同时间的出口价格差异。

美国商务部反驳认为，在 3 次反倾销调查中，使用"钢钉测试"方法满足了第 2.4.2 条的"模式条款"的要求，发现了不同购买者或不同时间或地区的出口价格差异。美国商务部通过 W-W 和 W-T 的计算方法分别计算了出口产品的倾销幅度，商务部使用 W-W 比较法计算倾销幅度时没有使用归零法，使用 W-T 比较法时使用了归零法。美国商务部认为，两种方法计算出来的倾销幅度差异，表明了使用 W-W 方法计算倾销幅度时掩盖了目标倾销的行为。因此美国商务部认为，使用 W-T 比较法的条件得到了满足。

专家组认为，《反倾销协定》第 2.4.2 条规定了 3 种计算倾销幅度的方法：W-W（加权平均对加权平均）、T-T（逐笔交易对逐笔交易）和 W-T（加权平均对逐笔交易）。通常情况下，计算倾销幅度时使用的是 W-W 和 T-T 比较法。只有满足以下两个条件，才能使用 W-T 比较法计算倾销幅度：（1）调查机关应该发现"出口价格的模式"在不同的购买者、地区或时间之间存在显著差异（价格差异明显）；（2）调查机关应该提供一种解释，解释为什么在这种模式中这种差异不能适当考虑使用 W-W 和 T-T 比较法。专家组发现，美国商务部是基于这样一个事实来认定使用 W-T 比较法符合世贸规则的，即美国商务部分别使用 W-T 和 W-W 的计算方法计算出倾销幅度，使用前者计算时运用归零法，使用后者计算时未进行归零，则美国商务部认为这些差异利润表明，使用 W-W 比较法的计算方法存在掩盖目标倾销的行为。专家组认为美国商务部此种行为是"基于错误的法律依据"，与《反倾销协定》第 2.4.2 条不一致。此外，美国在解释的过程中，只解释了"为什么不能适当地运用 W-W 方法对重大差异进行考虑"，而没有解释"为什么可以运用 W-T 比较法对重大差异进行考虑"。在此基础上，专家组认为美国商务部的做法与《反倾销协定》第 2.4.2 条的解释条款不一致。

随后，专家组回顾了美国的 3 项反倾销调查，美国商务部使用了"钢钉测试"满足第 2.4.2 条的"模式"要求和"显著差异"的要求。美国的"钢钉测试"分为两个阶段，即标准偏差测试（也称为模式测试）和价格差距测试。标准偏差测试的目的是满足"模式"要求，价格差距测试的目的是满足模式条款"显著差异"的要求。专家组注意到，第 2.4.2 条模式条款规定了调查机关应当发现一种价格"模式"，且这种模式具有"显著差异"，但是它没有规定调查机关应当如何做出这样的发现，即调查机关不需要审查造成出口价格"显著差异"的原因。专家组没有认同中国主张的"显著性差异"应考虑到"季节性因素"的影响这一观点。专家组认为，"显著性"包括定量和定性的分析，需要分析客观的市场因素，但是无须分析造成这些"显著性"的原因。上诉机构支持了专家组的裁决，认为反倾销调查机关在审查"显著差异"时需要进行定量和定性的分析，但不需要解释造成这种差异的原因。第 2.4.2 条只规定了调查机关的调查对象，并未规定调查方法。

2. 单一税率是否违反《反倾销协定》的规定

中国认为，依据《反倾销协定》第 6.10 条的有关规定，在反倾销程序调查过程中，出口企业获得单独调查，并适用单独税率是一项基本权利。但美国商务部以中国为"非市场经济国家"为由，对中国出口企业适用统一的反倾销税率，违反了《反倾销协定》的有关规定。

美国商务部认为，单一税率推定的适用符合《反倾销协定》有关规定，《中国加入世贸组织议定书》第 15 条和《中国加入工作组报告书》更为认定中国为"非市场经济国家"提供了理论依据。

专家组对单一税率推定是否违反《反倾销协定》的相关规则，即对法的适用之诉进行分析。专家组审查了《反倾销协定》第 6.10 条和第 9.2 条的有关规定。在审查时发现，第 6.10 条和第 9.2 条之间"明显地具有并行性"，这两个法条在确定单独倾销幅度和反倾销税时，都用了"impracticable"（不可行的）一词。专家组认为，在计算倾销幅度时，每个出口企业都有权获得单独倾销幅度和单独倾销税率，"只有当计算单独税率不可行的时候，才可以采用抽样的方法计算倾销税率"。单一税率推定是假设所有非市场经济国家的出口商都是由政府控制的，并给予统一税率，除非这些出口商能通过单独税率测试，明确证明其不受政府控制。专家组认为，美国商务部的做法违反了第6.8条和第9.2条的规定。关于美国商务部以中国签订的《中国加入世贸组织议定书》第15条作为理论依据，专家组解释说："中国出口企业应在反倾销调查中明确表明，在生产类似产品的行业中，市场条件是普遍存在的。如果出口企业未能履行这一责任，进口国家可以在决定价格可比性时，不采用中国国内价格或成本的计算方法，而采用一种更为严格的计算方法（第三国或替代国做法）。"专家组在涉及《中国加入世贸组织议定书》第15条的解释问题上，援引了中国诉欧盟紧固件反倾销案（DS397案）中上诉机构的报告，上诉机构认定该条款只说明了中国企业在不能证明其具备市场经济条件时，以中国企业适用替代国的产品价格计算中国产品的正常价格，但对如何计算倾销幅度和反倾销税率并没有提及。因此，美国商务部以"中国承诺其为非市场经济国家"为由对中国出口企业适用单一税率的做法有违世贸规则的相关规定。综上所述，专家组认为美国商务部适用单一税率推定的做法违反了《反倾销协定》的规定。

3. 不利可得事实推定是否能提起法的本身之诉

本案中，中国对美国商务部适用不利可得事实推定提出法的本身之诉。中国认为美国在企业对未能及时准确地提供所需信息的情况下，美国商务部选择其他方式获取信息，并采用不利于受调查企业的反倾销税率的做法，违反《反倾销协定》的有关规定。

美国商务部反驳认为，中国提出的不利可得事实推定不构成一般和前瞻性适用的规范，不能提出法的本身之诉。

专家组根据中国的诉讼请求对不利可得事实推定是否构成"范式"进行分析。不利可得事实推定构成"范式"必须符合3个条件：（1）所谓的"规则"或"范式"是由被申诉国家引起的；（2）"范式"有具体的内容或者条款，即"范式"是强制性的法律规定；（3）具有一般和前瞻性适用。关于条件（1），即"归因"问题，"所谓的规则或范式是否是由美国引起的"。由于美国商务部是美国政府的一个机构，导致了不利可得事实推定是由美国引起的，这一点毋庸置疑。关于条件（2），即"不利可得事实是否为具体明确的法律规定"。专家组审查了中国提交的一系列证据，发现中国引用的美国《反倾销手册》部分"不支持中国关于所谓的不利可得事实推定的具体内容的论证"。《反倾销手册》并不是指使用一种全国范围的实体作为使用不利可得事实推定的触发条件。也就是说，该手册讨论了其他的例子，即美国商务部将所谓的不利事实推定应用于其中，这表明在《反倾销手册》中没有提到它适用的全部情况。该小组还指出，《反倾销手册》中情态动词"may"的使用，"表明美国商务部有权使用不利的事实"。因此，专家组发现，《反倾销手册》不支持中国关于所谓的不利事实推定的确切内容的论证。关于条件（3），不利可得事实推定是否具有一般和前瞻性适用，即是否具有"普遍和可被预期适用性"。专家组根据中国提供的证据，认为所谓的不利可得事实推定不具有一般和前瞻性的应用。

上诉机构推翻了专家组的裁决，上诉机构表示，它将把分析的重点放在"一般应用"和"前瞻性应用"的要素上。上诉机构认为，专家组"关于不利可得事实推定的未来应用的确定性"不受记录证据的支持。上诉机构发现专家小组在这方面的分析是"循环的"，因为它表明，一旦某项规则或规范的延续达到一定程度，便可预见该规则或规范在未来将继续适用。此外，上诉机构还回顾了之前的发现，即"一个投诉者不需要在未来的情况下证明某一特定措施在未来的应用中适用"，然而专家小组的分析与该法律标准是"不一致的"。在此基础上，上诉机构得出结论，认为不利可得事实推定"具有一般和前瞻性应用的规范"。

关于不利可得事实推定能否在世贸组织受到挑战，最大的争议就是不利可得事实推定是否具有一般性和前瞻性的应用。中国提供的起诉书，以及美国《关税法》第776.b条和《美国联邦法规》第19篇第308条中，均使用的是"may"而不是"shall"，"may"表明美国"可以"适用不利可得事实推定。也就是说，关于不利可得事实推定的适用的规定都是任意性的，不是强制性的。按照以往判例，由于不利可得事实推定不是强制性规定，不满足条件（2），不能提起法的本身之诉。但是，在日本诉美国耐腐蚀碳钢板日落复审案（DS244）中，上诉机构指出，《反倾销协定》第17.3条并未限定提交争端解决的措施必须是强制性的。从第17.4条的有关规定来看，只要双方协商不满意或者具有重大影响，就可以提交争端解决机制解决，成员国采纳的与反倾销程序相关的所有具有一般和前瞻性的规则、原则都可以提起法的本身之诉。因此，非强制性措施可以提起法的本身之诉。本案中，在关于法的本身之诉的诉请上，专家组没有支持中国的观点，中国败诉。随后，中国提出上诉。上诉机构经过审查认为，不利可得事实推定的范式的普遍性，只要是"影响非特定数量的经济活动参与者"，就应该理解为具有普遍性。范式的"前瞻性"并不意味着必须证明涉案措施的性质，频率、相同性、重复率越高的行为，越有可能证明范式的存在，同时相关措施的设计、结构等也是考察范式是否存在的相关因素。上诉机构还强调，某一特定规则或规范为未来行为提供行政指导的程度，以及它在未来适用于经济经营者期望的程度，也与该规则或规范的预期性质有关，从而推翻了专家组的裁决，认为关于美国的不利可得事实推定的适用可以提起法的本身之诉。

4. 不利可得事实推定是否违反《反倾销协定》相关规定

中国认为，美国商务部适用不利可得事实推定违反了《反倾销协定》第6.1条、6.8条、9.4条及附件二第1和第7条的规定。中国声称，"不利可得事实推定促使美国商务部作出不利的推论，并选择不利事实作为对单一因素的回应"。不合作企业如果不能准确提供相关信息，则美国商务部通过其他方式获得的信息将在特定情况下属于可获得的"最佳"信息。中国声称"美国商务部忽略了相关的程序情况，没有进行特别的谨慎处理，不能根据这些规定选择最好的信息"。

美国商务部对此提出反驳，认为受调查企业不配合调查并且愿意承担这种风险，就说明按照实际情况计算的倾销税率，一定不会少于可得不利事实推定的税率。

专家组没有支持中国的观点，专家组认为没有必要，因为关键"不是要决定美国商务部是如何根据相关的《反倾销协定》的条款采取行动的，而是在30个挑战的决定中美国商务部是否违反了这些规定"。中国对此提出上诉，但是由于专家组并未对该问题进行调查，缺乏事实理由和依据，上诉机构表示无法对美国商务部选择最近信息的过程予以评估。

上诉机构指出，由于专家组没有发现不利可得事实推定是否符合第6.8条和附件二第7条，因此，并未对推理过程展开充分分析，也未对美国商务部选择以"事实"来取代缺失的信息的做法作出评价。在作出是否完成分析的决定时，上诉机构表示"考虑到专家组调查结果的缺乏，以及调查小组的记录中有足够的无可争议的事实，以及参与者在上诉中提出的论据"，认为无法评判美国商务部对其选择的过程的评估，以及准确判断这些事实是否可以合理地替代遗漏的必要信息。

此外，美国商务部认为，受调查企业，不配合调查并且愿意承担这种风险，就说明按照实际情况计算的倾销税率，一定不会少于可得不利事实推定的税率。但是这种解释在一定程度上是不成立的。美国商务部的反倾销调查问卷时间短、任务重，很多小企业应诉能力不足，错过了提供最佳信息的时间。因而获得很高的反倾销税率，对企业来说是不公平的。

综上所述，美国商务部对不合作企业适用不利可得事实的推定违反《反倾销协定》的有关规定。此裁决是有问题的，因为本案争议的措施是不利可得事实推定，美国商务部提供的证据也仅仅是证明是否存在不利可得事实推定的范式。在范式被证明之后，就应该分析不利可得事实推定与《反倾销协定》的有关规定是否相符。

四、课程思政解读

该案例是中国企业运用 WTO 规则积极应对反倾销诉讼的典型案例，是中国企业理解、适用 WTO 争端解决机制维护自身合法权益的案例体现。通过此案，可以在宏观层面明确政府应对的对策和方法，也可以从微观层面分析企业在面对反倾销诉讼时的态度与策略。

（一）健全国家相关法律法规与法律人才储备

首先，应明确政府在国际贸易中的作用，变政府干预为引导。政府出台的各项政策和措施都应以维护出口企业公平竞争为前提，着重建立国际贸易产业救济和保护机制，从物流、金融、保险、法律援助等方面提供支持和引导。同时，加强专业人才的培养。在已发生的针对中国出口产品的大量反倾销案中，至少有 50% 的中国企业选择了放弃应诉，其中有相当一部分企业是由于不了解国际贸易法规，缺乏国际商务人才，不知该如何应诉。企业对 WTO 规则的陌生与无知及精通 WTO 规则的专业人才的缺乏，是我国成为遭受反倾销损害最大的国家的重要原因之一。因此，建立一支熟悉 WTO 规则、国际贸易规则和反倾销问题的人才队伍迫在眉睫。要解决这一问题，必须在经济、法律和外语等方面培养本国具有较高知识水平和业务素质的优秀国际商务人才和反倾销律师团队。其次，应当在政府层面建立健全反倾销预警机制，建立专门的国家反倾销咨询机构和全国范围内的反倾销数据网络系统，及时公开各国反倾销的法律法规和政策，各"替代国"的价格、计算数据、成本资料等，及时向国内企业发布预警信息。另外，应进一步加大贸易外交的力度，加紧与 WTO 成员的磋商，尽快使各国承认中国的市场经济地位，避免"替代国"价格可能会给企业应诉带来的不利影响。最后，政府应当引导企业逐步调整产品结构，对出口产品总量和产品结构进行宏观调控，鼓励和发展知识密集型产业和互补型产业，在巩固原有市场的基础上开拓新市场，避免所有企业集中向一个地区过于集中出口同类产品，多方位开拓市场，逐步实现市场结构多元化。

(二) 提升企业应诉意识与应对能力

我国企业在对反倾销诉讼积极应诉的同时，对于国外厂商的不正当竞争还可以运用反倾销武器主动出击，这样不但可以抗衡外国对华反倾销，亦可消除外国在华的不合理竞争行为，保护我国产业安全。如自吉林造纸集团有限公司等 9 家新闻纸生产企业对来自加拿大、韩国和美国的进口新闻纸提起反倾销申诉后，相继有武钢诉俄罗斯冷轧硅钢片倾销、杜邦等 6 家公司诉韩国企业聚酯薄膜倾销等案例。但整体来说，我国企业诉讼外商倾销的案例还很少。这并非外商不存在对华倾销行为，而是我国企业缺乏使用反倾销这一正当手段的意识，因此我国出口企业应该主动拿起反倾销武器，保护自身正当利益。

在积极应诉的同时，中国出口企业首先应调整出口市场分布，实施多元化的市场战略，在巩固现有欧美市场的同时，积极开拓新兴的海外市场，从而分散反倾销诉讼的风险。例如东南亚各国和中国有着密切的文化贸易交往，有着几千年的文化风俗互通和相互融合的历史，中华文化在东南亚各国随处可见。因此我国与东南亚各国在文化、经济方面都有较多的相似性和互补性，且地理位置便利，利于贸易往来。其次，还应进一步加大海外直接投资力度，一方面可以有效地应对国外的贸易壁垒，大大减少被诉倾销的概率；另一方面还可以消化国内过剩的生产和技术能力，学习国外最新的技术、管理理论、经验和营销策略，锻炼和提升企业竞争力以适应经济全球化发展要求，构建企业的全球生产、研发和营销网络。最后，我国企业在大幅度提高产品质量的同时要加强后期服务工作，增强品牌意识，努力创建企业自己的品牌。不能仅以价格竞争为主要竞争手段，而应以质量取胜、服务取胜。这样既可满足国内市场需求，又可提高出口产品质量，从而改变原有的产品形象。产品质量的提高，不仅可以提高产品的出口价格，还可以通过建立品牌形象增加产品的附加值。由于反倾销主要是针对产品的低价而言，因此中国企业应努力走出低质低价的低谷，减少国外反倾销的诱因，防止授人以柄。

五、问题拓展讨论

（1）中国企业在碰到反倾销诉讼时，是否应当积极应诉？其意义何在？

（2）在中国企业的反倾销应诉中，是否应该建立集中应诉机制？其意义何在？

（3）在市场经济条件下，反倾销诉讼中的出口商标准如何认定？

（4）中国企业应如何应对反倾销诉讼中的"替代国"标准问题？

（5）中国企业如何针对外国企业提起反倾销？

（6）政府在中国企业应对反倾销案件中的作用有哪些？

六、阅读文献推荐

（1）《国际经济法学》编写组：《国际经济法》（第 2 版），高等教育出版社，2019 年。

（2）王孝松：《中国对外贸易环境与贸易摩擦研究报告（2019）》，中国人民大学出版社，2019 年。

（3）王孝松、李彤：《经济周期与贸易政策——基于美国对外反倾销的实证分析》，《苏州大学学报（哲学社会科学版）》2022 年第 4 期。

（4）谢廷宇、李琪：《不确定性下的反倾销更严重了吗？——来自 23 个经济体的经验证据》，《经济问题探索》2021 年第 5 期。

（5）杜去凡：《中国出口商品遭遇反倾销的问题与对策分析》，《现代商贸工业》2020 年第 14 期。

国际贸易中的公平正义

案例 18：中化国际（新加坡）有限公司
诉蒂森克虏伯冶金产品有限责任公司合同纠纷案

(!) 一、知识点提要

（1）国际货物买卖合同的当事各方所在国为《联合国国际货物销售合同公约》（the United Nations Convention on Contracts for the International Sale of Goods，CISG，以下简称《公约》）的缔约国，应优先适用公约的规定，《公约》没有规定的内容，适用合同中约定适用的法律。国际货物买卖合同中当事人明确排除适用《公约》的，则不应适用该《公约》。

（2）在国际货物买卖合同中，卖方交付的货物虽然存在缺陷，但只要买方经过合理努力就能使用货物或转售货物的，不应视为构成《公约》规定的根本违约的情形。

二、案例介绍

2008 年 4 月 11 日，中化国际（新加坡）有限公司（以下简称中化新加坡公司）与（德国）蒂森克虏伯冶金产品有限责任公司（以下简称德国克虏伯公司）签订了购买石油焦的《采购合同》，约定本合同应当根据美国纽约州当时有效的法律订立、管辖和解释。中化新加坡公司按约支付了全部货款，但德国克虏伯公司交付的石油焦 HGI 指数仅为 32，与合同中约定的 HGI 指数 36~46 的典型值不符。中化新加坡公司认为德国克虏伯公司构成根本违约，请求判令解除合同，要求德国克虏伯公司返还货款并赔偿损失。

江苏省高级人民法院一审认为，根据《公约》的有关规定，德国克虏伯公司提供的石油焦 HGI 指数远低于合同约定标准，导致石油焦难以在国内市场销售，签订买卖合同时的预期目的无法实现，故德国克虏伯公司的行为构成根本违约。江苏省高级人民法院于 2012 年 12 月 19 日作出（2009）苏民三初字第 0004 号民事判决：（1）宣告德国克虏伯公司与中化新加坡公司于 2008 年 4 月 11 日签订的《采购合同》无效；（2）德国克虏伯公司于本判决生效之日起 30 日内返还中化新加坡公司货款 2684302.9 美元并支付自 2008 年 9 月 25 日至本判决确定的给付之日的利息；（3）德国克虏伯公司于本判决生效之日起 30 日内赔偿中化新加坡公司损失 520339.77 美元。宣判后，德国克虏伯公司不服一审判决，向最高人民法院提起上诉，认为一审判决对本案适用法律认定错误。最高人民法院认为一审判决认定事实基本清楚，但部分法律适用错误，责任认定不当，应当予以纠正。最高人民法院于 2014 年 6 月 30 日作出（2013）民四终字第 35 号民事判决：（1）撤销江苏省高级人民法院（2009）苏民三初字第 0004 号民事判决第一项；（2）变更江苏省高级人民法院（2009）苏民三初字第 0004 号民事判决第二项为德国克虏伯公司于本判决生效之日起 30 日内赔偿中化新加坡公司货款损失 1610581.74 美元并支付自 2008 年 9 月 25 日至本判决确定的给付之日的利息；（3）变更江苏省高级人民法院（2009）苏民三初字第 0004 号民事判决第三项为德国克虏伯公司于本判决生效之日起 30 日内赔偿中化新加坡公司堆存费损失 98442.79 美元；（4）驳回中化新加坡公司的其他诉讼请求。

最高人民法院认为，本案为国际货物买卖合同纠纷，双方当事人均为外国公司，案件具有涉外因素。《最高人民法院关于适用〈中华人民共和国涉外民事关系法律适用法〉若干问题的解释（一）》第二条规定："涉外民事关系法律适用法实施以前发生的涉外民事关系，人民法院应当根据该涉外民事关系发生时的有关法律规定确定应当适用的法律；当时法律没有规定的，可以参照涉外民事关系法律适用法的规定确定。"案涉《采购合同》签订于 2008 年 4 月 11 日，在《中华人民共和国涉外民事关系法律适用法》实施之前，当事人签订《采购合同》时的《中华人民共和国民法通则》第一百四十五条规定："涉外合同的当事人可以选择处理合同争议所适用的法律，法律另有规定的除外。涉外合同的当事人没有选择的，适用与合同有最密切联系的国家的法律。"本案双方当事人在合同中的约定应当根据美国纽约州当时有效的法律订立、管辖和解释，该约定不违反法律规定，应认定有效。由于本案当事人营业地所在国新加坡和德国均为《公约》缔约国，美国亦为《公约》缔约国，且在一审审理期间双方当事人一致选择适用《公约》作为确定其权利义务的依据，并未排除《公约》的适用，江苏省高级人民法院适用《公约》审理本案是正确的。对于审理案件中涉及的问题《公约》没有规定的，应当适用当事人选择的美国纽约州法律。《〈联合国国际货物销售合同公约〉判例法摘要汇编》并非《公约》的组成部分，不能作为审理本案的法律依据，但在如何准确理解《公约》相关条款的含义方面，可以作为适当的参考资料。

双方当事人在《采购合同》中约定的石油焦 HGI 指数典型值在 36~46，而德国克虏伯公司实际交付的石油焦 HGI 指数为 32，低于双方约定的 HGI 指数典型值的最低值，不符合合同约定。江苏省高级人民法院认定德国克虏伯公司构成违约是正确的。关于德国克虏伯公司的上述违约行为是否构成根本违约的问题。首先，从双方当事人在合同中对石油焦需符合的化学和物理特性规格约定的内容看，合同对石油焦的受潮率、硫含量、灰含量、挥发物含量、尺寸、热值、硬度（HGI 值）等 7 个方面作出了约定。而从目前事实看，对于德国克虏伯公司交付的石油焦，中化新加坡公司仅认为 HGI 指数一项不符合合同约定，而对于其他 6 项指标，中化新加坡公司并未提出异议。结合当事人提交的证人证言，以及证人出庭的陈述，HGI 指数表示石油焦的研磨指数，指数越低，石油焦的硬度越大，研磨难度越大。但中化新加坡公司一方提交的上海大学材料科学与工程学院出具的说明亦不否认 HGI 指数为 32 的石油焦可以使用，只是认为其用途有限。故可以认定虽然案涉石油焦 HGI 指数与合同约定不符，但该批石油焦仍然具有使用价值。其次，本案一审审理期间，中化新加坡公司为减少损失，经过积极的努力将案涉石油焦予以转售，且其在就相关问题致德国克虏伯公司的函件中明确表示该批石油焦转售的价格"未低于市场合理价格"。这一事实说明案涉石油焦是可以以合理价格予以销售的。第三，综合考量其他国家裁判对《公约》中关于根本违约条款的理解，只要买方经过合理努力能使用货物或转售货物，即便是在打些折扣的情况下，货物的质量不符合约定依然不构成根本违约。故应当认为德国克虏伯公司交付 HGI 指数为 32 的石油焦的行为，并不构成根本违约。江苏省高级人民法院认定德国克虏伯公司构成根本违约，并判决宣告《采购合同》无效，适用法律错误，应予以纠正。

三、案例分析

（一）关于《公约》的适用问题

《联合国国际货物销售合同公约》是由联合国国际贸易法委员会主持制定的，1980 年在维也纳外交会议上获得通过，1988 年《公约》在达到法定批准国家数额后正式生效。1986 年 12 月 11 日中国交存核准书，在提交核准书时，提出了两项保留意见：（1）不同意扩大公约的适用范围，只同意公约适用于缔约国的当事人之间签订的合同；（2）不同意用书面以外的其他形式订立、修改和终止合同。2013 年 1 月中国政府正式通知联合国秘书长，撤回对公约所作"不受公约第十一条及与第十一条内容有关的规定的约束"的声明，该撤回已正式生效。《公约》的特征：（1）国际货物销售合同统一实体法；（2）强行法（对缔约国有直接适用的效力）；（3）融合法（吸纳两大法系的立法经验）；（4）包含国际货物销售合同的订立、买卖双方权利、义务、违约救济等主要内容。

《公约》第一条规定：

（1）本公约适用于营业地在不同国家的当事人之间所订立的货物销售合同：

（a）如果这些国家是缔约国；

（b）如果国际私法规则导致适用某一缔约国的法律。

（2）当事人营业地在不同国家的事实，如果从合同或从订立合同前任何时候或订立合同时，当事人之间的任何交易或当事人透露的情报均看不出，应不予考虑。

（3）在确定本公约的适用时，当事人的国籍和当事人或合同的民事或商业性质，应不予考虑。

《公约》第六条规定：

双方当事人可以不适用本公约，或在第十二条的条件下，减损本公约的任何规定或改变其效力。

《公约》第七条规定：

（1）在解释本公约时，应考虑到本公约的国际性质和促进其适用的统一以及在国际贸易上遵守诚信的需要。

（2）凡本公约未明确解决的属于本公约范围的问题，应按照本公约所依据的一般原则来解决，在没有一般原则的情况下，则应按照国际私法规定适用的法律来解决。

根据上述规定，可以概括出《公约》适用的一些特点：（1）如果当事人相关营业地所在国位于不同缔约方，《公约》将"直接地"或"自动地"适用；（2）当事人并非均为缔约国国民，如约定适用《公约》，则《公约》适用；（3）即便是缔约方的当事人，也可以按照约定排除《公约》的适用；（4）即便适用，也允许当事人通过约定在第十二条项下改变《公约》其他条款的适用。

在实务中，即便当事人明确选择了适用法律，《公约》是否一律不适用？不然。其主要有 3 种情况：（1）笼统地选择某一缔约国法律。多数缔约国司法实践认为，当事人仅笼统选择适用某一缔约国法律不能默示排除《公约》的适用。理由：其一，《公约》已经成为缔约国法律的一部分，缔约国具有适用《公约》义务；其二，《公约》曾明确否决加拿大、比利时针对《公约》第六条提出的"在合同中约定合同准据法为缔约国法律，可以视为对公约的排除"动议。（2）具体选择缔约国的特定实体法（如《中华人民共和国合同法》）；《贸易法委员会关于〈联合国国际货物销售合同公约〉判例法摘要汇编》认为，只要合同当事人明确选择某一缔约国特定的国内法，则《公约》应被视为默示排除，此种情况下，当事人排除《公约》的意图是"明确"的。（3）选择某一非缔约国法律；该情形下，当事人排除《公约》适用的意图更加明确。《〈联合国国际货物销售合同公约〉判例法摘要汇编》："通过选择非缔约国法律排除公约的适用已经得到确认。"

《公约》在中国的适用的相关规定：2009 年修正的《中华人民共和国民法通则》第一百四十二条："中华人民共和国缔结或者参加的国际条约同中华人民共和国的民事法律有不同规定的，适用国际条约的规定，但中华人民共和国声明保留的条款除外。"2017 年施行的《中华人民共和国民法总则》未承继《中华人民共和国民法通则》第一百四十二条，而 2010 年制定的《中华人民共和国涉外民事关系法律适用法》没有规定条约和惯例的适用问题。《中华人民共和国涉外民事关系法律适用法》第二条："涉外民事关系适用的法律，依照本法确定。其他法律对涉外民事关系法律适用另有特别规定的，依照其规定。本法和其他法律对涉外民事关系法律适用没有规定的，适用与该涉外民事关系有最密切联系的法律。"2021 年开始施行的《民法典》仍未就国际条约和国际惯例的适用作出规定。1987 年《最高人民法院转发对外经济贸易部〈关于执行联合国国际货物销售合同公约应注意的几个问题〉的通知》[法（经）发〔1987〕34号]，其内容有："根据公约第一条（1）款的规定，自1988年1月1日起，我各公司与上述国家（匈牙利除外）的公司达成的货物买卖合同如不另做法律选择，则合同规定事项将自动适用公约的有关规定，发生纠纷或诉讼亦得依据公约处理。故各公司对一般的货物买卖合同应考虑适用公约，但公司亦可根据交易的性质、产品的特性以及国别等具体因素，与外商达成与公约条文不一致的合同条款，或在合同中明确排除适用公约，转而选择某一国的国内法为合同适用法律。"上述最高人民法院的规定可以视为目前最为具体、明确的规定。

在上述案例中，最高人民法院认为：国际货物买卖合同的当事各方所在国为《公约》的缔约国，应优先适用《公约》的规定。《公约》没有规定的内容，适用合同约定适用的法律。国际货物买卖合同中当事人明确排除适用《公约》的，则不应适用该《公约》。

在《公约》的适用问题上，107号指导案例的意义在于：第一，明确了《公约》在我国具有优先适用性；第二，指出了《公约》排除适用的认定标准；第三，暗含默示排除《公约》适用的可能性；第四，指明了《公约》未规定事项的法律适用。具体而言：其一，当事人均位于缔约国而未约定准据法时，《公约》自动适用；其二，当事人均位于缔约国而约定准据法为"某国法律"时，《公约》优先适用，《公约》没有规定时适用该准据法；其三，当事人均位于缔约国而约定适用《公约》和中国法时，《公约》优先适用；其四，当事人明确排除时，《公约》不得适用，包括合同明确排除《公约》的适用和合同明确约定适用一国特定实体法（如《中华人民共和国合同法》）。上述做法是在《公约》的强制或是自动的适用与当事人的意思自治之间较为恰当的平衡做法。

(二）关于"根本违约"问题

就此而言，《公约》第二十五条规定：

一方当事人违反合同的结果，如使另一方当事人蒙受损害，以至于实际上剥夺了他根据合同规定有权期待得到的东西，即为根本违反合同，除非违反合同一方并不预知而且一个同等资格、通情达理的人处于相同情况中也没有理由预知会发生这种结果。

《公约》第四十九条规定：

（1）买方在以下情况下可以宣告合同无效：

（a）卖方不履行其在合同或本公约中的任何义务，等于根本违反合同；

（b）如果发生不交货的情况，卖方不在买方按照第四十七条第（1）款规定的额外时间内交付货物，或卖方声明他将不在所规定的时间内交付货物。

（2）但是，如果卖方已交付货物，买方就丧失宣告合同无效的权利，除非：

（a）对于迟延交货，他在知道交货后一段合理时间内这样做；

（b）对于迟延交货以外的任何违反合同事情：

① 他在已知道或理应知道这种违反合同后一段合理时间内这样做；

② 他在买方按照第四十七条第（1）款规定的任何额外时间满期后，或在卖方声明他将不在这一额外时间履行义务后一段合理时间内这样做；

③ 他在卖方按照第四十八条第（2）款指明的任何额外时间满期后，或在买方声明他将不接受卖方履行义务后一段合理时间内这样做。

国际统一私法协会《国际商事合同通则》中也有关于根本违约的规定，其使用的概念是"根本不履行"，第7.3.1条（终止合同的权利）："（1）合同一方当事人可终止合同，如果另一方当事人未履行其合同项下的某项义务构成对合同的根本不履行。（2）在确定不履行某项义务是否构成根本不履行时，应特别考虑是否存在以下情况：（a）不履行从实质上剥夺了受损害方根据合同有权期待的利益，除非另一方当事人并未预见也不可能合理地预见到此结果；（b）对未履行义务的严格遵守是合同项下的实质内容；（c）不履行是有意所致还是疏忽所致；（d）不履行使受损害方有理由相信，他不能依赖另一方当事人的未来履行；（e）若合同被终止，不履行方将因已准备或已履行而蒙受不相称的损失。（3）在迟延履行的情况下，如果另一方当事人未在第7.1.5条允许的额外期间届满前履行合同，受损害方亦可终止合同。"

我国《民法典》第五百六十三条规定：有下列情形之一的，当事人可以解除合同：

（一）因不可抗力致使不能实现合同目的；

（二）在履行期限届满前，当事人一方明确表示或者以自己的行为表明不履行主要债务；

（三）当事人一方迟延履行主要债务，经催告后在合理期限内仍未履行；

（四）当事人一方迟延履行债务或者有其他违约行为致使不能实现合同

目的；

（五）法律规定的其他情形。

以持续履行的债务为内容的不定期合同，当事人可以随时解除合同，但是应当在合理期限之前通知对方。

我国《民法典》第六百一十条规定：

因标的物不符合质量要求，致使不能实现合同目的的，买受人可以拒绝接受标的物或者解除合同。买受人拒绝接受标的物或者解除合同的，标的物毁损、灭失的风险由出卖人承担。

根本违约首先是违约行为，属于违约行为的一种。违约行为，系指违反合同约定义务的行为，包含不履行合同义务及履行合同义务不符合约定的行为。根本违约最早出现在英国普通法中，后被《公约》采纳成为一个国际性的条款，现已发展成为各国合同法及国际统一合同法中的重要法律制度。司法实践中，判断违约后果，实质上剥夺了受害人所期待的东西，必须结合具体案件的具体情况作具体分析，很难找到一种划一的、固定的标准。国际贸易法委员会秘书处对公约草案所作的评注中指出："损害是否重大，应根据每一事件的具体情况来确定，例如合同的金额，违反合同造成的金额损失，或者违反合同对受害人其他活动的影响程度。"这一评注对于理解根本违约是有意义的，但过于简单和抽象，很难成为当事人或法院判定是否构成根本违约的标准。根据一些国家的判例及学者的观点，判定违约后果是否重大一般可以考查以下因素：

（1）违约部分的价值或金额与整个合同之间的比例。如果卖方少交或交付与合同不符的部分货物的价值占全部合同金额的大部分，一般认为构成根本违约。

（2）违约部分对合同目标实现的影响程度。在某些案件中，尽管违约部分的价值并不高，但对合同的实现有着重大的影响，这种情况下，一般也可以认为构成根本违约。

（3）当迟延履行时，时间对合同目标实现的影响程度。对于一些时间性强的商品，交货迟延往往使买方无法实现商业目标。

（4）违约的后果及损害能否得到修补。公约允许卖方在履行期到达之前或之后，自付费用对其违约行为进行修补，除非这种补救对买方是不合理的，因此，即使违约行为是严重的，可能导致剥夺受害人所期待的东西，但这种违约如果是可以修补的，就并不构成根本违约。

（5）在分批交货合同中，对一批交货义务的违反对整个合同的影响程度。如果合同是可分的，则对某批交货义务的违反一般不构成根本违约，如果该合同是不可分的，某批交货与合同不符，就可能导致整个合同目标无法实现，一般构成根本违约。

（6）违约后果的可预见性。《公约》第二十五条规定，构成根本违约，除了必须具备违约后果严重这一客观条件外，还必须是违约人可以或应当预见的，这是根本违约的主观要件，采用了一般违约相反的归责原则，即过错责任原则。在具体判断方面，《公约》采取的是一个客观的标准，即"合理第三人"的标准。

本案的争议系"瑕疵"产品是否属于"根本违约"，较为复杂。鉴于《公约》对"根本违约"并未进一步界定，根据《公约》第七条规定"（1）在解释本公约时，应考虑到本公约的国际性质和促进其适用的统一以及在国际贸易上遵守诚信的需要。（2）凡本公约未明确解决的属于本公约范围的问题，应按照本公约所依据的一般原则来解决，在没有一般原则的情况下，则应按照国际私法规定适用的法律来解决"中的"应按照本公约所依据的一般原则来解决，在没有一般原则的情况下，则应按照国际私法规定适用的法律来解决"的精神，鉴于案件中"瑕疵"产品已被以"合理价格"转售的事实，一审原告并无其他证据证明其期待的根本"目的"落空，二审认定不构成"根本违约"，并无不当。

四、课程思政解读

（1）改革开放系我国长期奉行的基本国策，作为《公约》的成员国，在应该适用《公约》的前提下坚持适用《公约》，这是参与国际化公平竞争的重要组成部分，也是负责任大国风范的体现。

（2）在具体适用《公约》特别是涉及如何解释《公约》时，法院有相当的"自由裁量权"，应该坚持司法主权原则。因此，必须清楚地认识到"《〈联合国国际货物销售合同公约〉判例法摘要汇编》并非《联合国国际货物销售合同公约》的组成部分，其不能作为审理本案的法律依据。仅在如何准确理解《联合国国际货物销售合同公约》相关条款的含义方面，其可以作为适当的参考资料"。

（3）对"根本违约"及"合同解除权"的恰当界定，体现了在维护合同法律的严肃性（非违约方也不能轻易解除合同）及保护非违约方的合法权益（违约方因此而造成的损失必须给予赔偿）之间的平衡，是一种公平、公正的体现。

五、问题拓展讨论

（1）我国海峡两岸暨港澳地区当事人之间是否适用《公约》？

（2）争议属于《公约》调整范围，但《公约》未作规定，如何处理？

六、阅读文献推荐

（1）王海峰、张丝路：《〈联合国国际货物销售合同公约〉在中国法院的适用》，《人民司法》2021 年第 31 期。

（2）连俊雅：《〈联合国国际货物销售合同公约〉在中国的司法适用困境及应对——以当事人协议选择中国法为视角》，《国际法研究》2023 年第 1 期。

践行对外开放国策的法治阶梯

案例 19：黄某与佛山市佰庆贸易有限公司等
涉外买卖合同纠纷案

⚠ 一、知识点提要

本案为高岭土的涉外买卖合同纠纷，案情复杂，当事人众多。高岭土涉外买卖合同中涉及 5 份合同、7 方当事人，标的物几经转手，关系错综复杂。该案涉及民商事的基础知识包括所有权的认定、合同效力的认定等问题。

国际货物买卖合同的当事各方所在国为《联合国国际货物销售合同公约》的缔约国，应优先适用《公约》的规定，《公约》没有规定的内容，适用合同中约定适用的法律。

（一）所有权的认定

标的物经过多次合同转让，往往会产生权利归属的争议，此时需判断其所有权或者相应的权能的归属。在国际贸易中，货物在运输途中或者货物没有实际转移之时，货物的所有人往往发生多次变更。因国际贸易大多采用海上货物运输，海运提单成为判断货物所有人的重要依据。海运提单实质是承运人签发给托运人的收据，确认承运人已收到提单所列货物及装货上船，是托运人与承运人的运输契约证明，同时也是代表货物所有权的凭证。根据签发者不同，可以分为船东提单和货代提单；根据其效力不同，可分为正本提单和副本提单，正本提单是承运人签发的海运提单，具有物权证明，可以凭借这一提单在目的港收货，副本提单为工作上参考之用，无任何法律效益；根据是否记载具体收货人，可分为记名提单和无记名提单，记名提单一般不得转让，承运人必须向提单载明的收货人交付货物，无记名提单无须背书即可转让，承运人凭单放货，谁持有提单，谁就可凭提单向承运人提取货物。本案中承运人签发的为记名提单，根据《中华人民共和国海商法》的规定，记名提单不得转让，承运人必须向提单载明的收货人交付货物。提单记载的收货人即为货物所有人，但实际贸易活动中，提单记载的收货人已经通过合同将提单项下的货物转让给他人，确定谁是货物的真正权利人，关系到原告是否有权主张货款。

货物的权利人可以是货物的所有权人，也可以是具有所有权的相应权能的人。所有权是指在法律限制范围内，对物全面支配的权利。所有权是物权权利中最重要也是最全面的一种权利。所有权人对自己的不动产或者动产，依法享有占有、使用、收益和处分的权利，即通常所说的所有权的4项权能。所有权是完全物权，是所有人对所有物的永久和充分的物权，是所有人对物的直接支配的权利。这4项权能并非要求所有人同时拥有，在实际生活中，占有、使用、收益、处分4项权能都能并且经常地与所有权发生分离，而所有人仍不丧失所有权。所有人正是通过这4项权能的分离和恢复，发挥财产的效益，以满足自己生产和生活的需要。处分权能是其中比较重要的一项权能，它包括事实上的处分和法律上的处分。事实上的处分指在生产或生活中使物的物质形态发生变化或者消灭，比如原材料经过生产成为产品。法律上的处分是指依照所有人的意志，通过某种民事行为对物进行处理，比如转让、抵押、质押等。所有权还具有消极权能，这是指在所有权受到妨害或有被妨害的危险时权利人有排除他人干涉以恢复对标的物的圆满支配状态的权能，由于此项权能须在受他人不法之干扰、妨害或侵夺时才能表现，故称之为消极权能。

所有权的取得分为原始取得和继受取得。在合同买卖中，买方通过继受取得方式取得所有权，即基于卖方当事人既存的所有权及卖方的意思表示而取得合同标的物的所有权。如果卖方将其占有或者登记在其名下的他人财产出售给买方，而买方在交易时并不知情，并且支付了合理的对价，那么通过买卖买方可获得该财产的所有权，原所有权人不得追夺。

如上所述，所有权各项权能可以由所有权人全部享有，也可以基于所有权人的支配，由非所有权人行使部分权利。非所有权人占有、使用、处分、收益的权利如何获得，需有法律的规定或者合同的约定，如担保物权中的质押，《民法典》要求所有权人和质押权人不仅应签订书面的质押合同，还应该将质押的动产交付质押权人占有；如房屋租赁，出租人（所有权人）和承租人要签订房屋租赁合同，出租人应将房屋交付承租人，承租人可以占有、使用租赁的房屋，而出租人获得相应房租收益。但无论如何，占有、使用、处分、收益各项权能的取得，都必须得到所有权人的同意，一般表现为所有权人和具体权能获得者之间意思表示一致。

（二）合同效力的认定

合同是平等主体的自然人、法人、其他组织之间设立、变更、终止民事权利义务关系的协议。发生法律效力的合同应该具备以下三个要件：行为人具有相应的民事行为能力；意思表示真实；不违反法律、行政法规的强制性规定，不违背公序良俗。合同以意思表示为要素，且按照意思表示的内容赋予法律效果。

意思表示是当事人将内心的意思表达于外界。一般意思表示的方式为积极方式，如口头或者书面形式，此外，也可以通过实施一定行为来表达。因书面的形式相比口头或者行为较为清晰明确，买卖活动中，特别是国际贸易活动中，交易当事人一般通过签订书面形式的买卖合同确定各自的权利义务。书面形式包括合同书、信件和数据电文（包括电报、电传、传真、电子数据交换和电子邮件）等可以有形地表现所载内容的形式。行为可以作为订立合同的方式之一，是因为行为本身含有当事人意思表示的内容，缺乏表意内容的行为无法形成合同之合意。

实际行为产生法律后果的前提是其包含了意思表示。与书面或者口头的意思表示方式相比较，行为的意思表示内容更容易模糊不明确，当事人容易产生纠纷，判定意思表示的内容亦较困难；行为的意思表示有时无足够证据支持以满足"谁主张、谁举证"的基本要求，使得意思表示缺乏有效依据。但行为意思表示确定的困难，并不足以成为否认行为构成意思表示的理由，只是应该以更审慎的态度判断该行为是否包含相应的意思表示。实际行为是一种客观的表示行为，是否构成意思表示，要查看其是否有内心意思，包括行为意思和效果意思，即该行为是表达一定意思的，并且当事人认识到该行为的法律效果。

二、案例介绍

上诉人黄某（一审原告）因与被上诉人佛山市佰庆贸易有限公司（以下简称佰庆公司）、陈某谦、周某权、广东秦时新能源有限公司（以下简称秦时公司）、原审第三人东莞海腾港务有限公司（以下简称海腾公司）、佛山市灏峻进出口贸易有限公司（以下简称灏峻公司）买卖合同纠纷一案，不服广东省佛山市顺德区人民法院（2019）粤0606民初11422号民事判决，提起上诉。

一审法院认定事实：2017年7月7日，陈某谦、周某权向黄某作出《承诺书》，载明"陈某谦、周某权两人承诺黄某在海腾港码头的高岭土1万吨在海关和码头放行后二十天内把货款人民币壹佰陆拾万付入黄某指定的中国银行账户里。付款方式：每次客户先付款到黄某指定的账户再装货"。同日，陈某谦、周某权出具《保证书》，载明"陈某谦、周某权两人保证在海关和码头放行后二十天内必须把高岭土的货款壹佰陆拾万元付到黄某指定的账号里。付款方式：先付款后提货"。同日，陈某作为委托人，与陈某谦、周某权签订《授权委托书》，载明"委托人与两受委托人合作经营国外贸易，委托人负责开信用证，两受委托人负责国内外销售和采购业务，委托人因开具的信用证不能兑现，所以委托人自愿委托两受委托人全权处理在海腾港码头的高岭土，包括出售上述高岭土的单价、收款、资金分配等事项"。2017年10月31日，黄某委托其朋友将《采购合同》送至陈某谦处，陈某谦签署后把《采购合同》交回该朋友，并由该朋友将合同寄回新加坡，再由黄某签名。根据该《采购合同》内容，黄某作为供方，被告佰庆公司、陈某谦、周某权作为需方，约定标的物为8800吨高岭土，单价210元，总额1848000元；交货地点为东莞市沙田镇海腾码头；付款方式为码头仓储管理费61万元由需方先付，剩余货款1238000元在货到验收后分两笔支付，2017年11月11日前支付第一笔438000元，2017年12月30日前支付尾款80万元；上述款项汇入供方指定林某账户；如需方在验收货后不及时付清货款则按货款总额加收每天5%的违约金支付给供方；特别约定，本合同自供、需四方全部签字后生效，以最后签章一方所在地为生效地点；追偿方式为供方有权向需方要求按合同所述支付货款，被要求的陈某谦、周某权必须予以配合收回。经法院依法选定机构鉴定，该《采购合同》落款处周某权签名及签名上的指印并非周某权的笔迹及指印。2017年11月10日，灏峻公司向海腾公司出具《货权转移书》，陈述灏峻公司于 2017 年 5 月 19 日装运的外贸高岭土，于 2017 年 7 月 20 日前已提 1326.37 吨，提单数余 8673.63 吨，其将此船高岭土余下的 8673.63 吨全部转给佰庆公司，该船高岭土所产生的所有费用由佰庆公司负责。同日，佰庆公司向海腾公司出具《货权转移书》，陈述将上述高岭土 8673.63 吨全部转给秦时公司，此船高岭土所产生的所有费用由秦时公司负责。2017 年 11 月 13 日，秦时公司向海腾公司出具《接收证明》，表示同意接收上述高岭土。

根据中华人民共和国黄埔海关档案资料及灏峻公司档案资料，进口货物提货单显示发货人为 S，收货人为 Y（香港元善宝业有限公司，以下简称香港元善公司），发货地马来西亚，卸货港中国东莞。香港元善公司（供方）与第三人灏峻公司（购方）于 2017 年 5 月 10 日签订编号为 2017HJ-001 的《高岭土购销合同》，约定产地马来西亚的高岭土，CIF 中国东莞，每吨 15.5 美元，承诺货物到岸后 90 天内付清货款。灏峻公司与佰庆公司于 2017 年 5 月 11 日签订《委托代理进口协议书》，约定佰庆公司委托灏峻公司办理上述高岭土的进口手续。《进口货物报关单》显示，上述高岭土进口日期为 2017 年 5 月 19 日，合同协议号为 2017HJ-001。佰庆公司支付了上述高岭土的进口关税及进口增值税。根据陈某谦与黄某的微信聊天记录，陈某谦告知黄某"周某权收了卖泥的款"，并附上《付款证明》及付款明细。该付款证明由秦时公司出具，载明"本公司于 2018 年 2 月 10 日付马来西亚高岭土款到周某权账户 178602.49 元"。

关于黄某对高岭土的权利。一审法院三次庭审，法庭均询问《采购合同》约定的高岭土所有权的归属是否属于黄某，但黄某未能提供完整的证据证明其享有高岭土的所有权。一审法院认为：黄某为新加坡共和国公民，故该案系涉外商事案件。被告住所地在中国，案涉高岭土进口到中国，中国是与案涉《采购合同》具有最密切联系的地点，且到庭各方当事人均同意适用中华人民共和国法律，根据《中华人民共和国涉外民事关系法律适用法》第四十一条"当事人可以协议选择合同适用的法律。当事人没有选择的，适用履行义务最能体现该合同特征的一方当事人经常居所地法律或者其他与该合同有最密切联系的法律"的规定，该案应适用中华人民共和国法律作为准据法进行审理。当事人对自己提出的诉讼请求所依据的事实或者反驳对方诉讼请求所依据的事实，应当提供证据加以证明，在作出判决前，当事人未能提供证据或者证据不足以证明其事实主张的，由负有举证证明责任的当事人承担不利的后果。第一次庭审时，法庭已向黄某询问案涉高岭土权属问题，在此后两次庭审中，法庭亦就该问题向黄某询问，黄某均未能作出合理回答。黄某未提供信用证、提单、购买高岭土的合同或由黄某委托办理的进口业务等证据，无法证明案涉高岭土所有权人为黄某。根据一审法院调取的证据也未显示案涉高岭土与黄某有关。即便如黄某第三次庭审陈述，案涉高岭土也不属于黄某所有。因此，现有证据不能证明黄某为案涉高岭土所有权人。

关于《采购合同》效力。案涉《采购合同》约定自供、需四方全部签字后生效，而周某权未在该《采购合同》上签字，故《采购合同》不成立，也未发生法律效力。虽然根据一审法院调取的证据显示案涉高岭土由佰庆公司取得后再转由秦时公司提走，但仅有此证据不能从当事人履行行为反推签订合同的合同相对方及履行合同的内容，即不能以此推定佰庆公司是在履行案涉《采购合同》。案涉《承诺书》《保证书》《授权委托书》于 2017 年 7 月 7 日签订，而案涉高岭土在 2017 年 5 月 19 日进口，在进口货物报关材料中已显示佰庆公司为进口方。即在黄某签订《采购合同》前，佰庆公司已成为高岭土进口买家，无须与黄某签订《采购合同》，进一步说明该《采购合同》并未履行。

综上，现有证据不足以证明黄某是案涉高岭土的所有权人，《采购合同》不成立也未生效，黄某也未提供证据证明各方已按《采购合同》履行，黄某基于《采购合同》要求四被告支付货款，理据不足，一审法院不予支持。依照《中华人民共和国涉外民事关系法律适用法》第四十一条，《民事诉讼法》第六十四条第一款、第一百四十四条的规定，法院一审缺席判决如下：驳回黄某全部诉讼请求。案件受理费 15942 元，由黄某负担。

二审期间，黄某提供了以下证据：（1）电子邮件打印件、转账凭单（公证），证明 2017 年 4 月 28 日至 2017 年 5 月 15 日，Orient 公司向 Talent 公司购买 10000 吨高岭土，并分别于 2017 年 5 月 2 日、5 月 5 日、5 月 12 日支付 314000 林吉特、125000 林吉特、120000 林吉特，合计 559000 林吉特。（2）租船合同、转账凭单（公证）、发票，证明 2017 年 4 月 20 日，Orient 公司与船主 G（GLORY-PACIFIC 公司）签订租船合同，将 10000 吨高岭土从马来西亚帕西古当港运至中国东莞港，装船日期为 2017 年 5 月 9 日至 2017 年 5 月 14 日期间。5 月 15 日，GLORY-PACIFIC 公司确认承运起航的船舶为 M，船次为 102，船运费为 102375 美元。5 月 16 日，Orient 公司向 GLORY-PACIFIC 公司指定账户支付运费 102375 美元。（3）转账凭单（公证）、付款单、增值税发票、收据、支付凭证，证明 Orient 公司向马来西亚装货港船运代理公司 L（LORDSHIP 公司）支付代理费及港口手续费等，2017 年 5 月 8 日支付 20344.09 林吉特，2017 年 5 月 30 日支付 1347.71 林吉特。涉及的船舶名称为 M，船次 102，实际起航时间为 2017 年 5 月 13 日。（4）企业注册信息（公证）、证明（公证），证明 Orient 公司的企业注册信息，Orient 公司证明 10000 吨高岭土的实际所有权人为黄某。（5）CCIC（中国检验认证集团 Talent 公司）水尺测量证书、样品检测报告及检测费用发票，证明 Orient 公司委托 CCIC 在马来西亚出货港对高岭土装货前及装货后的船舶水位进行测量，以及对高岭土进行样品检测，Orient 公司支付了检测费用，关联的船名是 M，船次 102。经过质证，证据（1）（2）（3）（4）中的其他证据，黄某虽未提供原件，但上述证据能够与付款凭证记载的信息相互印证，故二审法院予以采信。黄某未能提供证据（5）的原件亦未提供翻译文本，故二审法院不予采信。二审法院对一审判决认定的事实予以确认。

二审法院认为，结合双方的诉辩意见，二审争议焦点为：（1）黄某对涉案货物是否有处分权；（2）涉案合同是否有效；（3）佰庆公司、秦时公司、周某权、陈某谦是否承担货款支付责任。

三、案例分析

案例分析将围绕法律适用、黄某对涉案货物是否有处分权及涉案合同是否有效等问题，结合二审法院的说理认证进行分析。

（一）关于法律适用

《采购合同》为四方合同，黄某作为供方，被告佰庆公司、陈某谦、周某权作为需方。二审法院认为，黄某系新加坡公民并经常居住于新加坡，佰庆公司经营地位于中国，根据《公约》第一条的规定，本案为国际货物买卖合同纠纷。《采购合同》约定"根据《中华人民共和国合同法》及其相关法律、法规……订立合同如下"，即涉案合同系根据中国法律订立。《中华人民共和国民法通则》第一百四十二条第二款规定："中华人民共和国缔结或者参加的国际条约同中华人民共和国的民事法律有不同规定的，适用国际条约的规定，但中华人民共和国声明保留的条款除外。"涉案合同签订于 2017 年，故《采购合同》的上述约定不能认定当事人排除公约的适用。黄某一审时选择适用中国法律，佰庆公司无正当理由未到庭，亦未对准据法作出选择，视为双方未就准据法的适用达成一致。因新加坡、中国均为《联合国国际货物销售合同公约》的缔约国，根据《公约》第一条的规定，本案应适用《公约》。对于《公约》未明确规定、亦无法按照《公约》所依据的一般原则来解决的相关事项，根据《采购合同》的上述约定，应适用中国法律。一审法院未适用《公约》，属于法律适用错误。

涉案合同签订于 2017 年，而这一年正好处于《中华人民共和国民法通则》转变为《中华人民共和国民法总则》（2017 年 10 月 1 日实施）的过程中。该案如果发生在 2021 年，《中华人民共和国民法通则》和《中华人民共和国民法总则》均已失效，此时该如何选择适用的准据法？《民法典》是处理民事法律关系的基本法，但没有规定涉外民事关系的法律适用。我国目前有关涉外民事关系的法律适用的法律有专门的《中华人民共和国涉外民事关系法律适用法》，但该法对于国际条约和国际惯例的适用没有规定。只有《民事诉讼法》第二百六十七条规定："中华人民共和国缔结或者参加的国际条约同本法有不同规定的，适用该国际条约的规定，但中华人民共和国声明保留的条款除外。"但该规定限定在诉讼程序规则上。

一审法院认为，中国是与案涉《采购合同》具有最密切联系的地点，且到庭各方当事人均同意适用中华人民共和国法律，根据《中华人民共和国涉外民事关系法律适用法》第四十一条"当事人可以协议选择合同适用的法律。当事人没有选择的，适用履行义务最能体现该合同特征的一方当事人经常居所地法律或者其他与该合同有最密切联系的法律"的规定，该案应适用中华人民共和国法律作为准据法进行审理。

（二）涉案合同是否有效

二审法院认为，《公约》未对合同效力作出规定，根据关于准据法的论述，对该争议问题应适用中国法律。《采购合同》约定："本合同自供、需四方全部签字后生效，以最后签章一方所在地为生效地点。"根据一审查明的事实，合同中"周某权"的签名并非其本人所签，即周某权并未在合同上签名。但根据合同相对性原则，该约定目的并非要求所有条款均需四方签字后生效，黄某与佰庆公司、陈某谦的约定经双方签字、盖章成立并生效，周某权并非主债务人，其未签字只产生相关条款不对其生效的法律后果，并不影响主合同条款的成立生效。且根据《中华人民共和国合同法》第三十七条关于"采用合同书形式订立合同，在签字或者盖章之前，当事人一方已经履行主要义务，对方接受的，该合同成立"的规定，并结合下文关于合同履行的认定，涉案合同已成立并生效。一审法院对此认定有误。

一审法院认为，案涉《采购合同》约定自供、需四方全部签字后生效，而周某权未在该《采购合同》上签字，故《采购合同》不成立，也未发生法律效力。虽然一审法院调取的证据显示案涉高岭土由佰庆公司取得后再转由秦时公司提走，但仅有此证据不能从当事人履行行为反推签订合同的合同相对方及履行合同的内容，即不能以此推定佰庆公司是在履行案涉《采购合同》。案涉《承诺书》《保证书》《授权委托书》于 2017 年 7 月 7 日签订，而案涉高岭土在 2017 年 5 月 19 日进口，在进口货物报关材料中已显示佰庆公司为进口方。即在黄某签订《采购合同》前，佰庆公司已成为高岭土进口买家，无须与黄某签订《采购合同》，进一步说明该《采购合同》并未履行。一审认定《采购合同》既未成立也未生效。案涉《采购合同》约定自供、需四方全部签字后生效。

一审严格按照合同的约定，确定合同不成立未生效；二审从合同的相对性出发，认为非主债务人未签字，只产生合同条款不对其发生法律效力的后果，但仍然能约束在合同上签字的其余当事人。该案中，部分合同义务在合同签订前已经履行，《采购合同》一方面是对已经履行的权利义务的确认，另一方面是对尚未履行的义务的进一步确认。不论是合同签订前的实际履行行为，还是合同签订的内容，都既有客观的表示行为，亦有当事人内心意思的行为意思和效果意思，是双方真实意思表示。二审认定《采购合同》成立并生效，既符合《中华人民共和国合同法》的规定，也符合合同订立时双方的真实意思。

（三）黄某对涉案货物是否有处分权

法院认为，《公约》未对该问题作出规定，根据上述关于准据法的论述，对该争议问题应适用中国法律。经审查，本院确认黄某对涉案货物享有处分权，理由分述如下：（1）黄某提供了报价单、租船合同、支付凭证、Orient 公司出具的证明等证据，上述证据之间能相互印证，足以证明黄某委托 Orient 公司购买高岭土、与 GLORY-PACIFIC 公司签订租船合同、委托 LORDSHIP 公司办理出口事宜等。其中，报价单及租船合同中载明的货物种类（10000 吨高岭土）和提单中载明的完全一致，租船合同中载明的船主

（GLORY-PACIFIC 公司）和船名（M）与提单中记载的相关信息一致，而 Orient 公司与代理公司的邮件往来及支付凭证记载的代理公司（L）的信息亦与提单签发人的信息一致。（2）佰庆公司与灏峻公司于 2017 年 5 月 11 日签订《委托代理进口协议书》，委托灏峻公司代理进口 10000 吨高岭土，灏峻公司于 2017 年 5 月 10 日与提单上记载的收货人香港元善公司签订《高岭土购销合同》购买 10000 吨高岭土。但佰庆公司的代表陈某于 2017 年 7 月 7 日向黄某出具《授权委托书》，委托周某权、陈某谦处理海腾港码头高岭土的出售、收款事宜；于 2017 年 10 月 31 日与黄某签订《采购合同》，约定向黄某采购位于海腾港码头的 10000 吨高岭土。如佰庆公司系基于其与灏景公司的《委托代理进口协议书》，以及灏景公司与香港元善公司的《高岭土购销合同》取得涉案货物的所有权，则其无须在此之后向黄某出具《授权委托书》，亦无须与黄某再次签订买卖合同。佰庆公司的上述行为明显有违交易习惯和日常生活经验。（3）黄某与佰庆公司签订的《采购合同》约定的收款人为林某，佰庆公司与秦时公司签订的《协议书》约定的收款人亦为林某，如黄某对涉案货物没有处分权，佰庆公司实无指示秦时公司向黄某付款的必要。综上，黄某关于其系涉案买卖合同的出卖方且享有货物处分权的主张具有高度可能性，在没有相反证据予以反驳的情况下，二审法院予以确认。

二审法院跳出一审法院对黄某是否对 10000 吨高岭土享有所有权的认定的藩篱，转而从黄某是否对涉案货物有处分权进行认定。国际货物买卖中，海运提单是判断货物所有人的重要依据，本案所涉货物的提单是记名提单，提单上记载的收货人为香港元善公司，而根据《中华人民共和国海商法》的规定，记名提单不得转让，承运人必须向提单载明的收货人交付货物，黄某无法取得提单项下涉案货物的所有权。而黄某亦未取得香港元善公司的授权，无法代表香港元善公司受领该批货物。二审法院从涉案货物最初的来源出发，通过 Orient 公司向 Talent 公司购买的 10000 吨高岭土，Orient 公司的租船合同，该租船合同承运的 10000 吨高岭土货运提单收货人为香港元善公司，香港元善公司与灏峻公司的《高岭土购销合同》，灏峻公司与佰庆公司的《委托代理进口协议书》，最后确认佰庆公司通过灏峻公司的外贸代理购买了香港元善公司提供的 10000 吨高岭土。通过灏峻公司向海腾公司出具《货权转移书》，将 10000 吨高岭土的货物所有权转让给佰庆公司，而佰庆公司又向海腾公司出具《货权转移书》，将该批货物所有权转让给秦时公司，确认 Orient 公司向 Talent 公司购买的 10000 吨高岭土即为本案争议所涉标的物。而 Orient 公司出具的证明表明是黄某委托 Orient 公司购买涉案高岭土，并且多人按照黄某指示付款。虽然中间涉及环节多，情况复杂，法院还是根据高度盖然性的规则，判定黄某对涉案高岭土有处置权。

因货运提单收货人为香港元善公司，而香港元善公司并未参与本案诉讼，二审未直接判定黄某享有所有权，应该是考虑到"提单收货人为提单项下货物的所有人"的一般规则。

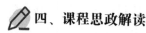

四、课程思政解读

（一）司法"工匠精神"

第十二届全国人民代表大会第四次会议上的政府工作报告首次提出"工匠精神"，旨在实现对企业的鼓励和期待。根据报告内容，"鼓励企业开展个性化定制、柔性化生产，培育精益求精的工匠精神，增品种、提品质、创品牌"乃是"工匠精神"的应有之义，工匠精神的内涵可以阐释为"精益求精、一丝不苟、耐心专注、专业敬业"。然而，这种精神不仅企业应该努力追求，也是各行各业追求的工作精神。工匠精神是一种追求极致的专业态度，是一种对事业高度负责的敬畏意识。司法审判是对专业性和责任心要求都很高的工作，作为法律的最终实施者，法官应该将一丝不苟、精益求精的职业精神融入司法审判的每一个环节之中。特别是对于疑难复杂案件，既要抽丝剥茧，在纷繁复杂甚至互相矛盾的证据中追寻法律事实，也要对复杂的法律关系条分缕析，确定各方当事人的权利义务，还要对可能运用的法律分析适用条件，寻找最符合案件事实的法律规范。法官应以工匠之心，对司法审判的各个环节持以严谨的态度，不断追求程序运行、法律适用和实体认定的极致精准，做到事实认定符合客观真相、办案结果符合实体公正、办案过程符合程序公正，从而使晦涩的法律条文与具体生动的案件事实相契合，作出与事实和法律相符的理性裁判，给当事人和社会提供无可挑剔的司法体验。

本案为涉外买卖合同纠纷，涉及 5 份合同、7 方当事人，标的物几经转手，关系错综复杂，不仅如此，随着案情的展开，本案还涉及多个案外人，使事实的认定极其困难。案件一审和二审法官，尤其是二审法官在查清案件事实的过程中，以精益求精、一丝不苟的工匠精神，在当事人提交的证据中，在双方充分质证的基础上，寻找证据链，作出符合法律规范的、合情合理的判断，为案件的最终解决奠定基础。

国际货物买卖中，提单代表着货物的所有权，提单记载的收货人即为提单项下货物的所有权人。按照这一通行的惯例规则，香港元善公司就应该是这批货物的所有人。但事实上，该提单项下的货物并非香港元善公司出资购买，其非真正的所有者，也不可能提出权利要求。如果简单以所有者来判断该批货物的权利，案件就会如一审判决——驳回原告的诉讼请求，而这批货物的权益归属也将长期处于不明确状态。但二审法院法官在法律的框架内，通过对该批货物处分权的查明，将一起疑难复杂案件妥善解决，展示了法律人对解决问题孜孜不倦的追求，展示了新时代司法"工匠精神"的践行者的姿态。

（二）司法服务保障对外开放

对外开放是我国的基本国策，是国家繁荣发展的必由之路。党的十八大以来，以习近平同志为核心的党中央推出一系列扩大对外开放的国家战略和重大举措。党的十九届四中全会进一步对建设更高水平开放型经济新体制、推动合作共赢的开放体系建设作出新部署。2020 年 9 月 25 日下午，最高人民法院发布《最高人民法院关于人民法院服务保障进一步扩大对外开放的指导意见》（以下称《指导意见》）。《指导意见》要求人民法院深刻认识进一步扩大对外开放面临的新机遇新挑战，主动融入更高水平对外开放重大战略部署，为建设更高水平开放型经济新体制，打造国际合作和竞争新优势，提供更高水平的司法服务和保障。《指导意见》要求人民法院服务保障进一步扩大对外开放需要把握的三个核心要素。一是坚持平等保护原则，努力为中外当事人提供公开公平公正参与竞争、受到同等法律保护的市场环境；二是充分尊重当事人意思自治，保障当事人依法选择管辖法院、选择适用法律、选择纠纷解决方式的权利；三是依法行使司法管辖权，坚定维护我国司法主权，妥善解决好涉外司法管辖冲突问题。

本案原告黄某为新加坡籍人士，其在国外购买高岭土，并在中国境内销售，一审、二审法院在审理过程中，坚持平等保护原则，对其与中国公民和企业一视同仁，使其享受到同等法律保护的市场环境。法院在适用法律时，充分尊重了当事人的意思。一审法院根据到庭各方当事人均同意适用中华人民共和国法律的意思，决定适用中华人民共和国法律作为准据法进行审理。二审法院更进一步分析，涉案合同《采购合同》系根据中国法律订立，但对于适用法律问题，一审时佰庆公司无正当理由未到庭，亦未对准据法作出选择，应视为双方未就准据法的适用达成一致。本案合同系国际货物买卖合同纠纷。我国和新加坡均已加入《公约》，根据《中华人民共和国民法通则》第一百四十二条第二款规定："中华人民共和国缔结或者参加的国际条约同中华人民共和国的民事法律有不同规定的，适用国际条约的规定，但中华人民共和国声明保留的条款除外。"涉案合同签订于 2017 年，《采购合同》根据中国法律签订不能认定当事人排除《公约》的适用，本案应适用《公约》。二审深入细致的分析，确立了国际公约在本案的适用，体现了人民法院审判工作对对外开放工作的服务保障。

五、问题拓展讨论

《民法典》实施后，国际公约和国际惯例的适用依据在哪里？

六、阅读文献推荐

（1）王传丽：《国际贸易法》（21 世纪法学系列教材），法律出版社，2022 年。

（2）孔庆江、梅冰：《国际条约在涉外审判中的适用》，《国际商务研究》2022 年第 3 期。

（3）张驰：《意思表示构成要素论》，《东方法学》2014 年第 6 期。

（4）崔建远：《合同效力规则之完善》，《吉林大学社会科学学报》2018 年第 1 期。